GESCHICHTE DER GEHEIM-CODES

CODES

Von alten Hieroglyphen bis
zur modernen Dechiffrierung

Al Cimino

GESCHICHTE DER GEHEIM- CODES

Von alten Hieroglyphen bis
zur modernen Dechiffrierung

tosa

INHALT

CODESCHREIBER GEGEN CODEKNACKER

Es darf angenommen werden, dass der menschliche Geist nicht imstande ist, einen Geheimcode zu ersinnen, den der menschliche Geist nicht entschlüsseln kann.

Edgar Allan Poe

Im Laufe der Geschichte gab es schon immer das Bedürfnis nach Geheimhaltung. Denn Wissen ist Macht, und indem Wissen manchen Menschen vorenthalten wird, werden die Wissenden umso mächtiger. In antiken Kulturen herrschten jene, die das geheime Wissen um die Götter besaßen. Es wird angenommen, dass die Tora und die Bibel verschlüsselte Botschaften enthalten. Und auch die Lehren der Kabbala sind verschlüsselt.

 ## CODESCHREIBER GEGEN CODEKNACKER

Mittel des Krieges **8**

Ägyptische Hieroglyphen stellten für uns eine Geheimschrift dar, bis sie mithilfe des Steins von Rosetta entziffert wurden, doch manchmal wurden ungewöhnliche Zeichen eingesetzt, um Inschriften noch mysteriöser zu machen.

🔓 MITTEL DES KRIEGES

Codes und Verschlüsselungen wurden als Instrumente der Kriegsführung eingesetzt – ob nun offen auf dem Schlachtfeld (etwa zum Schutz von Nachrichten) oder im verdeckten Krieg, wie er von Spionen im Verborgenen ausgetragen wird. Denen, die verschlüsselte Botschaften einsetzen, um Truppen zu verschieben oder Geheimnisse zu stehlen, stehen im Kampf die Codebrecher gegenüber. Angesichts eines übermächtigen Gegners vereiteln sie dessen Pläne oft nur mit der Kraft ihres Geistes.

Die Lehren der jüdischen Kabbala sind verschlüsselt.

Julius Caesar kommunizierte mit seinen Generälen mittels Geheimcodes. Eine seiner Verschlüsselungsmethoden war auch Jahrhunderte später noch in Verwendung. Während des europäischen Frühmittelalters entwickelte die arabische Welt neue Ver- und Entschlüsselungsmethoden, von denen die Häufigkeitsanalyse die bekannteste ist. In der Renaissance erlebte das Entschlüsseln von Codes in Italien eine Blüte, wo rivalisierende Staaten intrigierten und einander ausspionierten.

In England führte Dechiffrierung zur Exekution von Maria von Schottland und spielte auch bei der Pulververschwörung eine Rolle; auch der Fall der Hugenotten-Hochburg La Rochelle in den französischen Religionskriegen ist auf eine Entschlüsselung zurückzuführen. Ludwig XIV. entwickelte daraufhin seine „Grand Chiffre" als Mittel der Staatsführung. Seither kam keine größere europäische Hauptstadt mehr ohne „Schwarze Kammer" aus, in welcher Codeknacker daran arbeiteten, verschlüsselte Briefe abzufangen, zu öffnen und zu dechiffrieren.

Mechanische Entschlüsselung

In Nordamerika erfand Thomas Jefferson ein mechanisches Ver- und Entschlüsselungsgerät. Weitere wurden im amerikanischen Bürgerkrieg entwickelt. Ebenfalls im 19. Jahrhundert widmeten sich Wissenschaftler wie Charles Wheatstone und der Computerpionier Charles Babbage dem Ver- und Entschlüsseln von Codes. Babbages Dechiffriersystem dürfte im Krimkrieg eingesetzt worden sein. Mithilfe ähnlicher Methoden entzifferte man lange vergessene Sprachen wie die ägyptischen Hieroglyphen und die Schrift Linear B.

Als Großbritannien die Zimmermann-Depesche, die die deutschen Schlachtpläne enthüllte, abfangen und entschlüsseln konnte, traten die USA in den Ersten Weltkrieg ein. In den 1920er-Jahren lehnte die US-Regierung Entschlüsselungen als „unfein" ab, woraufhin sie völlig unvorbereitet war, als der nächste Krieg herannahte. Eine abgefangene Nachricht, die die USA vor dem japanischen Angriff auf Pearl Harbor hätte warnen können, wurde nicht rechtzeitig dechiffriert.

Thomas Phelippes arbeitete für das Gegenspionage-Netz von Sir Francis Walsingham, um die Regierung von Königin Elisabeth I. zu schützen. Phelippes knackte den Geheimcode, den Maria von Schottland verwendete, was zu ihrer Hinrichtung führte, und entlarvte auch die Verschwörer im Gunpowder Plot, der Pulververschwörung.

Im weiteren Verlauf des Zweiten Weltkriegs knackten amerikanische Kryptologen die japanischen Marinecodes und verhalfen so der US Navy in der Schlacht bei Midway zum Sieg und letztendlich zum Sieg im Pazifik überhaupt.

Enigma

Deutschland hatte den Zweiten Weltkrieg in der Überzeugung begonnen, dass man über einen nicht knackbaren Code verfügte – die „Enigma". Niemand wusste, dass drei begnadete polnische Codeknacker den Code bereits entschlüsselt hatten, bevor der Krieg noch ausgebrochen war. Die Polen übergaben ihr Wissen und ihre Entschlüsselungsgeräte an die Briten, die sie im Kriegsverlauf klug einzusetzen wussten, vor allem in der Schlacht um England und bei El Alamein (wo sich in der Folge das Blatt gegen die deutsche Wehrmacht in Nordafrika wendete).

Im britischen Entschlüsselungszentrum in Bletchley Park entwickelte Alan Turing mithilfe der von den Polen übergebenen Geräte Methoden, um die komplexere Marine-Enigma zu dechiffrieren. So konnten die deutschen U-Boote, die Großbritannien durch eine Hungerblockade zum Aufgeben zwingen wollten, selbst bezwungen werden. Später verhalf der Postingenieur Tommy Flowers den Bemühungen in Bletchley Park, die Lorenz-Verschlüsselung des deutschen Oberkommandos zu knacken, zum Erfolg, weil er das Problem löste, indem er den ersten programmierbaren digitalen Computer der Welt baute.

Vor Colossus, dem ersten großen programmierbaren digitalen Computer, posieren die „Wrens" (Spitzname; wörtlich „Zaunkönig"; abgeleitet von „WREN" = Women's Royal Naval Service), die ihn bedienten (von links nach rechts): Irene Dixon, Lorna Cockayne, Shirley Wheeldon, Joanna Chorley und Margaret Mortimer. Insgesamt wurden zwölf derartige Maschinen gebaut. Eingesetzt wurden sie in Bletchley Park, um die Lorenz-Verschlüsselung, die das deutsche Oberkommando verwendete, zu knacken. Dieser Nachbau ist im National Museum of Computing in Bletchley ausgestellt.

Spione und Spionage

Im Kalten Krieg wurde das Erfinden und Knacken von Geheimcodes zur Aufgabe der Spionage. Während Möchtegern-James-Bonds verschlüsselte Botschaften auf *One-Time-Pads* unter Steinen im Park versteckten, arbeiteten Geheimwissenschaftler an Methoden, die verhindern sollten, dass andere Geheimwissenschaftler streng geheime Nachrichten der Regierung und des Militärs lesen konnten.

Im Computerzeitalter haben sich Codes zum Lebenselixier der Geschäftswelt entwickelt. Im Internet finden unzählige Finanztransaktionen statt, und diese müssen vor Betrügern und Dieben geschützt werden. Riesige Regierungsorganisationen wie die amerikanische NSA und das britische GCHQ sichten E-Mails auf der Suche nach verschlüsselten Botschaften von Terroristen und Kriminellen, während Aktivisten, um die Privatsphäre zu schützen, die Regierung mit ausgeklügelten Methoden daran hindern wollen, die Bürger auszuspionieren. Im ständigen Kampf zwischen Codeknackern und Codeentwicklern wird heutzutage sogar so etwas Abgehobenes wie Quantenphysik eingesetzt.

In Kriegszeiten ist Kommunikation extrem wichtig. Diese Sammlung von alten Geräten aus dem Zweiten Weltkrieg – einschließlich der Enigma im Vordergrund – wird im Nationalen Museum für Militärgeschichte in Diekirch in Luxemburg aufbewahrt.

In Seleukia, einer Stadt im antiken Mesopotamien (dem heutigen Irak), wurde eine verschlüsselte Tafel gefunden.

KAPITEL 1

ANTIKE GEHEIMCODES

*Die Kunst, Geheimcodes zu verstehen und Wörter auf bestimmte
Weise zu schreiben … Die Kunst, beim Sprechen die Form der
Wörter zu verändern. Es gibt verschiedene Arten davon. Einige
verändern Anfang und Ende von Wörtern, andere fügen unnötige
Buchstaben zwischen den Silben ein und so weiter.*

Kamasutra, 3. Jahrhundert v. Chr.

In der Antike wurde die Kunst der Geheimschriften auf ähnliche Weise kultiviert,
wie bestimmte Berufsgruppen oder Banden ihren eigenen Jargon entwickeln: als
Zeichen der Identität und um Außenseiter auszuschließen. Doch mit zunehmend
ausgeklügelter Kriegsführung wurden Geheimcodes immer wichtiger, um Strategien
und zentrale Informationen weiterzugeben, ohne dass der Gegner mitlesen konnte.

 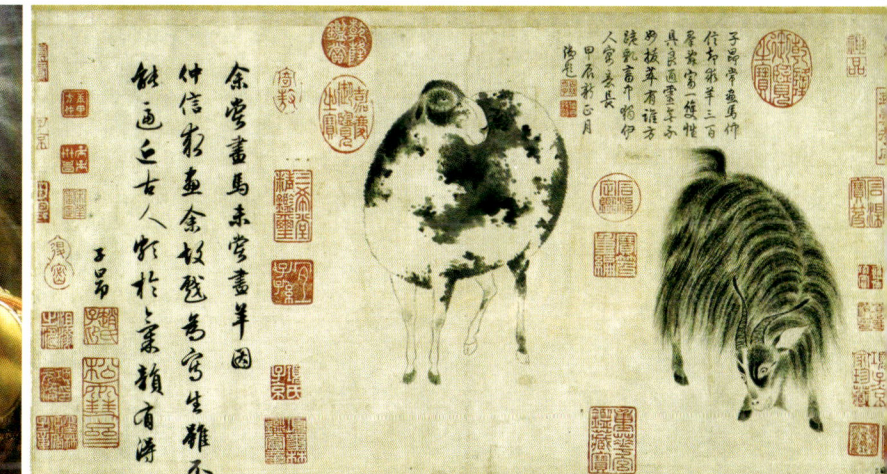

ANTIKE GEHEIMCODES

Aufgrund seiner Schriftzeichen eignet sich Chinesisch nicht für Chiffrierverfahren, dennoch arbeitete das chinesische Militär häufig mit Codes.

🔓 DIE KUNST DES VERSCHLÜSSELNS

In den Inschriften am Grab des altägyptischen Beamten Chnumhotep II. aus Menat-Chufu wurden gewöhnliche Hieroglyphen durch ungewöhnliche Symbole ersetzt. Sie werden um 1900 v. Chr. datiert und sind damit das älteste bekannte Beispiel einer Substitutionschiffre. Dies geschah jedoch nicht aus Gründen der Geheimhaltung, sondern um Werk und Person des Toten zu ehren und die Fähigkeiten des Schreibers zu demonstrieren.

Im Laufe der Entwicklung der ägyptischen Kultur wetteiferten Schreiber um immer komplexere Substitutionen dieser Art. Schließlich wurden die Verschlüsselungen so geheimnisvoll, dass es schien, als würden die Inschriften selbst magische Kräfte besitzen. Der Leser sollte ihre Bedeutung in kurzer Zeit herausfinden, falls er dafür klug genug war.

China

Im antiken China wurden geheime Botschaften auf hauchdünnes Papier oder Seide geschrieben, dann zusammengeknüllt und in einen Wachsball geknetet. Diesen verbarg man, indem man ihn verschluckte oder gar in den Anus schob. Das Verbergen einer Nachricht nennt man Steganografie.

In dem Buch *Wujing Zongyao*, auch bekannt als *Sammlung der wichtigsten Militärtechniken*, wird ein einfacher Code beschrieben. Die ersten 40 Schriftzeichen eines Gedichts entsprechen einer Liste von Nachrichten, etwa einer Siegesmeldung oder einer Bitte um Bögen und Pfeile. Das betreffende Schriftzeichen wird in einer gewöhnlichen Nachricht platziert. Der Empfänger antwortet mit demselben Schriftzeichen plus seinem Stempel, wenn er zustimmt, bzw. ohne Stempel, wenn er die Bitte ablehnt. Wenn eine derartige Nachricht abgefangen wird, ist es eher unwahrscheinlich, dass der Feind die Bedeutung des zusätzlichen Schriftzeichens erkennt.

Ansonsten war das chinesische Schriftzeichenalphabet für Chiffren ungeeignet. Allerdings ist zu bedenken, dass in einem Land, in dem die Analphabetismusrate hoch war – und das war sie in der Nördlichen Song-Dynastie (970–1127), als *Wujing Zongyao* entstand –, bereits die Schriftform selbst eine Art Verschlüsselung darstellte.

 Wenn diese fünf Arten von Spionen am Werk sind, kann niemand das geheime System aufdecken. Das nennt man „göttliche Manipulation der Fäden". Sie ist die wertvollste Fähigkeit des Souveräns.

Sunzi, *Die Kunst des Krieges*

Indien

Das *Arthashastra*, eine Abhandlung über die Staatskunst aus dem 3. und 2. Jh. v. Chr., beschreibt den Einsatz von Geheimschrift in der Spionage. Auch das *Kamasutra* erwähnt die Geheimschrift als eine der 64 Künste, die eine Frau beherrschen sollte.

Während im *Kamasutra* keine Methoden beschrieben werden, führt ein Kommentar von Yasodhara zwei Verschlüsselungen detailliert aus. Eine ist die Kautilya, benannt nach dem Autor der *Arthashastra*, bei der Vokale laut einer Tabelle zu Konsonanten werden:

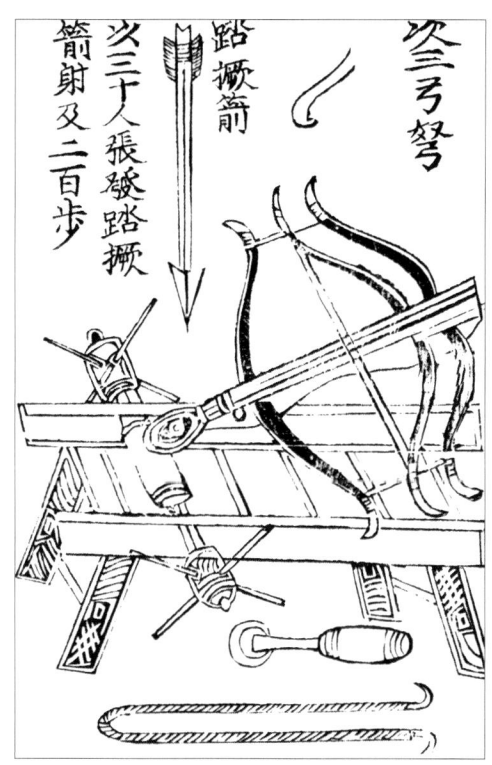

Eine chinesische Dreifacharmbrust, die von vier Männern bedient wurde; Illustration aus dem Wujing Zongyao, *um 1044*

a	ā	i	ī	u	ū	ṛ	ṝ	ḷ	ḹ	e	ai	o	au	ṃ	ḥ	ñ	ś	ṣ	s	i	r	l	u
kh	g	gh	ṅ	c	j	jh	ñ	ṭ	ḍ	ḍh	ṇ	t	dh	d	dh	n	p	bh	b	n	y	r	l	v

Andere Buchstaben bleiben unverändert. Von dieser Verschlüsselungstechnik gibt es auch eine vereinfachte Version, die als Durbodha bekannt ist.

Das zweite System nennt man Muladeviya (gesprochen) und Gudhalekhya (schriftlich). Königliche Spione und Händler setzten es ebenso ein wie Diebe. Hier werden folgende Buchstaben vertauscht:

a	kh	gh	c	t	ñ	n	r	l	y
k	g	ṅ	ṭ	p	ṇ	n	ṣ	s	ś

Wieder bleiben die anderen Buchstaben unangetastet, auch wenn es regionale Variationen gibt. Diese geheime Form der Kommunikation kommt im indischen *Mahabharata*-Epos vor.

Das *Arthashastra* bezeichnet das Codebrechen als Methode zur Gewinnung von Informationen. Wenn ein Agent die Loyalität von Personen nicht auf direktem Weg einschätzen kann, so heißt es darin, solle er „versuchen, solche Informationen zu erhalten, indem er Gespräche unter Bettlern, Betrunkenen oder Verrückten belauscht oder Personen, die im Schlaf sprechen, oder indem er die Zeichen an Pilgerstätten und Tempeln wahrnimmt oder Malereien und Geheimschriften entziffert".

Es wird nicht erklärt, wie man das anstellt, doch das ist der älteste historische Hinweis auf Kryptoanalyse (das Entschlüsseln einer Botschaft durch eine nicht autorisierte Person) für politische Zwecke.

Mesopotamien

Bei Ausgrabungen im antiken Seleukia im Irak wurde am Ufer des Tigris eine kleine Tafel gefunden. Sie entstand um 1500 v. Chr., ist in Keilschrift verfasst und enthält in einem einfachen Code die Formel für die Anfertigung von Glasur auf Töpferwaren.

Für assyrische und babylonische Schreiber war es nicht ungewöhnlich, seltene Keilschriftzeichen zum Signieren und Datieren ihrer Lehmtafeln zu benutzen. So konnten sie ihr Wissen demonstrieren. In Uruk im heutigen Irak verschlüsselten die Schreiber im 1. Jh. v. Chr. ihre Namen mittels Zahlen. Durch das Vergleichen von Tafeln, die diese Verschlüsselungen enthielten, mit solchen in Klartext (die Botschaft vor der Verschlüsselung) konnte man den Code knacken. In Susa im heutigen Iran wurden Fragmente gefunden, die möglicherweise zu einem Codebuch gehörten. Darauf sind Spalten mit Zahlen neben Keilschriftzeichen angeführt.

Die Bibel

Im Buch Jeremia im Alten Testament wird der Ort Babel manchmal Scheschach genannt; und Leb Kamai, was „Herz meines Feindes" bedeutet, taucht anstelle von Kaschdim auf, womit die Chaldäer (ein indigenes Volk) bezeichnet werden.

Keilschrifttafeln aus dem Nahen Osten sind manchmal verschlüsselt. Diese hier stammt aus dem Museum für anatolische Kultur, Ankara, Türkei.

Für diese Substitutionen wurde ein System namens „Atbasch" verwendet, bei dem der erste Buchstabe des Alphabets mit dem letzten vertauscht wird und umgekehrt, der zweite mit dem vorletzten usw.

B ist der zweite Buchstabe des hebräischen Alphabets, der vorletzte ist „sch". Dem „l" entspricht ein hartes „ch". Im Hebräischen werden nur Konsonanten geschrieben, daher wird Babel zu „Scheschach". Ebenso wird das harte „K" von Kaschdim zum „L". Wieder wird „sch" zu „b", während das abschließende „i" (oder „Jod") dem „Mem" in Kamai entspricht.

Das Wort „Atbasch" spiegelt das Substitutionsmuster wider. Es besteht aus „Aleph", „Taw", „Beth" und „Schin" – dem ersten, dem letzten, dem zweiten und dem vorletzten Buchstaben des hebräischen Alphabets. Dieses Verschlüsselungssystem kann auf jedes Alphabet übertragen werden.

Man vermutet, dass es in der Bibel noch ein weiteres Verschlüsselungssystem gibt, das „Albam". Dabei wird das Alphabet in zwei Hälften geteilt: Der erste Buchstabe der ersten Hälfte entspricht dem ersten Buchstaben der zweiten Hälfte und, umgekehrt, der zweite der ersten Hälfte dem zweiten der zweiten Hälfte und so fort. Auch diese Bezeichnung besteht aus dem ersten Buchstaben der ersten Hälfte und dem ersten Buchstaben der zweiten Hälfte des Alphabets.

Auch im Buch Daniel kommt Geheimschrift vor. Wie das Hebräische. so wird auch Aramäisch ohne Vokale geschrieben. Als die Worte „MENE MENE TEKEL PARSIN" an der Mauer von König Belsazars Palast erschienen, konnten die Weisen von Babylon sie nicht lesen. So sandte der König nach dem Juden Daniel, der verschiedene Vokale einsetzte und so zu folgender Interpretation kam: „MENE, Gott hat die Tage deines Königreiches gezählt und beendet; TEKEL, du wurdest gewogen und für zu leicht befunden; PERES, dein Königreich wird geteilt und an die Meder und Perser gegeben." Auf Aramäisch schreibt man PERES und PARSIN gleich.

Daniel wurde reich belohnt, doch Belsazar wurde getötet und das babylonische Reich ging unter.

Griechenland

Die antiken Griechen brachten die Steganografie zur Perfektion. In Herodots *Historien*, in denen er über den Konflikt zwischen Griechenland und Persien im 5. Jh. v. Chr. berichtet, erzählt der Autor von dem griechischen Exilanten Demaratus, der die Mobilmachung der Perser beobachtete und Sparta vor Xerxes' Plänen warnen wollte. Doch wie sollte er eine solche Botschaft an den persischen Wachen vorbeischleusen? Herodot schrieb: „Da die Gefahr, entdeckt zu werden, groß war, gab es nur einen Weg, wie er die Botschaft durchbringen konnte: Er schabte das Wachs von einer hölzernen Falttafel, schrieb auf das darunterliegende Holz, was Xerxes vorhatte, und bedeckte die Nachricht anschließend wieder mit Wachs. Die scheinbar leeren Falttafeln erregten auf dem Weg keinen Verdacht. Als sie am Ziel eintrafen, erahnte niemand ihr Geheimnis, bis, wie ich gehört habe, Kleomenes' Tochter Gorgo, die Frau des Leonidas, weissagte und den anderen sagte, dass sie auf dem Holz eine Nachricht finden würden, wenn sie das Wachs abschaben würden. So geschah es; die Botschaft wurde freigelegt und gelesen und danach an die anderen Griechen weitergegeben."

Das Gastmahl des Belsazar, gemalt 1635 von Rembrandt van Rijn. Die Geschichte des Belsazar und der Schrift an der Wand stammt aus dem Buch Daniel im Alten Testament. Der babylonische König Nebukadnezar hatte den Tempel von Jerusalem geplündert und die heiligen Goldbecher geraubt. Als sein Nachkomme Belsazar die Kelche bei einem großen Fest verwendete, erschien die Hand Gottes und schrieb die Worte an die Wand, die den Fall seines Reiches prophezeiten.

Daraufhin bauten die Griechen eine Flotte, die die Perser in der Schlacht bei Salamis besiegte. Auch wenn die Spartaner die Perser in der Schlacht bei den Thermopylen nicht aufhalten konnten, so war Xerxes ohne eine Flotte, die seine Truppen versorgte, gezwungen, sich zurückzuziehen. Leonidas starb bei den Thermopylen.

An anderer Stelle berichtet Herodot von einer geheimen Nachricht, die auf den Kopf eines rasierten Botschafters tätowiert wurde. Als sein Haar nachgewachsen war, konnte er die Nachricht unbeschadet ans Ziel bringen, wo sein Kopf neuerlich rasiert und die Botschaft enthüllt wurde.

Geheime Botschaften verhalfen den Griechen bei Salamis zum Sieg.

UNSICHTBARE TINTE

Im ersten Jahrhundert nach Christus beschrieb der römische Gelehrte Plinius der Ältere, wie man den Saft der Wolfsmilchpflanze als unsichtbare Tinte verwenden konnte. Der Saft wurde beim Trocknen transparent, doch wenn man ihn sanft erwärmte, wurde er braun und sichtbar. So verhalten sich sämtliche organischen Flüssigkeiten mit hohem Kohlenstoffanteil. Daher sollen Spione, die nichts anderes zur Verfügung hatten, dazu auch schon ihren eigenen Urin verwendet haben.

Ein noch genialeres Verfahren ersann der italienische Wissenschaftler Giovanni Porta im 15. Jahrhundert. Er mischte eine Tinte, indem er Alaun in Essig löste. Dann schrieb er damit die Botschaft auf die Schale eines hartgekochten Eies. Die Lösung durchdrang die Schale und hinterließ ihre Spuren auf dem Eiweiß darunter. Wenn das Ei geschält wurde, konnte die Nachricht gelesen werden.

TRANSPOSITIONS-SYSTEME

Eine Möglichkeit, eine Nachricht zu verschlüsseln, ist, die Buchstaben des Klartextes auf eine bestimmte Weise zu verschieben. Zum Beispiel könnten Sie jeweils zwei nebeneinanderliegende Buchstaben vertauschen, sodass die Nachricht „Feind zieht nach Norden" ohne Wortabstände lauten würde: „EFNIZDEITHANHCONDRNE." Zum Entschlüsseln muss man den Prozess einfach nur umkehren.

Eine andere Möglichkeit ist das „Lattenzaun"-System, bei dem die Buchstaben in zwei Zeilen untereinander geschrieben werden. Die Botschaft

FEINDZIEHTNACHNORDEN

wird dann so gesetzt:

F I D I H N C N R E
 E N Z E T A H O D N

und sieht dann so aus:

FIDIHNCNREENZETAHODN

Man kann auch drei oder mehr Zeilen benutzen. Wenn Sender und Empfänger dieselbe Anzahl an Zeilen benutzen, kann die Nachricht sehr einfach entschlüsselt werden. Man kann die Botschaft auch in Zeilen und Spalten anordnen.

FEIND
ZIEHT
NACHN
ORDEN

Die verschlüsselte Botschaft lautet, vertikal gesetzt:

FZNOEIARIECDNHHEDTNN

Im 5. Jh. v. Chr. erfanden die Spartaner ein Verfahren namens „Skytale" („Stab"). Dazu wurde ein dünner Lederstreifen um einen Stab gewickelt. Dann wurde die Botschaft der Länge nach auf den Stab geschrieben, wobei in einer Zeile jeweils ein Buchstabe auf jedem Streifen stand. Wenn der Streifen abgewickelt wurde, fand sich darauf eine chaotische Abfolge von Buchstaben. Die Nachricht wurde entschlüsselt, indem man sie um einen Stab mit dem Durchmesser des Originals wickelte.

Mittels einer Skytale konnte eine einfache Transpositionschiffre erstellt werden.

Im langen Konflikt zwischen Persien und den griechischen Stadtstaaten überreichte ein gefangener Spartaner, dem die Flucht gelungen war, Lysander von Sparta seinen Gürtel. Lysander wickelte ihn um seine Skytale und erfuhr so, dass sein ehemaliger Verbündeter im Krieg gegen Athen, Pharnabazos von Persien, nun plante, ihn anzugreifen.

Aineas der Taktiker

Im 4. Jh. v. Chr. widmete der Grieche Aineias Taktikos (Aineas der Taktiker) ein Kapitel seines Werks *Über die Verteidigung belagerter Stellungen* geheimen Nachrichten. Er schlug vor, Buchstaben, aus denen die Botschaft bestand, in einem Buch oder Dokument mit kleinen Punkten zu markieren.

Eine Nachricht konnte man in die Sohle eines Schuhs einnähen, am besten auf dünnes Blech, falls die Straße feucht sein sollte. Aineas berichtete, dass eine Botschaft nach Ephesus auf Blättern gelangte, die um das Bein eines Verwundeten gebunden waren. Auch dünne Bleiplättchen, die man als Ohrringe trug, konnten Botschaften tragen.

Bei einer weiteren von Aineas beschriebenen Methode bohrte man 24 Löcher – für die Buchstaben des griechischen Alphabets – in einen Knochen oder ein Stück Holz. Dann führte man einen Faden durch die der Botschaft entsprechenden Löcher. Entschlüsselt wurde durch Abwickeln des Fadens.

Polybios-Quadrat

Der griechische Historiker Polybios, der im 2. Jh. v. Chr. lebte, entwickelte ein System zur numerischen Verschlüsselung. Er entwarf ein Quadrat mit 5 x 5 Feldern. Im modernen Alphabet teilen sich die Buchstaben I und J ein Feld:

	1	2	3	4	5
1	A	B	C	D	E
2	F	G	H	I/J	K
3	L	M	N	O	P
4	Q	R	S	T	U
5	V	W	X	Y	Z

Jeder Buchstabe wird durch zwei Ziffern repräsentiert, zum Beispiel: D = 14, S = 43. Beim Übermitteln von Botschaften über weite Distanzen hielt der Sender etwa eine Fackel in der Rechten und vier in der Linken, was die Zahl 41 oder den Buchstaben Q ergibt.

Römische Chiffren

Julius Caesar benutzte so häufig Geheimschriften, dass der römische Gelehrte Valerius Probus eine Abhandlung darüber schrieb. Leider ist sie nicht erhalten geblieben. Eine von Caesars Verschlüsselungsmethoden ist jedoch überliefert – die „Caesar-Verschiebung". Dabei ersetzte Caesar einfach einen Buchstaben durch einen anderen, der drei Stellen weiter im Alphabet stand: Aus A wurde also D, B wurde zu E … und X, Y und Z wurden zu A, B und C. Augustus war beim Chiffrieren nicht ganz so geschickt. Sueton, der Autor von *De vita Caesarum*, einem Werk über das Leben der ersten zwölf römischen Kaiser, schrieb: „Wenn er die Gelegenheit hatte, verschlüsselt zu schreiben, schrieb er ein b anstelle eines a, c anstelle eines b und so weiter; anstelle eines z schrieb er aa."

Solche Verschlüsselungsverfahren wurden in der römischen Antike häufig benutzt. Natürlich ist eine solche Verschiebung um drei Stellen nichts Ungewöhnliches. Im modernen Alphabet kann man zwischen einer und 25 Stellen verschieben. Jeder Buchstabe kann durch jeden ersetzt werden, solange der Empfänger weiß, wie er die Verschiebung rückgängig machen kann. Das heißt, es gibt rund 403 291 461 126 605 635 584 000 000 Möglichkeiten für eine einfache Substitutionschiffre. Man schätzt, dass der Versuch, eine einfache alphabetische Substitutionsverschlüsselung zu entschlüsseln, indem man jede mögliche Variante überprüft und für jede davon eine Sekunde benötigt, insgesamt etwa eine Milliarde Mal das Alter des Universums benötigen würde.

Der gallische Stammesfürst Vercingetorix legt nach der Schlacht von Alesia als Zeichen der Unterwerfung seine Waffen vor Julius Caesar nieder. Caesar verwendete dem römischen Biografen Sueton zufolge häufig Geheimschriften: „Wenn er etwas Vertrauliches mitteilen wollte, schrieb er verschlüsselt, und zwar, indem er die Reihenfolge der Buchstaben im Alphabet vertauschte, sodass kein Wort mehr lesbar war. Wenn man die Nachricht entschlüsseln wollte, musste man statt des vierten Buchstabens im Alphabet den ersten einsetzen, also A statt D, und ebenso mit den anderen verfahren."

Ein Brief, der ein Angebot für einen Verrat enthielt, wurde von einem Verräter einst auf folgende Weise in das nahe gelegene Lager des Feindes gebracht: Bei einem Truppenvorstoß ließ sich einer der Soldaten, in dessen Harnisch eine Botschaft eingenäht worden war, beim Anblick des Feindes vom Pferd fallen, als ob er abgeworfen worden sei, und gefangen nehmen; bei der Ankunft im Feindeslager konnte er die Botschaft übergeben.

Aineas der Taktiker,
Über die Verteidigung belagerter Stellungen,
4. Jh. v. Chr.

PLUMPE VERSCHLÜSSELUNG

Der sizilianische Mafiaboss Bernardo Provenzano wurde 2006 nach 40 Jahren auf der Flucht verhaftet. Er hatte die Caesar-Verschiebung allzu plump verwendet. Statt A durch D zu ersetzen, ersetzte er A durch 4, B mit 5 und so weiter. Da er Angst hatte, das Telefon zu benutzen, führte er sein Syndikat mittels schriftlicher Botschaften. Als seine Zettel der Polizei in die Hände fielen, war es ein Leichtes, die Texte zu entschlüsseln.

In der Blütezeit der islamischen Kultur begannen arabische Gelehrte, formale Abhandlungen über das Ver- und Entschlüsseln zu verfassen.

KAPITEL 2

ARABISCHE ANAGRAMME

Gelegentlich finden begabte Schreiber, obwohl sie einen Code nicht entwickelt haben, trotzdem durch gezieltes Kombinieren dessen Regeln, allein mithilfe ihrer Intelligenz, und sie nennen dies „das Rätsel lösen".

Ibn Chaldûn, *Muqaddima*, 1377

Arabische Gelehrte fanden als Erste heraus, dass man eine Nachricht, bei der jeder Buchstabe durch einen anderen ersetzt worden ist, entschlüsseln kann, indem man die Häufigkeit nicht nur von Einzelbuchstaben, sondern von Paaren und Trios berechnet, die in einer Sprache für gewöhnlich vorkommen. Die Rekonstruktion des Klartextes mithilfe der Hinweise aus der Häufigkeitsanalyse nennt man „Anagrammieren".

  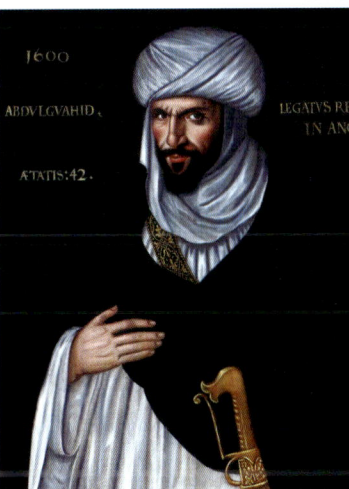

ARABISCHE ANAGRAMME

🔓 GEHEIMSPRACHE

Während der Zusammenbruch des Römischen Reiches und die dunklen Jahrhunderte des frühen Mittelalters die Entwicklung der Kryptologie im Westen stoppten, erlebte die muslimische Welt ein Goldenes Zeitalter, insbesondere in Mathematik und Naturwissenschaften. Heikle Staatsdokumente, darunter Steuerregister, wurden ganz selbstverständlich verschlüsselt und offizielle Handbücher enthielten Kapitel über Kryptologie.

Im 1. Jh. der muslimischen Welt, dem 8. Jh. der christlichen Welt, verfasste der Philologe Abu al-Chalil (siehe Kasten) ein *Buch der Geheimsprache*, das leider verloren gegangen ist. Überliefert ist, dass al-Chalil sich für Codes und Chiffren zu interessieren begann, nachdem ihm der byzantinische Kaiser ein griechisches Kryptogramm geschickt hatte, das er selbst nicht entschlüsseln konnte.

„Ich dachte mir, dass der Brief mit ‚im Namen Gottes' oder etwas Ähnlichem beginnen müsste", sagte al-Chalil. „Also bearbeitete ich die ersten Buchstaben unter dieser Annahme und hatte Erfolg."

Diese Miniatur aus dem Makmat des al-Hariri zeigt das Leben unter dem Abbasidenkalifat, unter dem sich der Islam über die gesamte arabische Welt ausbreitete (758–1258 n. Chr.).

ABU AL-CHALIL (718–786)

Abu al-Chalil (oder al-Farahidi) wurde im Oman geboren und ging nach Basra, wo er unterrichtete, Sekretär des Wesirs war und von der Ibadi-Sekte zum sunnitischen Islam konvertierte. Er lebte strenggläubig in einer Schilfhütte und schrieb *Kitab al-'Ayn*, das „Buch des Buchstabens", das als erstes arabisches Wörterbuch der Welt gilt. Aus seinem *Kitab al-'Arud* („Buch der Verslehre") sind Zeilen erhalten, doch das Buch selbst gilt ebenso als verloren wie sein „Buch der Geheimsprache".

Er war versiert in Astronomie, Mathematik, islamischem Recht, Musiktheorie und den Überlieferungen der Propheten und beeinflusste spätere arabische Kryptologen. Beim Nachdenken über ein Rechnungssystem, das seine Haushälterin vor Betrug durch den Gemüsehändler schützte, soll er in einer Moschee geistesabwesend gegen eine Säule gelaufen sein. Er starb an den Folgen des Sturzes.

Der Lexikograf und Philologe Abu al-Chalil

Häufigkeitsanalyse

Im 9. Jh. arbeitete der Universalgelehrte Abu al-Kindî (siehe Kasten) – „der arabische Philosoph" – in Bagdad in einem bedeutenden intellektuellen Zentrum, das als Haus der Weisheit bekannt war. In einem Manuskript mit dem Titel *Über die Entschlüsselung verschlüsselter Botschaften* erklärte er, wie man ein Dokument mithilfe der Häufigkeitsanalyse entschlüsselt, also durch Abzählen, wie oft ein Buchstabe oder Buchstabengruppen in einem verschlüsselten Text vorkommt. Er schrieb:

„Eine Möglichkeit, eine verschlüsselte Nachricht, deren Sprache wir kennen, zu entschlüsseln, ist, einen Klartext in dieser Sprache mit einer Länge von etwa einer Seite zu finden und dann zu zählen, wie häufig ein Buchstabe vorkommt. Den am häufigsten vorkommenden Buchstaben nennen wir den ‚ersten', den zweithäufigsten den ‚zweiten', den danach den ‚dritten' und so weiter, bis wir alle Buchstaben im Klartext durchhaben.

Dann zählen wir die Symbole im Geheimtext und setzen für das häufigste den ‚ersten' Buchstaben ein, das zweithäufigste Symbol wird durch den ‚zweiten' ersetzt und so weiter, bis alle Symbole ersetzt sind."

Das war der Beginn der systematischen Kryptoanalyse. Al-Kindî führte aus, dass die Buchstaben *alif* und *lām* im Arabischen am häufigsten vorkommen, da sie Teil des bestimmen Artikels „al" sind, während der Buchstabe „j" nur ein Zehntel so häufig auftritt.

🔓 BUCHSTABENHÄUFIGKEIT IM DEUTSCHEN

Im Deutschen ist „e" der häufigste Buchstabe, gefolgt von „n" und „i". Wenn also der Buchstabe „p" in einem Geheimtext am häufigsten vorkommt, so handelt es sich höchstwahrscheinlich um das „e" im Klartext. Wenn der zweithäufigste ein „x" ist, steht er vermutlich für das „n" im Klartext.

Die Ergebnisse im Kasten (nächste Seite) basieren auf mehr als 100 000 Buchstaben aus Texten in Zeitungen und Romanen. Natürlich weichen die Prozentsätze in speziellen Texten wie technischen oder wissenschaftlichen Arbeiten davon leicht ab.

ABU AL-KINDÎ (CA. 801–873)

Abu al-Kindî wurde als Vater der muslimischen oder arabischen Philosophie verehrt, weil er die griechische und hellenistische Philosophie in der muslimischen Welt verbreitete. Er wurde in Basra geboren und in Bagdad ausgebildet, wo ihn die Kalifen mit der Leitung der Übersetzung von naturwissenschaftlichen und philosophischen Werken der Griechen ins Arabische betrauten. Er schrieb über die verschiedensten Themen, darunter Metaphysik, Ethik, Logik, Psychologie, Medizin, Pharmakologie, Mathematik, Astronomie, Astrologie, Optik, Parfum, Schwerter, Schmuck, Glas, Farbstoffe, Zoologie, Gezeiten, Spiegel, Meteorologie und Erdbeben. Er war führend an der Einführung der indischen Zahlen beteiligt, die erstmals ein Symbol für Null enthielten. Unser modernes Zahlensystem verdanken wir al-Kindî.

Ein Großteil seines Werks gilt als verschollen, da die Mongolen bei einer Invasion im 13. Jahrhundert zahlreiche Bibliotheken zerstörten.

Auf dieser Miniatur aus dem 13. Jh. aus einem Manuskript mit dem Titel Die besten Maximen und die wertvollsten Aphorismen von Al-Mubaschschir *soll rechts Abu al-Kindî zu sehen sein.*

In einem kurzen Geheimtext kann man relativ einfach die Zeichen finden, die für „e", „n" und „i" stehen. Dann sieht sich der Kryptoanalytiker die Zeichen daneben an. Vokale stehen häufiger vor und nach Konsonanten als andere Konsonanten. Kombiniert man dieses Wissen mit der Häufigkeit, wird schnell klar, was „n" ist und was „e" und „i".

Es gibt weitere Hinweise. Die im Deutschen am häufigsten vorkommenden Bigramme, also Zweierkombinationen von Buchstaben, lauten „er", „en" und „ei". Das im Deutschen am häufigsten vorkommende Trigramm, also eine Dreierkombination, lautet „ein", während „nie" weitaus seltener erscheint. Das zweithäufigste Trigramm lautet „der", das viel öfter auftaucht als „des" usw. Dieses Wissen macht man sich zunutze, um andere Buchstaben, die in einer ähnlichen Häufigkeit vorkommen, zu identifizieren.

BUCHSTABENHÄUFIGKEIT IM DEUTSCHEN (IN PROZENT)

A	6,51	N	9,78
B	1,89	O	2,51
C	3,06	P	0,79
D	5,08	Q	0,02
E	17,40	R	7,00
F	1,66	S	7,27
G	3,01	T	6,15
H	4,76	U	4,35
I	7,55	V	0,67
J	0,27	W	1,89
K	1,21	X	0,03
L	3,44	Y	0,04
M	2,53	Z	1,13

Quelle: Leibniz-Institut für Deutsche Sprache. Korpusbasierte Zeichenhäufigkeitslisten. www1.ids-mannheim.de

Nicht selten setzen Steinmetze auf Grabsteinen wie diesen aus dem antiken Hafen von Al-Baleed im Oman okkulte Schriften ein, die nur diejenigen verstanden, die den Verstorbenen gekannt hatten.

MUQADDIMA UND MORGENRÖTE DES NACHTBLINDEN

1377 stellte der nordafrikanische Historiker Ibn Chaldûn (siehe Kasten) die *Muqaddima* („Einleitung") fertig, in der es heißt: „Gelegentlich finden begabte Schreiber, obwohl sie einen Geheimcode nicht entwickelt haben, trotzdem durch gezieltes Kombinieren dessen Regeln, allein mithilfe ihrer Intelligenz, und das nennen sie ‚das Rätsel lösen'." Mit anderen Worten: Sie konnten einen Geheimtext entschlüsseln, ohne zuvor den Code zu kennen.

Der ägyptische Autor und Mathematiker Ahmad al-Qalqaschandi (siehe Kasten Seite 29) stellte 1412 die 14-bändige Enzyklopädie *Subh al-a'sha* (*Morgenröte des Nachtblinden*) fertig. Hierin findet sich ein Abschnitt über Kryptologie, den er Ibn al-Duraihim zuschreibt, der von 1312 bis 1361 gelebt hat. Dessen Abhandlungen über Geheimschriften gelten jedoch schon seit Jahrhunderten als verloren. Qalqaschandi zufolge beschrieb Duraihim sieben Arten von Chiffren:

1. Einen Buchstaben durch einen anderen ersetzen.
2. Das Wort rückwärts schreiben.
3. Abwechselnd Buchstaben verdrehen.
4. Den Zahlenwert der Buchstaben verwenden und die Botschaft in arabischen Ziffern schreiben.
5. Mehrfachsubstitutionen, etwa zwei Buchstaben für einen Klartext-Buchstaben.
6. Einen Namen (oder Ähnliches) für jeden Buchstaben einsetzen.
7. Einsetzen der Mondhäuser für Buchstaben oder Einsetzen von Bezeichnungen von Ländern, Bäumen, Früchten usw. in einer bestimmten Reihenfolge; oder Ersetzen der Buchstaben durch Zeichnungen, etwa eines Vogels und anderer Wesen; oder Erfinden eines neuen Systems von Symbolen.

IBN CHALDÛN (1332–1406)

Wali ad-Din Ibn Chaldûn wurde in Tunis geboren, wohin seine Familie vor dem Fall von Sevilla im Zuge der Rückeroberung Spaniens durch die Christen geflohen war. Mit 17 machte ihn die Pest zum Waisen. Mit 20 nutzte er seine klassische islamische Bildung, um am Hof von Tunis zu arbeiten, wo er drei Jahre später zum Sekretär des Sultans von Marokko aufstieg. Nach einer Inhaftierung wegen mutmaßlicher Verhetzung wurde er nach Granada geschickt, wo er mit Peter I. von Kastilien, bekannt als Peter der Grausame, erfolgreich einen Friedensvertrag aushandelte. Als Opfer politischer Intrigen ging Ibn Chaldûn zurück nach Nordafrika, wo er unter dem Sultan von Bougie Premierminister wurde. Unter mehreren Potentaten hatte er verschiedene Ämter inne, bevor er wieder im Kerker landete. Er suchte Zuflucht bei den Berbern, wo er an seiner Weltgeschichte arbeitete, zu der die *Muqaddima* die Einleitung darstellt. Um sein Werk zu vollenden, benötigte er jedoch Zugang zu einer Bibliothek. Daher kehrte er nach Tunis zurück, das inzwischen von seinem vorigen Herrn, dem Sultan von Tlemcen, erobert worden war. Als er bei diesem in Ungnade fiel, bat Ibn Chaldûn um die Erlaubnis, die Hadsch nach Mekka antreten zu dürfen, was der Sultan nicht ablehnen konnte. Ibn Chaldûn schiffte sich jedoch nach Alexandria ein. Auch in Ägypten versuchte er sich in der Politik. Seine letzten Jahre verbrachte er in Kairo, wo er seine Weltgeschichte und seine Autobiografie fertigstellte. Er starb im Alter von 74 Jahren.

Die Geschichte von Beni Abd El-Wad – *mit diesem Buch geriet Ibn Chaldûn wieder einmal durch seine politischen Manöver in Schwierigkeiten.*

DIE LEHRE VOM ENTSCHLÜSSELN

Qalqaschandi behauptete, dass der Kryptoanalytiker die Sprache des Geheimtextes kennen muss. Er konzentrierte sich auf Arabisch und listete Buchstaben auf, die selten gemeinsam in einem Wort auftreten. Er reihte die Buchstaben nach ihrer Häufigkeit im Koran, wobei er anmerkte, dass das für andere Texte anders ausfallen könnte. Dann wandte er sich dem Entschlüsseln eines Kryptogramms zu, wobei er abermals Duraihim zitierte:

Da Papier noch eine kostbare Seltenheit war, wurde diese Geheimbotschaft auf das Schulterblatt eines Kamels geschrieben.

„Wenn du eine Geheimbotschaft entschlüsseln möchtest, so beginne damit, die Buchstaben zu zählen und wie oft die einzelnen Symbole vorkommen. Wenn die Person, die die Chiffre verfasst hat, sehr sorgfältig war und die Wortabstände verschleiert hat, musst du zuerst jenes Symbol finden, das als Trenner zwischen den Worten dient. Dazu nimmst du einen Buchstaben und nimmst an, dass das nächste Zeichen der Worttrenner ist. Dann gehst du damit die Nachricht durch, wobei du darauf achtest, aus welchen Buchstabenkombinationen ein Wort bestehen kann, wie bereits erläutert. Wenn es passt, [gut]; wenn nicht, nimm den nächsten Buchstaben. Wenn dieser passt, [gut]; wenn nicht, nimm den nächsten Buchstaben usw., bis du den Worttrenner identifiziert hast.

Dann sieh dir an, welche Buchstaben am häufigsten in der Nachricht vorkommen, und vergleiche das mit dem erwähnten Häufigkeitsmuster. Wenn du erkennst, dass ein Buchstabe viel öfter vorkommt als der Rest, dann wird es alif *sein; du kannst annehmen, dass der zweithäufigste* lâm *ist. Du kannst dir sicher sein, wenn das* lâm *meistens auf ein* alif *folgt …*

Nun wende dich den Wörtern zu, die aus zwei Buchstaben bestehen, indem du die wahrscheinlichsten Kombinationen testest, bis du sicher bist, dass du etwas Richtiges entdeckt hast; sieh dir die Symbole an und schreibe ihre Entsprechungen nieder. Widme dich nun nach demselben Prinzip den Wörtern mit drei Buchstaben, bis du sicher bist, dass du etwas gefunden hast, und schreibe die Entsprechungen [in die Nachricht]. Wende dieses Prinzip auch auf den vorigen Schritt an."

Dann beschrieb Qalqaschandi anhand von Beispielen dieses Vorgehen. Doch seine Methoden verbreiteten sich in der muslimischen Welt nicht allzu rasch.

Im Jahr 1600 schickte der Sultan von Marokko, Ahmed al-Mansur, seinen Geheimsekretär nach England, um mit Elisabeth I. ein Bündnis gegen Spanien auszuhandeln. Der Botschafter schickte eine verschlüsselte Nachricht zurück, für deren Entschlüsselung die Empfänger 15 Jahre brauchten! Wären sie Duraihims Methoden gefolgt, hätten sie dafür nur wenige Stunden gebraucht.

Ein Porträt des Botschafters Abd el-Ouahed ben Messaoud, der ausgesandt wurde, um mit Elisabeth I. zu verhandeln

Anagramme

Wenn die Wortabstände, also Leerzeichen, beim Verschlüsseln beibehalten werden, enthält der Geheimtext relativ einfache Hinweise. So gibt es im Deutschen nur relativ wenige sinnvolle Wörter mit zwei Buchstaben – z. B. ab, am, an, da, du, er, es, im, in, ja, je, ob, so, um, wo, zu. Wenn der Codeknacker diese identifizieren kann, hat er schon einen guten Start.

Es gibt Listen der häufigsten Bi- und Trigramme (Gruppen aus zwei oder drei Buchstaben, die als Einheit verschlüsselt werden) im Deutschen (siehe Kasten nächste Seite).

Mithilfe der Häufigkeitsanalyse und von Bi- und Trigrammen ist es möglich, einen großen Teil eines Geheimtextes zu entschlüsseln. Den Klartext auf diese Weise zu rekonstruieren, nennt man „Anagrammieren", obwohl es keinen Zusammenhang mit Anagrammen im herkömmlichen Sinne gibt. Bisweilen kann eine Verschlüsselung auch Schwächen enthalten, welche die Aufgabe des Kryptoanalytikers sehr erleichtern.

Beim Verschlüsseln ist es am besten, nicht von einem Codebuch abhängig zu sein, da dieses vom Feind erbeutet werden kann. Am besten vertraut man die Chiffriermethode seinem Gedächtnis an. Eine Möglichkeit ist das Verwenden eines Schlüsselworts, zum Beispiel ENGLAND. Zunächst streicht man alle Wiederholungen aus dem Schlüssel; bei unserem Beispiel ergibt sich dadurch ENGLAD. Das setzt man nun an den Beginn des Geheimtextalphabets und füllt danach das restliche Alphabet auf, wobei abermals Wiederholungen vermieden werden:

Das „Buch der Lieder" ist eine Sammlung früher arabischer Dichtung, die nicht nur von literarischem Wert, sondern auch in kultureller und historischer Hinsicht interessant ist. Der Herrscher trägt eine „qaba-turki"-Robe und auf dem Kopf ein „scharbusch". Auch seine Beisitzer tragen türkische Tracht. Der Herrscher wird für gewöhnlich als Badr ad-Din Lulu, Atabeg von Mosul, identifiziert, der 1259 starb. Das Buch illustriert den Reichtum an Wissen in der arabischen Frühgeschichte.

AHMAD AL-QALQASCHANDI (1355/6–1418)

Der Schreiber und Mathematiker wurde in einem Dorf im Nildelta geboren. Er arbeitete für das Mamluken-Sultanat in Kairo, wo er die 14-bändige Enzyklopädie *Subh al-aʿsha (Morgenröte des Nachtblinden)* verfasste, die Geografie, politische Geschichte, Naturgeschichte, Zoologie, Mineralogie, Kosmografie, Zeitmessung und Kryptografie umfasste. Qalqaschandi zitierte Ibn al-Duraihim bei seinen Erklärungen von Chiffren, die sowohl mit Substitution als auch mit Transposition arbeiten, und schilderte erstmals eine Verschlüsselung, die Mehrfachsubstitutionen für Klartextzeichen anwendet. Er fügte auch eine Häufigkeitsliste für Buchstaben hinzu sowie eine Liste von Buchstabenkombinationen, die nicht gemeinsam in einem Wort vorkommen können.

Klartext-Alphabet

a b c d e f g h i j k l m n o p q r s t u v w x y z

Geheimtext-Alphabet

ENGLADBCFHIJKMOPQRSTUVWXYZ

Man muss das Schlüsselwort nicht unbedingt an den Anfang des Geheimtext-Alphabets setzen.

Klartext-Alphabet

a b c d e f g h i j k l m n o p q r s t u v w x y z

Geheimtext-Alphabet

WXYZENGLADBCFHIJKMOPQRSTUV

Der Schlüssel funktioniert nur dann, wenn ihn Sender und Empfänger an dieselbe Stelle im Alphabet setzen. Wenn der Schlüssel ein einfaches Wort ist, ist es für den Kryptoanalytiker relativ einfach, dieses auszumachen und den Code zu knacken. Doch der Schlüssel könnte auch eine Redewendung oder eine Verszeile sein; dann wäre der Code deutlich schwieriger zu entschlüsseln. Wenn das Schlüsselwort nach dem Streichen aller Wiederholungen noch 26 Buchstaben lang wäre, würde es das Geheimtext-Alphabet natürlich komplett durcheinanderwürfeln.

BIGRAMME UND TRIGRAMME

Immer wieder werden die Listen von Bi- und Trigrammen – allgemein N-Gramme genannt – aktualisiert, weil sich die Sprache verändert. Im Deutschen wurde z. B. durch die Rechtschreibreform 1996 „daß" zu „dass". N-Gramme finden in der Kryptologie, der Computerlinguistik und der Computerforensik Verwendung.

Häufigste Bigramme in %		Häufigste Trigramme in %	
ER	4,09	ICH	1,15
EN	4,00	EIN	1,08
CH	2,42	UND	1,05
DE	2,27	DER	0,97
EI	1,93	NDE	0,83
ND	1,87	SCH	0,65
TE	1,85	DIE	0,64
IN	1,68	DEN	0,62
IE	1,63	END	0,60
GE	1,47	CHT	0,60

Im Goldenen Zeitalter des Islam war das Haus der Weisheit in Bagdad ein bedeutendes intellektuelles Zentrum.

 Im Zweifelsfall postuliere zwei oder drei Hypothesen und schreibe jede einzelne hin, bis sich mit Sicherheit einzelne Wörter ergeben. **»**

Ahmad al-Qalqaschandi, *1412*

STEUERCODES

In der arabischen Welt wurde eine spezielle Form der Kryptografie, genannt „Qirmeh", verwendet, um sensible Informationen über das staatliche Steuereinkommen geheim zu halten. Dazu wurden die arabischen Buchstaben vereinfacht sowie Akzente und andere diakritische Zeichen entfernt. Der Körper des Buchstaben wurde verkleinert, während das Ende verlängert wurde. Dann wurden Wörter verkürzt, verschmolzen, vermischt und überblendet.

Dieses System wurde in Ägypten erstmals im 16. Jahrhundert benutzt und von den Steuerbehörden des Osmanischen Reiches übernommen. Es blieb in Ägypten, Syrien und Istanbul bis ins späte 19. Jahrhundert, als das Osmanische Reich im Niedergang begriffen war, in Verwendung. Obwohl mittels Qirmeh die Details der Staatsfinanzen geheim gehalten wurden und die Privatsphäre der Steuerzahler gewahrt blieb, wurde es stets nur für Steuerangelegenheiten benutzt. Es gab keinen Versuch, Qirmeh zu militärischen Zwecken oder in der Spionage einzusetzen.

IBN AL-DURAIHIM (1312–1361)

Der in Mosul geborene Ali ibn Muhammad Ibn al-Duraihim verlor bereits als Kind seinen Vater und erbte ein großes Vermögen. Als er alt genug war, reiste er nach Damaskus, dann nach Kairo, wo er sein Geld in den Handel investierte. Außerdem arbeitete er dort für den Mamluken-Sultan. 1347 wurde er ins Exil geschickt und verlor einen Großteil seines Vermögens. Im Jahr darauf wurde er von Damaskus ins Exil nach Aleppo verwiesen. Nachdem er aus Kairo etwas von seinem Geld holen konnte, wurde al-Duraihim Lehrer an der Amawi-Moschee in Damaskus und arbeitete dort in der Finanzabteilung. Bei seiner Rückkehr nach Ägypten wurde er in die Politik verwickelt und abermals verbannt, dieses Mal nach Abessinien. Auf dem Weg dorthin starb er in der Stadt Qus, einem wichtigen Wirtschaftszentrum nördlich von Luxor. Im Laufe seines kurzen Lebens schrieb er mehr als 20 Bücher über Mohammed, den Koran, Naturwissenschaften, die arabische Sprache, Physiognomie sowie Rätsel und verfasste hochgeschätzte Poesie. Seine statistischen Methoden zum Entschlüsseln von Chiffren mithilfe der Buchstabenhäufigkeit wurden von al-Kindî und anderen übernommen.

Der Hof des Mamluken-Sultans war zwar opulent, doch waren tödliche politische Rivalitäten an der Tagesordnung.

Das Haus der Weisheit wurde von selbstregulierenden Lampen beleuchtet wie dieser, die aus einem Buch über mechanische Vorrichtungen stammt.

An den europäischen Fürstenhöfen herrschten Heimlichtuerei und Intrigen, die oft mithilfe von Geheimbotschaften gesponnen wurden.

32

KAPITEL 3

CODIERER IN EUROPA

Kein Unterfangen hat mehr Erfolg als jenes, das vor dem Feind geheim gehalten wird, bis es reif für die Umsetzung ist.

Niccolò Machiavelli, 1469–1527

Ab dem 16. Jahrhundert griffen rivalisierende Staaten zu Codes und Chiffren, um ihre Feinde auszumanövrieren. Venedig und der Vatikan beschäftigten professionelle Codeknacker, die Kryptologie wurde zum Mittel der Staatsführung. Immer komplexere Codes wurden entwickelt, und bald unterhielt jede Nation ihre eigene „Schwarze Kammer", von der aus Kryptoanalytiker die geheimen Aktivitäten ihrer Rivalen im Auge behielten.

CODIERER IN EUROPA

 DIE ERSTEN SPIONE

Während arabische Gelehrte große Fortschritte bei der Kryptoanalyse machten, verwendeten die Europäer noch immer einfache monoalphabetische Substitutionschiffren (bei denen stets ein Zeichen aus dem Klartext durch ein anderes ersetzt wird). Im 16. Jahrhundert jedoch wurde Giovanni Soro Europas erster großer Codeknacker. Er war Chiffrensekretär des Rates der Zehn, der Venedig regierte. Soro hatte beim Entschlüsseln für den Rat so großen Erfolg, dass sich sein Ruf in ganz Italien verbreitete. Daraufhin engagierte ihn der Papst zum Entschlüsseln von Chiffren, die seine eigenen Codeknacker nicht brechen konnten.

Als einmal eine verschlüsselte päpstliche Nachricht den Florentinern in die Hände fiel, schickte Papst Klemens VII. eine Kopie an Soro, der antwortete, dass er sie nicht dechiffrieren könne. Das dürfte ein geschickter Schachzug gewesen sein, denn Soro hatte sicher nicht gewollt, dass der Vatikan noch sicherere Codes entwickelte.

In Frankreich saß Philibert Babou (1484–1557), der Codeknacker von Franz I., stundenlang über der Entschlüsselung von Botschaften, während der König Babous hübsche Frau zur Mätresse nahm.

Die Babington-Verschwörung

In England „verdankte" Königin Maria von Schottland ihren Sturz einer Entschlüsselung. Sie war 1568 aus ihrer Heimat geflohen und hatte in England Zuflucht gesucht, war jedoch von ihrer protestantischen Schwester, Königin Elisabeth I.

Venedig wurde vom Rat der Zehn regiert, der aus dem Dogen und neun Ratgebern bestand. Der Rat engagierte Giovanni Soro als Geheimsekretär.

GIOVANNI SORO (GEST. 1544)

Die Botschafter der Krieg führenden italienischen Stadtstaaten kommunizierten über codierte Botschaften. Daher beschäftigten die Herrscher Chiffrensekretäre, um abgefangene Nachrichten zu entschlüsseln. 1506 gab der Rat der Zehn in Venedig diesen Posten Giovanni Soro.

Als die Republik Venedig durch die Armee des Heiligen Römischen Kaisers Maximilian I. bedroht wurde, gelang es Soro, eine Nachricht des Heerführers Marcantonio Colonna zu entschlüsseln, in der dieser um 20.000 Dukaten oder Maximilians persönliches Erscheinen auf dem Schlachtfeld bat.

Damit wusste er, dass der Kommandant zu schwach für einen großen Angriff war. Maximilians Allianz mit dem Papst zerbrach, und 1510 begann die päpstliche Kurie, Soro als Codebrecher einzusetzen.

Soros oberste Loyalität galt jedoch weiterhin Venedig. 1542 erhielt er zwei Assistenten und ein Büro im Dogenpalast. Sie arbeiteten hinter verschlossenen Türen und durften den Raum nicht verlassen, bevor eine Nachricht entschlüsselt war. Venedig unterhielt eine Schule für Verschlüsselung und veranstaltete Wettbewerbe. Soro verfasste ein Handbuch zu dem Thema, doch das ist leider verschollen.

Chiffrierter Text und Klartext von Soro

von England, unter Arrest gestellt worden, weil sie eine mögliche Bedrohung darstellte. Viele englische Katholiken hielten Maria für die rechtmäßige Königin. 1586 ersann der katholische Adelige Anthony Babington einen Plan, um Maria zu befreien und Elisabeth zu ermorden.

Im hohlen Spund eines Bierfasses wurden Briefe zu Maria geschmuggelt. Sie waren in einem Code aus 23 Zeichen verschlüsselt, die den Buchstaben des Alphabets entsprachen, ohne „j", „v" und „w". Weitere 36 Symbole standen für geläufige Wörter oder Satzteile. Dazu gab es vier „Nullen", die nichts repräsentierten, aber hinzugefügt wurden, um eventuelle Codeknacker zu verwirren. Außerdem gab es ein

Symbol, das angab, dass das darauffolgende Zeichen ein Doppelbuchstabe war.

Gilbert Gifford, der Überbringer der Briefe, war ein Doppelagent. Er übergab die Nachrichten an Sir Francis Walsingham, den ersten Sekretär und obersten Spion von Königin Elisabeth, der Kopien davon anfertigen ließ. Walsingham war mit der Arbeit des italienischen Mathematikers und Kryptologen Girolamo Cardano vertraut und hatte auch von der Arbeit des flämischen Kryptoanalytikers Philip van Marnix profitiert, der Wilhelm von Oranien als Entschlüssler diente. 1577 hatte van Marnix einen Brief Philipps von Spanien decodiert, in dem dieser seine Pläne zur Invasion von England skizzierte.

Dieser wurde den Engländern übergeben, die daraufhin ihre Verteidigung verstärkten und die spanischen Invasionsversuche zumindest so lange verzögerten, bis elf Jahre später die Armada in See stach.

Walsingham gründete ein Spionagenetz und engagierte den Linguisten Thomas Phelippes (siehe Kasten) als Kryptoanalytiker. Mithilfe der Häufigkeitsanalyse rückte Phelippes Babingtons Geheimcode zu Leibe. Rasch identifizierte er die Nullen, fand die substituierten Buchstaben heraus und konnte so aus dem Kontext auf die Wörter schließen. Babington und sechs Mitverschwörer wurden festgenommen und gehängt. Dem Chronisten William Camden zufolge nahm man sie noch lebend ab, schnitt ihnen die Geschlechtsteile ab, weidete sie bei lebendigem Leib aus und vierteilte sie.

Beim Prozess wegen Hochverrat auf Fotheringhay Castle bestritt Maria jegliche Kenntnis von der Verschwörung. Die entschlüsselte Korrespondenz bewies jedoch das Gegenteil. Am 8. Februar 1587 wurde sie enthauptet.

Die Alberti-Scheibe

Die Babington-Verschwörung zeigte, dass komplexere Verschlüsselungen erforderlich waren. Ihre Entwicklung hatte schon ein Jahrhundert zuvor begonnen, als der italienische Architekt und Universalgelehrte Leon Battista Alberti eine Abhandlung über Kryptoanalyse schrieb, welche die erste Häufigkeitstabelle enthielt. Sie zeigte die inhärente Schwäche der monoalphabetischen Substitution, die für das Verschlüsseln einer Botschaft ein einziges Substitutionsalphabet benutzte. Alberti erkannte, dass man jeden Codeknacker verwirren konnte, indem man mehrere Substitutionsalphabete verwendete und zwischen diesen wechselte. Dazu beschrieb er ein Hilfsmittel, das als Alberti-Scheibe bekannt wurde.

Sie bestand aus zwei flachen Kupferscheiben mit einer gemeinsamen Achse, sodass sie relativ zueinander verdreht werden konnten. Am Rand jeder Scheibe waren 24 Felder. In die Felder der äußeren Scheibe setzte Alberti das Alphabet in Großbuchstaben, wobei er die Buchstaben „H", „K" und „Y" ausließ.

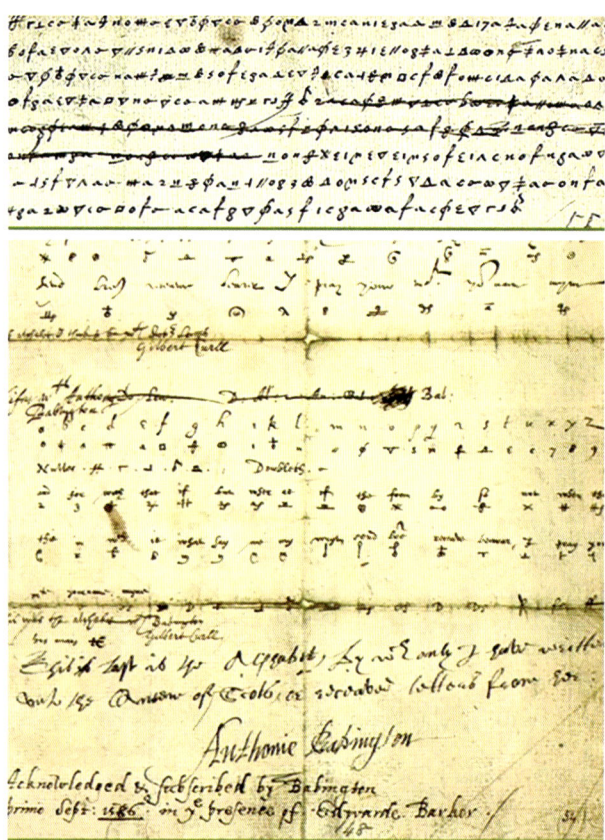

Thomas Phelippes fälschte dieses verschlüsselte Postskriptum im Brief von Königin Maria von Schottland an Babington. Darin bittet sie ihn, ihr mit dem (geknackten) Code die Namen der Mitverschwörer zu nennen.

Es gibt nichts Gefährlicheres als Sicherheit.

Francis Walsingham,
1532–1590

Die Verschwörer im Gunpowder Plot erlitten einen grausamen Tod, doch obwohl Phelippes von Guy Fawkes der Beteiligung bezichtigt worden war, kam er mit vier Jahren Kerker im Tower of London davon.

THOMAS PHELIPPES (1556–1625)

Thomas Phelippes wurde in Cambridge ausgebildet und sprach Französisch, Latein, Deutsch und Spanisch. Sein Äußeres war jedoch wenig ansprechend. Königin Maria von Schottland beschrieb ihn als Mann „von kleiner Statur, in jeder Hinsicht schmächtig, mit dunkelgelbem Haar auf dem Kopf und einem grellgelben Bart sowie einem von Pockennarben übersäten Gesicht, kurzsichtig und etwa um die 30 Jahre alt". Als Francis Walsingham 1573 Staatssekretär von Elisabeth I. wurde, engagierte er Phelippes für sein Spionagenetz. Er diente als „Kryptologe, Fälscher und Sammler geheimer Korrespondenz". Er entschlüsselte nicht nur den Code, den Babington und Königin Maria von Schottland verwendeten, sondern fälschte auch ein Postskriptum in einem von Marias Briefen, in dem diese Babington aufforderte, seine Mitverschwörer zu nennen. In Walsinghams ausgedehntem Spionagenetz arbeitete Phelippes als Verbindungsmann und tauschte verschlüsselte Botschaften mit Schottland, Frankreich und den Niederlanden aus, wobei er Codes und Chiffren sammelte und abgefangene Nachrichten entschlüsselte. Als Walsingham starb, übernahm der Favorit der Königin, Robert Devereux, Earl of Essex, den Spionagedienst, der Phelippes mit der Untersuchung einer weiteren Verschwörung beauftragte. Obwohl die mutmaßlichen Verschwörer hingerichtet wurden, war die Königin nicht von deren Schuld überzeugt, und Phelippes verlor ihre Gunst. Der schwer verschuldete Mann wurde im berüchtigten Südlondoner Gefängnis Marshalsea inhaftiert. Nach der Thronbesteigung von James I. kehrte Phelippes in den Spionagedienst zurück und war an der Aufdeckung der Pulververschwörung beteiligt. Guy Fawkes behauptete jedoch, dass enge Freunde von Phelippes zur Verschwörung gehört hätten, worauf Phelippes für vier Jahre im Tower of London inhaftiert wurde. Nach einem weiteren Aufenthalt im Schuldturm starb er um 1625.

Da das lateinische und italienische Alphabet weder „J", „U" noch „W" enthält, blieben vier Felder übrig, in die er die Zahlen 1 bis 4 schrieb. Die Felder der inneren Schreibe füllte er mit dem Alphabet in Kleinbuchstaben in zufälliger Reihenfolge. Dazu gab es ein Codebuch mit 336 aus den Zahlen 1 bis 4 (die ebenfalls durch Kleinbuchstaben auf der Scheibe verschlüsselt wurden) erzeugten Einstellungen.

Auf dem inneren Ring wurde eine Startposition fixiert. Der korrespondierende Buchstabe auf dem äußeren Ring wird als Großbuchstabe angegeben. Die Botschaft wird nun verschlüsselt, indem man jeweils den entsprechenden Kleinbuchstaben unter dem

Alberti entwarf nicht nur die Kirche des hl. Andreas in Mantua, sondern schrieb auch eine Abhandlung über Kryptoanalyse, in der die erste bekannte Häufigkeitstabelle vorkommt.

Großbuchstaben nimmt. Ab und an wird ein neuer Großbuchstabe in die Nachricht integriert. Dadurch verschiebt sich die Startposition auf dem unteren Ring zur entsprechenden Stelle unter diesem neuen Großbuchstaben und die Codierung wird hier fortgesetzt, wobei nun ein anderes Geheimalphabet verwendet wird.

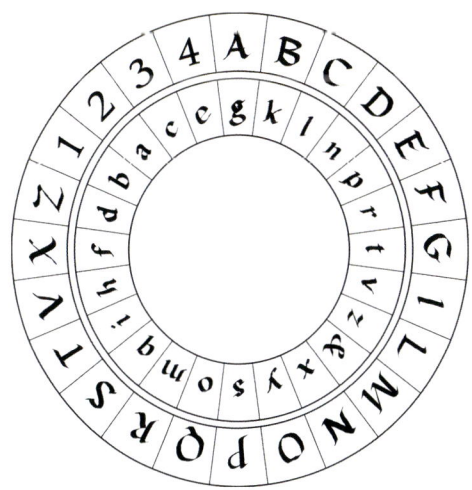

Die Alberti-Scheibe

Es gibt auch noch andere Methoden, um dem Empfänger mitzuteilen, wann er die Scheibe weiterdrehen muss. Der Sender könnte einfach eine der Zahlen verschlüsseln. Der dabei gefundene Kleinbuchstabe wird unter das A bewegt. Es ist egal, wie man die Verschiebung angibt, solange Sender und Empfänger dieselbe Methode verwenden und während des Verschlüsselns mehrmals verschoben wird.

🔓 LE CHIFFRE INDÉCHIFFRABLE

Die Idee der polyalphabetischen Substitution entwickelte sich nur langsam. Letztendlich wurde jedoch ein System entwickelt, das 26 Chiffrieralphabete verwendet. Es wird dem französischen Diplomaten Blaise de Vigenère (siehe Kasten) zugeschrieben. Das System wurde als *le chiffre indéchiffrable* bekannt, die „unentzifferbare Chiffre".

DAS VIGENÈRE-QUADRAT

Hier wird der Code in einem sogenannten Vigenère-Quadrat angelegt. Dabei steht das Alphabet in der obersten Zeile. Darunter wird es mit einer Caesar-Verschiebung von einer Stelle wiederholt, in der Zeile darunter mit einer Verschiebung um zwei Stellen und so weiter, bis 26 Zeilen voll sind.

	a	b	c	d	e	f	g	h	i	j	k	l	m	n	o	p	q	r	s	t	u	v	w	x	y	z
1	B	C	D	E	F	G	H	I	J	K	L	M	N	O	P	Q	R	S	T	U	V	W	X	Y	Z	A
2	C	D	E	F	G	H	I	J	K	L	M	N	O	P	Q	R	S	T	U	V	W	X	Y	Z	A	B
3	D	E	F	G	H	I	J	K	L	M	N	O	P	Q	R	S	T	U	V	W	X	Y	Z	A	B	C
4	E	F	G	H	I	J	K	L	M	N	O	P	Q	R	S	T	U	V	W	X	Y	Z	A	B	C	D
5	F	G	H	I	J	K	L	M	N	O	P	Q	R	S	T	U	V	W	X	Y	Z	A	B	C	D	E
6	G	H	I	J	K	L	M	N	O	P	Q	R	S	T	U	V	W	X	Y	Z	A	B	C	D	E	F
7	H	I	J	K	L	M	N	O	P	Q	R	S	T	U	V	W	X	Y	Z	A	B	C	D	E	F	G
8	I	J	K	L	M	N	O	P	Q	R	S	T	U	V	W	X	Y	Z	A	B	C	D	E	F	G	H
9	J	K	L	M	N	O	P	Q	R	S	T	U	V	W	X	Y	Z	A	B	C	D	E	F	G	H	I
10	K	L	M	N	O	P	Q	R	S	T	U	V	W	X	Y	Z	A	B	C	D	E	F	G	H	I	J
11	L	M	N	O	P	Q	R	S	T	U	V	W	X	Y	Z	A	B	C	D	E	F	G	H	I	J	K
12	M	N	O	P	Q	R	S	T	U	V	W	X	Y	Z	A	B	C	D	E	F	G	H	I	J	K	L
13	N	O	P	Q	R	S	T	U	V	W	X	Y	Z	A	B	C	D	E	F	G	H	I	J	K	L	M
14	O	P	Q	R	S	T	U	V	W	X	Y	Z	A	B	C	D	E	F	G	H	I	J	K	L	M	N
15	P	Q	R	S	T	U	V	W	X	Y	Z	A	B	C	D	E	F	G	H	I	J	K	L	M	N	O
16	Q	R	S	T	U	V	W	X	Y	Z	A	B	C	D	E	F	G	H	I	J	K	L	M	N	O	P
17	R	S	T	U	V	W	X	Y	Z	A	B	C	D	E	F	G	H	I	J	K	L	M	N	O	P	Q
18	S	T	U	V	W	X	Y	Z	A	B	C	D	E	F	G	H	I	J	K	L	M	N	O	P	Q	R
19	T	U	V	W	X	Y	Z	A	B	C	D	E	F	G	H	I	J	K	L	M	N	O	P	Q	R	S
20	U	V	W	X	Y	Z	A	B	C	D	E	F	G	H	I	J	K	L	M	N	O	P	Q	R	S	T
21	V	W	X	Y	Z	A	B	C	D	E	F	G	H	I	J	K	L	M	N	O	P	Q	R	S	T	U
22	W	X	Y	Z	A	B	C	D	E	F	G	H	I	J	K	L	M	N	O	P	Q	R	S	T	U	V
23	X	Y	Z	A	B	C	D	E	F	G	H	I	J	K	L	M	N	O	P	Q	R	S	T	U	V	W
24	Y	Z	A	B	C	D	E	F	G	H	I	J	K	L	M	N	O	P	Q	R	S	T	U	V	W	X
25	Z	A	B	C	D	E	F	G	H	I	J	K	L	M	N	O	P	Q	R	S	T	U	V	W	X	Y
26	A	B	C	D	E	F	G	H	I	J	K	L	M	N	O	P	Q	R	S	T	U	V	W	X	Y	Z

Um eine Nachricht mithilfe des Vigenère-Quadrates zu verschlüsseln, benötigt man ein Schlüsselwort, sagen wir BLAU. Dann benutzt man das Vigenère-Quadrat und wählt bei jedem Buchstaben die dem Schlüssel entsprechende Zeile.

Botschaft	s c h i c k t k a n o n e z u m h u e g e l
Schlüssel	BLAUBLAUBLAUBLAUBLAUBL
Chiffre	TNHCDVTEBYOHFKUGIFEAFW

Zum Dekodieren benötigt der Empfänger das Schlüsselwort und kehrt den Prozess einfach um.

Die Stärke der Vigenère-Chiffre liegt darin, dass sie nicht mittels Häufigkeitsanalyse geknackt werden kann. Der häufigste Buchstabe im obigen Beispiel ist „F", der jedoch nicht dem häufigsten Buchstaben in der deutschen Sprache entspricht, denn dieser wäre das „e". Hier steht „F" zwar zufällig zweimal für das „e", doch auch einmal für „u". Und die zwei „n" in „kanone" werden durch „Y" und „H" repräsentiert. Außerdem hat der Codeknacker das Problem, dass das Schlüsselwort jedes Wort oder jede Phrase sein kann oder sogar eine zufällige Buchstabenfolge. Es kann jederzeit verändert werden, vorausgesetzt, Sender und Empfänger sind sich über den Wechsel einig.

Antoine Rossignol

BLAISE DE VIGENÈRE (1523–1596)

Blaise de Vigenère entstammte einer adeligen Familie und erhielt in Paris eine klassische Ausbildung, lernte Griechisch und Hebräisch. 1549 trat er in den diplomatischen Dienst ein, ging für eine zweijährige Mission nach Rom und blieb bis 1566 dort. In Rom kam er in Kontakt mit Kryptologen und las Bücher über Kryptologie, die dort erschienen waren. 1586, also in demselben Jahr, in dem Thomas Phelippes die Korrespondenz zwischen Babington und Maria von Schottland dechiffrierte, publizierte er seinen eigenen *Traicté des Chiffres ou Secrètes Manières d'Escrire* (Traktat über Chiffren oder geheime Wege des Schreibens). Hätten die katholischen Verschwörer das System von Vigenère benutzt, wären sie ziemlich sicher nicht aufgeflogen.

Frontispiz eines Kunstbandes von Vigenère, erschienen 1615 in Paris

Das Arbeitszimmer des Königs in Versailles – Rossignols Dechiffrierzimmer lag nebenan.

🔓 HOMOPHONE SUBSTITUTION

Trotz ihrer Vorteile verbreitete sich die Vigenère-Chiffre nur langsam, denn sie war aufwendig – und im Krieg kommt es oft auf Schnelligkeit an. So waren noch lange monoalphabetische Substitutionschiffren in Verwendung, auch wenn sie entschlüsselt werden konnten. Doch man hoffte, dass zu dem Zeitpunkt, wenn die Nachricht entschlüsselt war, die militärische Aktion bereits durchgeführt und der Inhalt der Nachricht daher nutzlos war.

Für Korrespondenz, die höhere Sicherheit erforderte, wurde eine homophone Substitutionschiffre benutzt. Das bedeutet, dass Buchstaben aus dem Klartext durch zwei oder mehr Buchstaben, Zeichen oder grafische Symbole ersetzt werden. Für häufige Buchstaben werden mehrere Zeichen eingesetzt. So sind rund 16 Prozent aller Buchstaben im Deutschen ein „e"; wenn man nun 16 verschiedene Symbole für „e" zufällig auswählt und einsetzt, dann würde jedes Symbol nur ein Prozent des Geheimtextes ausmachen. Das Gleiche gilt für „n", das fast zehn Prozent der deutschen Buchstaben in Texten ausmacht; wenn man zehn verschiedene Zeichen dafür einsetzt, unterläuft man die Häufigkeitsanalyse.

Trotzdem gibt es noch Hinweise, die ein Kryptoanalytiker zum Entschlüsseln benutzen kann. So macht „q" weniger als 0,1 Prozent aus, daher wird es wahrscheinlich von nur einem Zeichen repräsentiert. Im Deutschen folgt auf ein „q" fast ausnahmslos ein „u", das rund vier Prozent ausmacht, also vermutlich durch vier Zeichen ersetzt wird.

❖

Die *Grand Chiffre* von Ludwig XIV.

Der Kryptologe Antoine Rossignol erlangte Berühmtheit während der Belagerung der Hugenottenfestung La Rochelle durch die katholischen Armeen unter Kardinal Richelieu. Rossignol entzifferte einen verschlüsselten Brief, in dem stand, dass die hungernde Bevölkerung das Eintreffen einer englischen Flotte erwartete. Der Brief und die von Rossignol entzifferte Version wurden den Hugenotten zurückgeschickt, die Engländer in Schach gehalten, und die Hugenotten mussten sich vor deren Augen ergeben.

Danach arbeitete Rossignol für Ludwig XIII. Auch dessen Nachfolger, Ludwig XIV., erkannte seinen Wert. Er gab dem Codeknacker eine Kammer neben seinem Arbeitszimmer in Versailles. Ein Höfling beschrieb Rossignol als „den geschicktesten Dechiffrierer Europas … Keine Chiffre konnte sich ihm widersetzen; viele konnte er direkt lesen. Dadurch teilte er mit dem König viele Vertraulichkeiten, was ihn zu einem wichtigen Mann machte".

Gemeinsam mit seinem Sohn Bonaventure entwickelte Rossignol die *Grand Chiffre* („Große Chiffre"). Darin kombinierten sie Nomenklatoren (Listen von Bezeichnungen, die einander substituieren konnten) oder Codewörter mit homophonen Substitutionen. Es gab auch Nullen und Codegruppen, die bloß besagten, dass die vorige Codegruppe zu ignorieren war. Nach dem Tod von Bonaventures Sohn geriet die *Grand Chiffre* in Vergessenheit; bald konnten verschlüsselte Berichte in den französischen Archiven nicht mehr gelesen werden. Erst 1890 wurden sie entschlüsselt. Auf Wunsch eines Historikers arbeitete Commandant Étienne Bazeries, ein Codeknacker aus der kryptografischen Einheit der französischen Armee, an den verschlüsselten Befehlen Ludwigs XIV. Bazeries brauchte drei Jahre, um die Chiffre zu knacken.

Einer der Briefe, den Bazeries entschlüsselte, betraf den Mann in der eisernen Maske, einen rätselhaften Gefangenen, der 1681 in der französischen Festung Pignerol in Savoyen (heute Pinerolo in Piemont) eingekerkert war und 1703 auf der Bastille starb. Die Nachricht identifiziert ihn als den in Ungnade gefallenen General Vivien de Bulonde (auch wenn es weiterhin andere Theorien gibt).

Schwarze Kammern

Nach den Rossignols wurden Codeknacker, die verschlüsselte Nachrichten ausländischer Diplomaten entzifferten, dem *Cabinet Noir*, also Schwarzen Kammern zugeordnet, die im 18. Jahrhundert in vielen europäischen Hauptstädten entstanden. Die berüchtigtste war die Geheime Kabinettskanzlei in Wien. Briefe, die an verschiedene Botschaften gerichtet waren, trafen um 7 Uhr morgens ein; sie wurden geöffnet, kopiert, wieder versiegelt und an die

Post zum Austragen zurückgegeben. Nachrichten, die Österreich nur passierten, trafen um 10 Uhr ein, von den Botschaften ausgehende Briefe um 16 Uhr. Täglich wurden an die 100 Briefe kopiert und den Codebrechern übergeben.

Die Geheime Kabinettskanzlei erhielt nicht nur für die österreichische Regierung wertvolle Informationen, sondern verkaufte diese auch an andere Regierungen weiter. Für 1.000 Dukaten erhielt die französische Botschaft in Wien zweimal pro Woche ein Paket. Als Ludwig XV. das erste Paket erhielt, fand er darin Anweisungen des preußischen Königs an seine Spione in Wien und Paris neben seiner eigenen geheimen Korrespondenz – ebenfalls entziffert.

Schließlich sahen sich die Chiffrierer gezwungen, auf die sicherere Vigenère-Verschlüsselung umzusatteln.

Im 18. und 19. Jahrhundert unterhielten die meisten europäischen Hauptstädte Schwarze Kammern zur Entschlüsselung von Geheimnachrichten.

Hieroglyphen wie diese hier an der Wand des Tempels Deir El-Bahari bei Luxor waren unentzifferbar, bevor der Stein von Rosetta gefunden wurde. Viele der Techniken, mit denen man alte Schriften zu entziffern suchte, wurden auch beim Dechiffrieren verwendet.

KAPITEL 4
DAS UNENTZIFFERBARE ENTZIFFERN

Ein einfacher arithmetischer Prozess kann die Bedeutung einer Nachricht vor jedem verbergen, außer vor jener Person, welche den Schlüssel dazu in der Hand hält … je einfacher die Chiffre, umso besser – vorausgesetzt, sie ist effektiv.

Pliny Earle Chase, 1820–1886

Im 19. Jahrhundert explodierte die Kommunikation förmlich. Die Vereinigten Staaten umspannten einen Kontinent, Großbritannien besaß ein Weltreich. Durch die Erfindung des Telegrafen konnten sensible Informationen über weite Distanzen übermittelt werden, doch sie konnten auch leicht abgehört werden. Man brauchte neue Codes und neue Methoden, um diese zu knacken.

DAS UNENTZIFFERBARE ENTZIFFERN

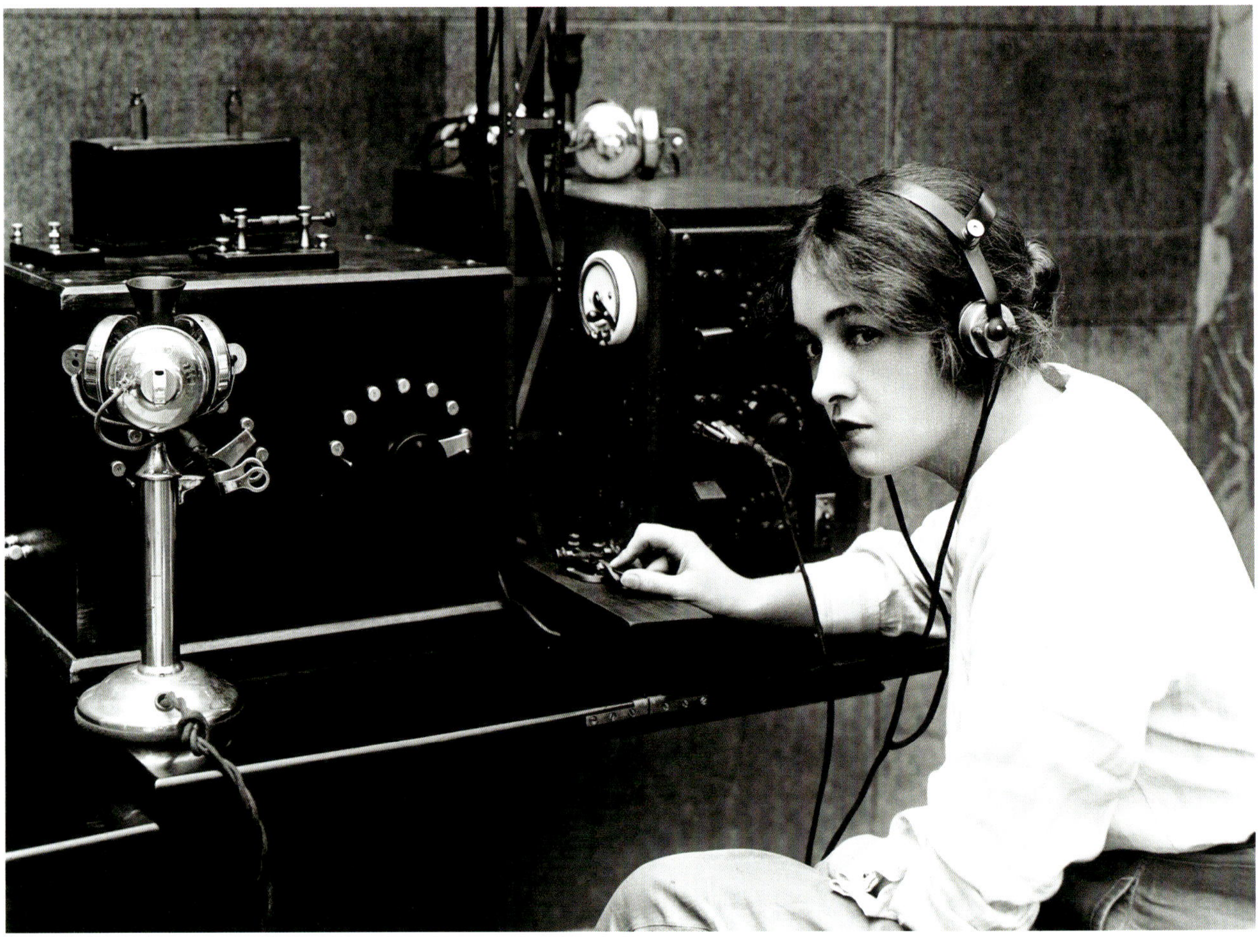

Mittels Morsezeichen wurden Nachrichten zunächst über Telegrafenkabel übermittelt, dann drahtlos.

🔓 DECHIFFRIEREN DER *CHIFFRE INDÉCHIFFRABLE*

Mitte des 19. Jahrhunderts verbreitete sich die Telegrafie in den USA und Europa. Botschaften wurden in Morsezeichen übermittelt, aber das war keine Verschlüsselung. Darin wurden die Buchstaben einfach durch Punkte und Striche dargestellt, die als kurze und lange elektrische Impulse übermittelt werden konnten. Jeder, der das Morsealphabet beherrschte, konnte darin abgefasste, unverschlüsselte Nachrichten lesen.

An beiden Enden der Leitung musste ein Telegrafist die Nachricht lesen. Daher mussten private oder geheime Nachrichten verschlüsselt werden, bevor man sie dem Telegrafisten übergab. Auch hier war die beste Option die Vigenère-Chiffre. Das Wettrennen um deren Entschlüsselung konnte beginnen.

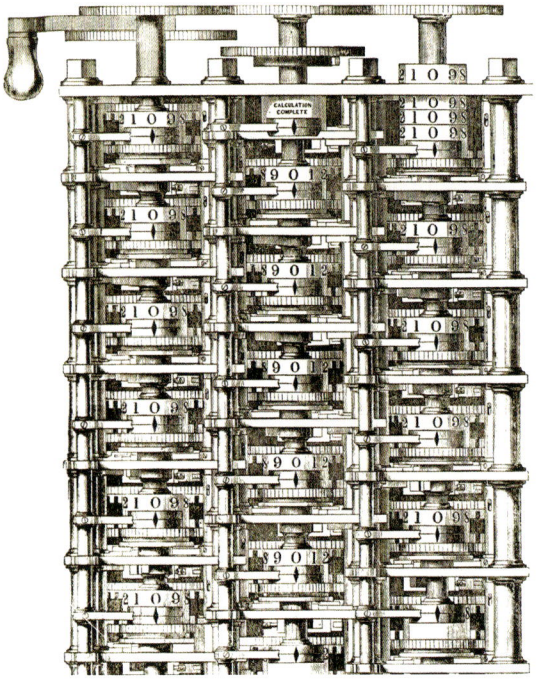

Ein Teil der Differenzmaschine von Babbage

Einer der Beteiligten war Charles Babbage (siehe Kasten), jener Mathematiker, der für seinen Versuch berühmt wurde, einen mechanischen Computer zu bauen. Obwohl seine *Analytische Maschine* nie fertiggestellt wurde, war sie der Vorläufer von elektronischen Versionen, mit deren Hilfe im Zweiten Weltkrieg Codes geknackt wurden.

Babbage begeisterte sich schon als Junge für Geheimschriften; er decodierte die Kurzschrift des Hofastronomen König Karls II., John Flamsteed, sowie die verschlüsselten Nachrichten der Ehefrau von Karl I., Henrietta Maria, und wirkte in Rechtsfällen als Experte mit. Dabei sammelte er Chiffren und plante, „Die Philosophie des Entschlüsselns" zu schreiben – ein weiteres unvollendetes Projekt.

Eine neue Chiffre?

1854 behauptete John Hall Brock Thwaites, ein Zahnarzt aus Bristol, in einem Leserbrief an das *Journal of the Society of Arts*, dass er eine neue Chiffre erfunden hätte. Babbage hielt dagegen, dass es sich nur um eine Version der Vigenère-Chiffre handeln würde. Daraufhin forderte ihn Thwaites heraus und schickte ihm einen von ihm verschlüsselten Text, den Babbage prompt entschlüsselte. Der Klartext war das Gedicht „The Vision of Sin" von Alfred Tennyson, codiert mit dem Schlüsselwort „Emily", dem Namen von Tennysons Frau.

Babbage erklärte niemals, wie er es angestellt hatte – vielleicht, weil Großbritannien soeben den Krimkrieg begonnen hatte und es daher nicht ratsam erschien, den Gegner wissen zu lassen, dass man seine Codes entschlüsseln konnte. Aus seinen Notizen geht jedoch hervor, dass er eine eigenständig entwickelte Methode des preußischen Offiziers Friedrich Wilhelm Kasiski (siehe Kasten Seite 47) benutzte.

CHARLES BABBAGE (1791–1871)

Bereits mit Anfang 20 konstruierte Babbage einen kleinen Rechner, der bestimmte mathematische Aufgaben bis zur achten Kommastelle berechnete. Als er unzählige Fehler in den neu erstellten Tabellen im Nautischen Almanach fand, rief er: „Ich wünschte bei Gott, diese Berechnungen wären mit Dampf ausgeführt worden!" Nachdem er die Royal Society mit einem experimentellen Prototyp beeindrucken konnte, machte er sich an den Bau einer Maschine, die bis zu 20 Kommastellen berechnen konnte, und erhielt dafür Geld von der britischen Regierung. Nach zehn Jahren stellte er die Arbeit an seiner Differenzmaschine Nr. 1 ein, um die verbesserte Differenzmaschine Nr. 2 zu entwerfen, doch dann war der Zuschuss aufgebraucht. Als Inhaber des Lucasischen Lehrstuhls für Mathematik an der Cambridge University begann Babbage die Arbeit an seiner Analytischen Maschine, die mittels Lochkarten programmierbar sein sollte. Sie verfügte über einen zentralen Prozessor und eine Memory-Einheit – die Grundbausteine eines modernen Computers. Außerdem wirkte Babbage an der Errichtung des ersten modernen Postsystems in Großbritannien mit, erstellte die ersten versicherungsmathematischen Tabellen, erfand einen Geschwindigkeitsmesser und den Kuhfänger für Lokomotiven.

DER KASISKI-TEST

Kasiski empfahl, nach sich wiederholenden Elementen im Geheimtext Ausschau zu halten und eine Liste anzulegen, wie weit diese Zeichen voneinander entfernt sind. Zum Beispiel in diesem Originalzitat aus Shakespeares „Hamlet" (Tabelle).

Jedes Mal, wenn in Shakespeares berühmter Zeile „to be" durch die Buchstaben TODT chiffriert wird, taucht die Folge MCEX im Geheimtext auf.

Es wiederholt sich auch HK, wo das „th" von „that" und „the" durch OD chiffriert wird.

Obwohl sich verschiedene Kombinationen auch zufällig als selbe Zeichenfolge im Geheimtext wiederholen können, ist es doch viel wahrscheinlicher, dass „t", „h" und „e" hier durch dieselben Buchstaben des Schlüsselwortes verschlüsselt wurden.

Klartext	T	o	b	e	o	r	n	o	t	t	o	b	e	t	h	a	t	i	s	t	h	e	q	u	e	s	t	i	o	n
Schlüssel	T	O	D	T	O	D	T	O	D	T	O	D	T	O	D	T	O	D	T	O	D	T	O	D	T	O	D	T	O	D
Geheimtext	M	C	E	X	C	U	G	C	W	M	C	E	X	H	K	T	H	L	L	H	K	X	E	X	X	G	W	B	C	Q

Sowohl Babbage als auch Kasiski hatten entdeckt, dass sich Buchstabensequenzen in einem mit der Vigenère-Chiffre verschlüsselten Text oft wiederholten. Im obigen Beispiel ist der Schlüssel nur drei Zeichen lang, daher wird jeder dritte Buchstabe mit der gleichen Zeile im Vigenère-Quadrat verschlüsselt, welche ein einfaches monoalphabetisches Substitutionsalphabet ist. Daher besteht die polyalphabetische Chiffre, die man mit einem Vigenère-Quadrat erhält, eigentlich aus mehreren miteinander verwobenen monoalphabetischen Chiffren, die jede für sich mithilfe der Häufigkeitsanalyse geknackt werden kann.

Da die Verschlüsselung hier mittels Caesar-Verschiebung zustandekommt, können wir zählen, wie oft jeder Buchstabe in jeder der drei monoalphabetischen Chiffren vorkommt, und das mit der Standardhäufigkeit im Deutschen vergleichen. Neben der Spitze beim „e" gibt es größere Ausschläge bei „n" sowie bei „i", „r", „s" und „t".

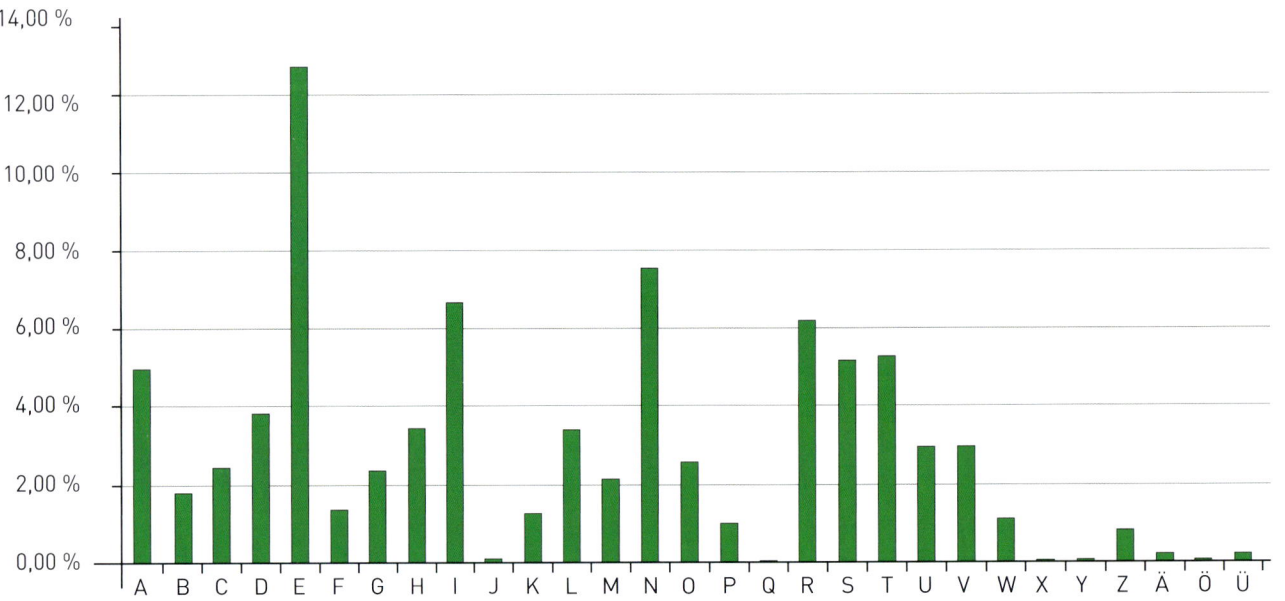

Analyse der Häufigkeit von Buchstaben eines längeren deutschen Textes

Durch den Vergleich dieser Verteilung mit der Verteilung der Zeichen in den drei monoalphabetischen Chiffren finden wir die Zeilen des Vigenère-Quadrates, die zur Verschlüsselung benutzt wurden. Wenn man alle drei gefunden hat, hat man den Schlüssel.

Kasiski beschrieb diese Methode in *Die Geheimschriften und die Dechiffrierkunst* 1863. Die Technik ist bis heute als Kasiski-Test bekannt.

 DIE PLAYFAIR-CHIFFRE

Jene Chiffre, die den Namen des Wissenschaftlers und Politikers Lord Playfair trägt, war in Wahrheit eine Erfindung seines Freundes, des Wissenschaftlers und Erfinders Charles Wheatstone. Doch es war Playfair, der sie 1854 bei einem Dinner, das der Lord President of the Council Earl Granville gab, vorführte und bekannt machte. Unter den Gästen waren auch Prinz Albert und der spätere Premierminister Lord Palmerston.

Um Wheatstones Verschlüsselungsmethode bei Granvilles Dinner zu demonstrieren, konstruierte Playfair rasch ein Schlüsselquadrat mit dem Namen PALMERSTON als Schlüsselwort.

P	A	L	M	E
R	S	T	O	N
B	C	D	F	G
H	I/J	K	Q	U
V	W	X	Y	Z

Zum Verschlüsseln wird der Klartext in Bigramme unterteilt. Aus „Angriff einstellen" wird also „an gr if fe in st el le nx". Wenn zwei gleiche Buchstaben ein Paar bilden würden, wird dazwischen ein „x" eingeschoben; ebenso wird ein „x" angehängt, wenn am Ende ein einzelner Buchstabe übrig bleibt.

Die Chiffrierung folgt nun folgenden Regeln: Wenn beide Buchstaben in der gleichen Reihe vorkommen, werden beide durch ihre rechten Nachbarn ersetzt; aus „st" wird also „TO". Wenn ein Buchstabe am Ende einer Zeile steht, wird er durch den am Beginn dieser Zeile ersetzt; aus „el" wird also „PM".

Charles Wheatstone

FRIEDRICH WILHELM KASISKI (1805–1881)

Friedrich Kasiski wurde in Schlochau in Westpreußen (heute Człuchów in Polen) geboren und schloss sich mit 17 Jahren dem ostpreußischen 33. Infanterieregiment an. 29 Jahre später ging er als Major in den Ruhestand, diente jedoch bis 1868 in einem Territorialregiment, während er sich in seiner Freizeit der Kryptologie widmete. Nach der Veröffentlichung seines Werkes „Die Geheimschriften und die Dechiffrierkunst" 1863 verlor er das Interesse an dem Thema. Er wurde zum Amateuranthropologen, wobei er mit der Naturwissenschaftlichen Gesellschaft Danzig Ausgrabungen von prähistorischen Gräbern durchführte.

Kasiski beschrieb seine Technik in einem Kapitel mit dem Titel „Die Dechiffrierung der französischen Schriften". Sein Buch war dem preußischen Kriegsminister General Albrecht von Roon gewidmet. Drei Jahre nach Erscheinen des Buches errang Preußen im Deutschen Krieg einen schnellen Sieg gegen Österreich und schlug vier Jahre später Frankreich vernichtend im Deutsch-Französischen Krieg.

Wenn beide Buchstaben in derselben Spalte stehen, werden beide durch ihre unteren Nachbarn ersetzt; aus „ld" (nicht im Beispiel hier vorhanden) würde also „TK". Wenn einer der Buchstaben ganz unten in der Spalte steht, wird er durch den ganz oben in derselben Spalte ersetzt; aus „xt" würde also „LD".

Wenn zwei Buchstaben weder in derselben Zeile noch in derselben Spalte stehen, nimmt man den ersten Buchstaben und folgt der Zeile, bis man auf die Spalte mit dem zweiten Buchstaben trifft, und nimmt jenen Buchstaben, der an dieser Kreuzung steht. Dann nimmt man den zweiten Buchstaben, folgt der Zeile bis zur Spalte mit dem ersten und nimmt dann den Buchstaben an dieser Kreuzung. Aus „an gr if fe in st el le nx" wird „ES RN QC GM US TO PM MP TZ". Zur Entschlüsselung muss man den Prozess nur umkehren.

Dieses System hat viele Vorteile. In jedem Text gibt es nur halb so viele Bigramme wie Buchstaben, daher kann nur eine geringere Anzahl an Elementen der Häufigkeitsanalyse unterzogen werden. Die häufigsten Buchstaben im Deutschen, „e" und „n", haben eine Häufigkeit von 16 bzw. knapp 10 Prozent. Die häufigsten Bigramme, „er" und „en", haben jeweils nur eine Häufigkeit von rund vier Prozent. Außerdem gibt es nur 26 Buchstaben, aber 676 Bigramme.

Als Playfair und Wheatstone ihre Methode einem Unterstaatssekretär im Außenministerium vorstellen, meinte dieser, dass sie zu kompliziert sei. Daraufhin bot Wheatstone an, sie innerhalb von 15 Minuten den Schülern der nächstgelegenen Grundschule zu erklären. „Das mag schon sein", meinte der Unterstaatssekretär, „doch einem Attaché könnten Sie sie niemals beibringen."

Es ist nicht geklärt, ob der Playfair-Code im Krimkrieg verwendet wurde, nachweislich jedoch in den Burenkriegen. 1914 veröffentlichte Leutnant Joseph I. Mauborgne vom US Army Signal Corps eine Lösung zur Entzifferung des Codes. Er wies darauf hin, dass Bigramme trotz ihrer geringeren Häufigkeit anfällig sind für die Frequenzanalyse. Eine weitere Schwäche der Playfair-Chiffre liegt darin, dass die häufigen Bigramme „er" und „re" sowie „ei" und „ie" in äquivalente Bigramme mit vertauschten Buchstaben verschlüsselt werden; wenn also „er" zu „AB" wird, dann wird „re" zu „BA".

Während der Burenkriege wurde die Wheatstone/Playfair-Chiffre in der militärischen Kommunikation eingesetzt.

 Eines der ungewöhnlichsten Merkmale der Entschlüsselungskunst ist die starke Überzeugung jedes Menschen, der auch nur ein wenig vertraut mit ihr ist, dass er einen Code erschaffen kann, den niemand entschlüsseln kann. Je klüger die Person, umso inniger seine Überzeugung.

Charles Babbage,
Passagen aus einem Philosophenleben, 1864

VOYNICH-MANUSKRIPT

Das Voynich-Manuskript umfasst rund 240 handschriftliche Seiten in einer Chiffre, die sich seit Jahrhunderten der Entschlüsselung widersetzt. Die ersten Berichte darüber reichen zurück an den Hof Kaiser Rudolfs II. in Prag. Der Förderer der Astronomen Johannes Kepler und Tycho Brahe hatte es für 600 Dukaten gekauft. Bei seiner Abdankung 1611 ging das Manuskript an seinen Botaniker, Jacobus de Tepenec, und dann an den Rektor der Universität Prag, Johannes Marcus Marci. Am 19. August 1666 schickte Marci es an Athanasius Kirchner, einen gelehrten Jesuiten, der kurz zuvor ein Buch über Kryptologie geschrieben und geprahlt hatte, er hätte das Rätsel der Hieroglyphen gelöst. In einem beigefügten Brief gibt Marci an, dass ein früherer Besitzer des Manuskripts bereits einen Teil davon an Kirchner zur Dechiffrierung geschickt habe. Außerdem, so Marci weiter, sei das Manuskript angeblich von Roger Bacon (siehe Kasten Seite 53) verfasst worden. Über den weiteren Verbleib des Schriftstücks ist nichts bekannt.

1912 kaufte es der Raritätenbuchhändler Wilfrid Voynich von der Jesuitenschule in Frascati, Italien. Voynich gab großzügig Kopien an jeden aus, der die Entschlüsselung versuchen wollte.

In den 1920er-Jahren behauptete Professor Newbold von der University of Pennsylvania, er habe den Code geknackt. Nach seinem Tod zeigten seine Notizen, dass dies nicht der Fall war. Codeknacker aus beiden Weltkriegen scheiterten an dem Manuskript, das heute in Yale aufbewahrt wird.

Das Voynich-Manuskript widersetzt sich der Entschlüsselung.

Obwohl sie geknackt worden war, wurde die Playfair-Chiffre weiterhin für taktische Kommunikation eingesetzt, da sie schnell ver- und entschlüsselt werden konnte, das Knacken aber zeitaufwendig war. Wenn der Feind endlich die Nachricht im Klartext lesen konnte, hatte sich die Situation auf dem Schlachtfeld garantiert bereits verändert und die gewonnene Information war somit nutzlos.

DIE BEALE-PAPIERE

Manche Chiffren wurden niemals geknackt. Eine davon ist das Voynich-Manuskript (siehe Kasten), das vermutlich aus dem 16. Jahrhundert stammt. Eine weitere wurde von James B. Ward aus Lynchburg, Virginia, in einer Broschüre beschrieben, die den Titel *The Beale Papers* trägt und 1885 publiziert wurde. Ward erzählte von einem Freund namens Robert Morriss, Inhaber des Hotels Washington in Lynchburg; dieser habe ihm verschlüsselte Papiere übergeben, in denen das Versteck eines Schatzes beschrieben sei.

Der Broschüre zufolge hatte Morriss im Januar 1820 Thomas J. Beale kennengelernt, als dieser in das Hotel eincheckte. Beale befand sich in Begleitung von zwei Herren, die nach einer Woche oder zehn Tagen nach Hause aufbrachen.

Beale blieb bis Ende März; zu dieser Zeit tauchten seine beiden Freunde wieder auf und die drei Männer machten sich gemeinsam auf den Weg.

Beale kehrte im Januar 1822 zurück. Bevor er sich im Frühling wieder auf den Weg machte, übergab er Morriss eine Kiste, von der er sagte, dass sie wichtige Papiere enthalte. Später erhielt Morriss einen in St. Louis, Missouri, aufgegebenen Brief von Beale, der vom 9. Mai 1822 datierte (siehe Kasten).

Weder Beale noch seine Freunde tauchten jemals wieder auf, ebensowenig der Brief mit dem Schlüssel. 1845 entschloss sich Morriss schließlich, die Kiste zu öffnen. Darin fand er drei Blätter mit unverständlichen Zahlen sowie zwei an ihn adressierte Briefe.

BEALES BRIEF AN MORRISS

„Betreffend die Kiste, die ich in Ihrer Obhut gelassen habe, habe ich ein paar Worte zu sagen und Ihnen, wenn Sie mir erlauben, ein paar Instruktionen zu geben. Sie enthält Papiere, die meines und das Schicksal vieler, mit denen ich geschäftlich verbunden bin, auf das Tiefste beeinflussen, und im Falle meines Todes könnte deren Verlust irreparabel sein. Sie werden daher die Notwendigkeit verstehen, sie mit Umsicht und Sorgfalt zu bewachen, um eine derartige Katastrophe zu verhindern. Sie enthält auch einige Briefe an Sie selbst, die notwendig sind, um Sie aufzuklären in Bezug auf das vorliegende Geschäft. Sollte keiner von uns zurückkehren, so bewahren Sie die Kiste bitte sorgsam für die Dauer von zehn Jahren ab dem Datum dieses Briefes auf, und wenn nicht ich oder jemand in meinem Namen in dieser Zeitspanne ihre Herausgabe fordert, so werden Sie sie öffnen, indem Sie das Schloss entfernen. Neben den an Sie gerichteten Briefen werden Sie weitere Papiere finden, die für Sie unlesbar sind ohne die Hilfe eines Schlüssels. So einen Schlüssel habe ich an diesem Ort in den Händen eines Freundes gelassen, versiegelt und an Sie adressiert, mit der Anweisung, ihn nicht vor Juni 1832 zuzustellen. Damit werden Sie alles verstehen und wissen, was Sie zu tun haben."

Im ersten wurde geschildert, wie sich Beale und seine Begleiter im April 1817 auf den Weg durch die Prärie im Westen machten. Nachdem sie den Winter in Santa Fe verbracht hatten, waren sie einer gewaltigen Büffelherde gefolgt. Als sie in einer Schlucht rund 300 Meilen weiter nördlich campierten, fanden sie Gold.

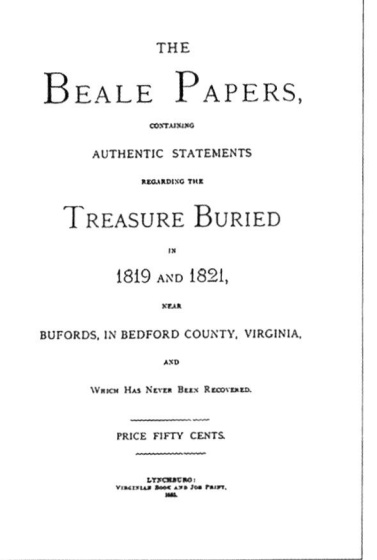

Obwohl sie als Broschüre für nur 50 Cent publiziert wurden, damit jeder sich daran versuchen konnte, wurden die Papiere, die den Fundort von Beales Schatz beschreiben, bis heute nicht entschlüsselt.

Vergrabener Schatz

Bis zum Sommer 1819 hatten sie so viel Gold gefunden, dass sie es an einem sicheren Ort aufbewahren wollten. Nach einigen Diskussionen beschlossen sie, dass Beale und ein Zweiter den Schatz in einer Höhle in der Nähe von Buford's Taverne in Bedford County, Virginia, vergraben sollten – ein Ort, den sie alle kannten. Dann sollte Beale eine vertrauenswürdige Person finden, die den Reichtum unter ihren Angehörigen aufteilen sollte, falls ihnen etwas zustoßen würde.

Beale kehrte in den Westen zurück und erklärte, eine solche Person gefunden zu haben – Morriss.

DIE BEALE-CHIFFRE

Die Beale-Chiffre, benannt nach Thomas J. Beale, verwendet eine Version der Buch-Verschlüsselung, zu der man nur den ersten Buchstaben eines Wortes benutzt. Ward fand heraus, dass das zweite Papier mit einer frühen Version der Amerikanischen Unabhängigkeitserklärung chiffriert worden war, in der das Wort „unalienable" anstelle von „inalienable" benutzt wird. Die Broschüre beschreibt sein Vorgehen:

When(1) in(2) the(3) course(4) of(5) human(6) events(7) it(8) becomes(9) necessary(10) for(11) one(12) people(13) to(14) dissolve(15) the(16) political(17) bands(18) which(19) have(20) connected(21) them(22) with(23) another(24) and(25) to(26) assume(27) among(28) the(29) powers(30) of(31) the(32) earth(33) the(34) separate(35) and(36) equal(37) station(38) to(39) which(40) the(41) laws(42) of(43) nature(44) and(45) of(46) nature's(47) god(48)

entitle(49) them(50) a(51) decent(52) respect(53) to(54) the(55) opinions(56) of(57) mankind(58) requires(59) that(60) they(61) should(62) declare(63) the(64) causes(65) which(66) impel(67) them(68) to(69) the(70) separation(71) we(72) hold(73) these(74) truths(75) to(76) be(77) self(78) evident(79) that(80) all(81) men(82) are(83) created(84) equal(85) that(86) they(87) are(88) endowed(89) by(90) their(91) creator(92) with(93) certain(94) unalienable(95) rights(96) that(97) among(98) these(99) are(100) life(101) liberty(102) and(103) the(104) pursuit(105) of(106) happiness(107).

Daher entspricht 1 = w; 2 = i; 3 = t; 4 = c; 5 = o; 6 = h; 7 = e; 8 = i und so weiter. Da mehrere Zahlen für einen Buchstaben eingesetzt werden können, wobei deren Anzahl wiederum vom Text abhängig ist, kann die Chiffre nicht mittels Häufigkeitsanalyse geknackt werden.

Im Herbst darauf kehrte er mit weiterem Edelmetall nach Virginia zurück, das er beim Rest versteckte.

Im ersten Brief, der an Morriss adressiert war, heißt es weiter: „Wenn zehn Jahre vergangen sind, bevor Sie diesen Brief lesen, können Sie wohl annehmen, dass das Schlimmste passiert ist und keiner von uns mehr unter den Lebenden weilt. Suchen Sie in diesem Fall bitte den Lagerort auf und stellen Sie dessen Inhalt sicher, den Sie bitte in 31 gleiche Teile teilen; einen dieser Teile sollen Sie für sich einbehalten, frei und gerne an Sie gegeben zum Dank für Ihre Dienste."

Der zweite Brief besagte, dass eines der drei Blätter die Namen von Beales Kumpanen sowie die Namen und Adressen von deren Verwandten enthielt – doch es war kein Chiffrenschlüssel dabei. Morriss versuchte, die drei Blätter zu entschlüsseln, scheiterte aber. 1862, im Alter von 84 Jahren, vertraute sich Morriss Ward an, der den Code nun ebenfalls in Angriff nahm. Er konnte tatsächlich das zweite Papier entschlüsseln. Es war in einer Art Buch-Verschlüsselung verfasst, der Beale-Chiffre.

Bei einer Buch-Verschlüsselung einigen sich Sender und Empfänger auf einen Text, für gewöhnlich ein Buch, und nummerieren dann die Wörter.

Beale und seine Kompagnons verbrachten den Winter in Santa Fe, bevor sie Büffeln nachstellten – und dabei Gold fanden.

Der Klartext wird dann mittels der Zahlen des Buches verschlüsselt. Wenn ein Wort nicht im Text auftaucht, dann kann es nicht verschlüsselt werden. Um dieses Problem zu lösen, könnte man ein Wörterbuch verwenden, doch hierdurch würden die Zahlen zu groß werden. Wards Auflösung für Blatt zwei lautete wie folgt:

„Ich habe in Bedford County, etwa vier Meilen von Buford, in einer Aushöhlung sechs Fuß unter der Erdoberfläche, die folgenden Gegenstände deponiert, die jenen Personen gehören, welche in Nummer ‚3' genannt sind: Das erste Depot bestand aus 1.014 Pfund Gold und 3.812 Pfund Silber, eingelagert im November 1819. Das zweite Depot wurde im Dezember 1821 angelegt und bestand aus 1.907 Pfund Gold und 1.288 Pfund Silber; zudem Juwelen, erworben in St. Louis im Tausch für Silber, um den Transport zu erleichtern, und auf 13.000 Dollar geschätzt. Obiges ist sicher in eisernen Gefäßen mit Eisendeckeln verpackt. Der Hohlraum ist grob mit Steinen umfasst und die Gefäße ruhen auf hartem Gestein und sind mit solchen bedeckt. Papier Nummer 1 beschreibt die genaue Lage des Hohlraums, sodass es nicht schwierig sein dürfte, ihn zu finden."

Der Schatz wäre heute an die 30 Millionen Dollar wert, doch Ward konnte Blatt eins nicht entschlüsseln und fand ihn daher nicht. Er verbrachte 23 Jahre seines Lebens mit dieser Aufgabe und verarmte dabei völlig. 1885 gab er schließlich auf und publizierte eine Broschüre, welche die verschlüsselten Papiere enthielt, damit auch andere die Chance bekamen, sich daran zu versuchen.

Viele Möchtegern-Codeknacker haben sich schon an den Papieren versucht – sie benutzten die Verfassung der Vereinigten Staaten, die Bibel, die Stücke von Shakespeare und unzählige andere Bücher. Die Geheimtexte wurden auch an die Riverbank Laboratories von George Fabyan in Geneva, Illinois, geschickt, im Ersten Weltkrieg Sitz der militärischen Kryptografie der USA. Doch auch dort konnten die Kryptoanalytiker dem Code nicht beikommen.

In den Jahren nach Beales Verschwinden setzte im Westen von Nordamerika ein Goldrausch ein.

Die besten Köpfe in Amerika

1964 nahm Dr. Carl Hammer, der Direktor der Computerwissenschaftsabteilung bei Sperry Univac, die Papiere in Angriff und setzte dabei die neuen Computer des Unternehmens ein. Auch wenn er die Chiffre ebenfalls nicht dechiffrieren konnte, so zeigte seine Analyse von Papier eins, dass es auf dieselbe Weise verschlüsselt worden war wie Papier zwei (das Ward entschlüsselt hatte). „Wir haben mit diesen Zahlen auf eine Weise gespielt, für die eine Million Menschen mit Stift und Papier eine Milliarde Jahre brauchen würde", sagte er. „Wir haben jedes Krümelchen aus den historischen Aufzeichnungen untersucht, das uns einen Hinweis geben könnte. Einige von uns haben aufgegeben, doch ich bin überzeugt, dass die Kryptoanalyse das einzige

 Es gibt eine Botschaft in diesen Zahlen. Und wenn etwas herauskommt wie „April, April!" – na und? Wenn Tommy Beale mich hereingelegt hat, bin ich trotzdem obenauf, denn die Angelegenheit war faszinierend und machte viel Spaß.

Dr. Carl Hammer,
1964

Mittel ist, das zum Erfolg führen wird." Hammer blieb zeitlebens überzeugt, dass der Code zu knacken war. Seiner Schätzung nach waren mehr als zehn Prozent der besten Kryptoanalytiker in den USA an seinen Bemühungen beteiligt; der Wert ihrer Arbeit überstieg den Wert des Schatzes bei Weitem.

ROGER BACON (1220–1292)

Das erste bekannte Buch über den Gebrauch von Kryptografie in Europa wurde vom englischen Franziskanermönch und Universalgelehrten Roger Bacon verfasst. Er war einer der ersten Vertreter der experimentellen Wissenschaft und hatte Mathematik, Astronomie, Optik, Alchemie und Sprachen studiert. Er brachte so fortgeschrittene Ideen hervor wie Flugzeuge, motorisierte Schiffe, pferdelose Kutschen, Mikroskope und Teleskope; außerdem war er der erste Europäer, der den Prozess der Schießpulverherstellung beschrieb. In seiner „Epistel über die geheimen Werke der Kunst und die Unwirksamkeit der Magie" listete er sieben Methoden zur Geheimhaltung von Nachrichten auf, darunter Techniken wie exotische Alphabete, Kurzschrift und vom Autor erfundene Symbole. „Der ist verrückt, der ein Geheimnis auf andere Weise niederschreibt als auf eine, die sie vor dem gemeinen Volk verbirgt", riet er zur Vorsicht. Roger Bacon galt eine Zeitlang als Autor des Voynich-Manuskripts.

Roger Bacon war nicht nur ein Franziskanermönch, sondern auch ein Philosoph, Bildungsreformer, Vertreter der experimentellen Wissenschaft und Kryptologe.

Das Admiralitätsgebäude in Whitehall beherbergte ein Team, das im Ersten Weltkrieg entschlossen daran arbeitete, die Marinecodes der Deutschen zu brechen.

KAPITEL 5

ROOM 40

Etwa 14 Tage später rief mich der Kommandant zu sich und übergab mir ein Telegramm des Kriegsministeriums: „Lieutenant-Interpreter Toye hat sich so bald wie möglich bei der Admiralität zum Sonderdienst zu melden." So allmächtig und schnell ist die britische Admiralität, wenn sie entschlossen ist; man denke nur, wie viele Amtsschimmel in diesen zwei Wochen gewiehert haben müssen!

Frank Toye, Kryptoanalytiker, Room 40

Im Ersten Weltkrieg setzte sich der Funk als flexibleres Kommunikationsmittel durch, doch waren Funksprüche noch leichter abzufangen als telegrafische Botschaften. Die Briten errichteten ein Netz aus Horchposten, die offizielle deutsche Nachrichten abfingen und zur Entschlüsselung an die Admiralität weiterleiteten.

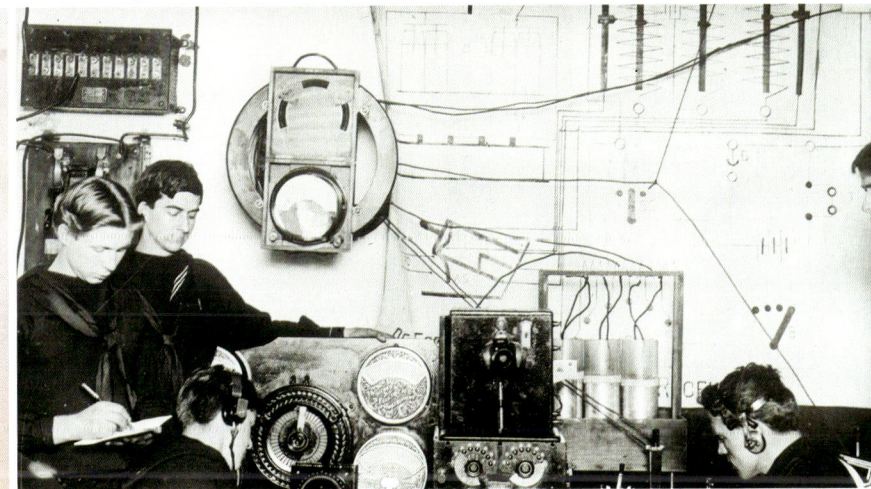

ROOM 40

🔓 KOMMUNIKATION PER FUNK

Auf die Erfindung des Telegrafen folgte zu Beginn des 20. Jahrhunderts eine noch unsicherere Kommunikationsmethode: der Funk. Für das Militär lagen die Vorteile jedoch auf der Hand. Nachrichten konnten sofort und ohne Telegrafenkabel zwischen verschiedenen Orten übermittelt werden. Das gestattete den Armeeeinheiten größere Manöverfreiheit. Auch die Marine übernahm die neue Erfindung, da Schiffe in Verbindung bleiben konnten, auch wenn sie außer Sichtweite waren. Das offensichtliche Problem war, dass jede via Funk übermittelte Nachricht abgefangen werden konnte. Daher benötigte man noch sicherere Codes und Chiffren.

Britische Postingenieure inspizieren die drahtlose Telegrafieausrüstung (Funktechnik) von Guglielmo Marconi, 1897.

Erster Weltkrieg

Vor Sonnenaufgang am 5. August 1914, einen Tag nach der Kriegserklärung der Briten an Deutschland, zerstörte das britische Kabelverlegungsschiff Telconia die deutschen Transatlantikkabel. Das war der erste britische Offensivakt in diesem Krieg. Er sorgte dafür, dass feindliche Nachrichten in die USA per Funk oder über die Telegrafenleitungen einer anderen Nation übermittelt wurden; dabei passierten sie eine Umlenkstation bei Porthcurno bei Land's End, wo man sie kopieren konnte.

Am selben Tag hatte Konteradmiral Henry Oliver, der Leiter der Marineaufklärung, Lunch mit dem Leiter der Marineausbildung, Sir Alfred Ewing, der sich für Kryptologie interessierte. Auf Olivers Schreibtisch stapelten sich bereits abgefangene Nachrichten. Ewing erkannte sie sofort als deutsche Marinefunksprüche. Ihre Entschlüsselung konnte wertvolle Informationen liefern.

Ewing recherchierte über Chiffren im Leseraum des British Museum, beim Lloyd's of London und im General Post Office, wo kommerzielle Codes (codierte Abkürzungen, die in der Geschäftskorrespondenz halfen, die Kosten für Telegramme gering zu halten) aufbewahrt wurden. Er verpflichtete vier Deutsch sprechende Lehrer der Marinecolleges in Osborne und Dartmouth als Entschlüssler.

Russell Clarke, ein Freund Ewings und begeisterter Amateurfunker, der einige der abgefangenen Nachrichten zur Verfügung gestellt hatte, errichtete in Hunstanton an der Küste von Norfolk einen Horchposten. Das war der Beginn des Y Service (deutsch „Y-Dienst"), der zuletzt 14 Horchposten umfasste, die nahezu alle offiziellen deutschen Nachrichten abfingen. Diese wurden über das Kabelnetz an die Admiralität weitergeleitet.

Zuerst machte Ewings Team kaum Fortschritte. Es besaß bloß ein wenig hilfreiches Codebuch, das man von einem deutschen Dampfschiff vor Melbourne, Australien, am 11. August erbeutet hatte. Doch dann hatte man Glück. Am 26. August lief der deutsche leichte Kreuzer SMS *Magdeburg* im Golf von Finnland auf Grund. Die russische Kriegsmarine fischte einen ertrunkenen Offizier aus dem Wasser, der noch immer die deutschen Codebücher umklammerte. Die Russen boten die Bücher den Briten an, damals die führende Seestreitmacht der Welt. Der Erste Seelord der Admiralität Winston Churchill sandte ein Schiff zur Abholung.

Trotz der Codebücher konnte Ewings Team die deutschen Nachrichten nicht sofort entschlüsseln. Der Flottenzahlmeister und führende Deutsch-Experte Charles Rotter erkannte jedoch bald, dass die Nachrichten codiert und dann superverschlüsselt (nochmals codiert) worden waren, und zwar mit einer einfachen monoalphabetischen Substitution. Sie waren einfach zu knacken, da bestimmte Codewörter öfter verwendet wurden als andere und in erkennbaren Gruppen auftraten.

Verlegung des Atlantikkabels: „Das Achte Weltwunder", 1858

Intelligence Division Section 25

Ewings Team wuchs rasch an, um mit der Menge der Funksprüche fertigzuwerden, die nun abgefangen wurden. Im November 1914 wurde die Gruppe in das Zimmer 40 („Room 40") des Alten Admiralitätsgebäudes verlegt, auf denselben Gang wie der Erste Seelord. Neben dem Büro gab es einen Raum mit einem Feldbett. Die Einheit wurde später offiziell der Sektion 25 der *Intelligence Division*, oder ID25, zugeordnet, doch die Bezeichnung „Room 40" blieb den Codeknackern auch erhalten, als sie in größere Räume umzogen.

Wieder hatte Room 40 Glück, als ein britischer Trawler eine Bleikiste mit Papieren barg, die ein deutsches Torpedoboot versenkt hatte, ehe es in der Seeschlacht vor Texel am 17. Oktober 1914 sank.

Die Horchposten tarnten sich als Funkpeilungseinheiten, damit die Deutschen nicht ahnen, dass ihr Funkverkehr abgehört wurde. Am 14. Dezember 1914 entdeckten die Fachleute von Room 40, dass ein Kommando der Kaiserlichen Deutschen Marine zum Angriff auf britische Küstenstädte auslief.

Der Leuchtturm von Hunstanton – ein ehemaliger Horchposten

Vom deutschen leichten Kreuzer SMS Magdeburg *erbeutete Codebücher halfen den britischen Kryptoanalytikern, die deutschen Marinecodes zu brechen.*

Schiffe der Royal Navy wurden ausgesandt, aber nicht zum Abfangen der deutschen Schiffe, da man sich damit verraten hätte; stattdessen sollten sie die Deutschen von ihrem Heimathafen abschneiden und erst bei der Rückkehr angreifen – nachdem sie die Städte Hartlepool und Scarborough bombardiert hatten. Das bedeutete, dass das Oberkommando der Navy lieber zivile Opfer in Kauf nahm als zu verraten, dass man den deutschen Marinecode geknackt hatte. Die Royal Navy aber verlor die deutschen Angreifer im Nebel.

Die deutsche Hochseeflotte lief am 23. Januar 1915 wieder aus, um die Dogger Bank auszukundschaften. Die Royal Navy wandte dieselbe Taktik wie zuvor an, konnte dieses Mal die Angreifer jedoch abfangen, einen Kreuzer versenken und zwei weitere schwer beschädigen. Der gute Ruf von Room 40 war nun gesichert und die Zahl der Kryptoanalytiker dort stieg auf 50.

Obwohl die deutsche Flotte ein Jahr lang nicht mehr auslief, änderte sie im Februar 1915 ihren Chiffrenschlüssel. Doch die Codeknacker von Room 40 waren mit den Codewörtern bereits vertraut und decodierten die neue Chiffre schnell. Winston Churchill kam in ihr Büro und gratulierte.

1916 begann die deutsche Marine, den Code nicht mehr alle drei Monate, sondern jede Nacht zu ändern. Die Codebrecher von Room 40 waren bereits so geschickt, dass sie ihn schon um 2 Uhr früh geknackt hatten, spätestens jedoch um 10 Uhr.

SPALTEN-TRANSPOSITION

Nach der Seeschlacht vor dem Skagerrak im Juni 1916 verließen sich die Deutschen bei ihren Angriffen vor allem auf ihre U-Boote. Sie verwendeten das gleiche Codebuch, verschlüsselten dann jedoch nochmals (Superverschlüsselung) mittels Spaltentransposition.

Um Buchstaben mittels Spaltentransposition zu verschieben, schreibt man die Nachricht in Zeilen, deren Länge durch das Schlüsselwort vorgegeben ist. Wenn die Nachricht „Angriff auf britische Flotte morgen früh" mit dem Schlüsselwort BERLIN chiffriert wird, sieht die Tabelle wie folgt aus:

B	E	R	L	I	N
a	n	g	r	i	f
f	a	u	f	b	r
i	t	i	s	c	h
e	f	l	o	t	t
e	m	o	r	g	e
n	f	r	u	e	h

Dann wird die Nachricht Spalte für Spalte übermittelt; hier also:

BAFIEEN ENATFMF IIBCTGE
LRFSORU NFRHTEH RGUILOR

Eventuelle Leerstellen am Ende der letzten Zeile werden mit „Nullen" gefüllt. Dann werden die Spalten anhand des Schlüsselwortes in alphabetische Reihenfolge gebracht (BEILNR):

B	E	I	L	N	R
a	n	i	r	f	g
f	a	b	f	r	u
i	t	c	s	h	i
e	f	t	o	t	l
e	m	g	r	e	o
n	f	e	u	h	r

Wenn man die Nullen entfernt, erhält man Texte mit ungleichen Längen, wodurch der Code einfacher zu knacken ist. Zum Dechiffrieren muss man den Prozess nur umkehren – was einfach ist, wenn man das Schlüsselwort kennt.

Man kann nun die Nachricht nochmals mit demselben oder einem anderen Schlüsselwort verschlüsseln. Das machte die deutsche Marine nicht, da sie ohnehin bereits codierten Text chiffrierte.

Um die Sicherheit zu erhöhen, änderten die Deutschen im August 1916 ihr Codebuch. Dann wurde jedoch in der Nacht des 23. September der Zeppelin L32 über Essex abgeschossen, wobei alle 22 Besatzungsmitglieder ums Leben kamen.

Das Bombardement von Hartlepool und Scarborough machte das Abfangen der deutschen Hochseeflotte für die Briten lebenswichtig.

Aus dem Wrack wurde ein verkohltes neues Codebuch geborgen. Eine weitere Ausgabe barg ein Taucher aus einem versenkten U-Boot vor der Küste von Kent. So konnte das Team von Room 40 einfach weiterarbeiten.

 Ich erkannte zum ersten Mal, was für einen ungewöhnlichen Geist Alan besaß, als er mir eine Arbeit über die Reaktion zwischen Jodsäure und Schwefeldioxid zeigte … er hatte die Berechnung auf eine Art gemacht, die mich in Erstaunen versetzte.

**Alan Turings Chemielehrer,
A. J. P. Andrews,**
1930

🔓 DAS ZIMMERMANN-TELEGRAMM

Einer der Schlüsselmomente des Ersten Weltkriegs war die Entschlüsselung der Zimmermann-Depesche, die der deutsche Außenminister Arthur Zimmermann am 16. Januar 1917 an die deutsche Botschaft in Washington, D. C., geschickt hatte. Von dort sollte sie an die deutsche Gesandtschaft in Mexico City weitergeleitet werden.

Um Großbritannien auszuhungern, planten die Deutschen den uneingeschränkten U-Boot-Krieg, was die Gefahr barg, dass die USA auf der Seite der Alliierten in den Krieg eintraten. Für diesen Fall bot Deutschland Mexiko ein Bündnis an, in dem es Mexiko großzügige finanzielle Unterstützung bei der Rückeroberung der verlorenen Gebiete Texas, Arizona und New Mexico offerierte. So wären die amerikanischen Truppen dort gebunden und auch die für die Alliierten vorgesehenen Versorgungsgüter würden umgeleitet.

Aus dem Wrack von Zeppelin L32, der am 23. September 1916 über Essex abgeschossen worden war, wurden die verkohlten Überreste eines Codebuches geborgen. Hier ein Zeitungsfoto.

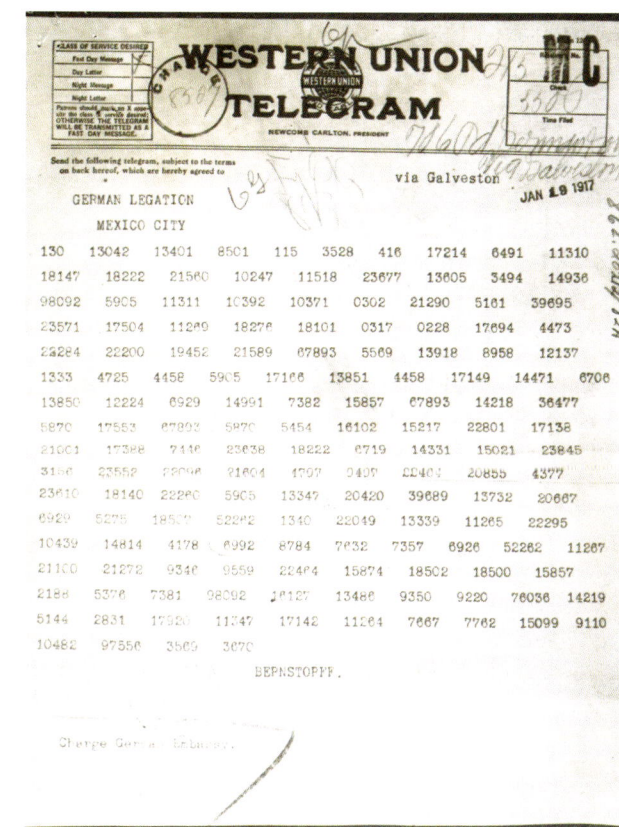

Aufgrund der Entschlüsselung der Zimmermann-Depesche traten die Vereinigten Staaten von Amerika in den Zweiten Weltkrieg ein.

Das verschlüsselte Telegramm wurde über Schweden gesendet und eine Sicherungskopie an die US-Botschaft in Berlin übergeben, wo es über eine amerikanische Leitung übermittelt wurde. Beide Leitungen passierten die Umlenkstation in Porthcurno, und bald landeten Kopien auf den Schreibtischen von Kryptoanalytikern in Room 40.

Die Nachricht war mit dem deutschen Marinecode 0075 codiert, umfasste 10 000 Wörter und Phrasen, die von 0000 bis 9999 in zufälliger Reihenfolge nummeriert waren. Die Briten waren bereits im Besitz von Codebüchern für 0075; diese waren bereits 1914 von den Russen aus der SMS *Magdeburg* geborgen worden. Die Zimmermann-Depesche war superverschlüsselt worden (nochmals mit der diplomatischen Chiffre 13040 codiert), doch das konnte den zugrunde liegenden Code nicht verschleiern, der aus Gruppen aus drei, vier und fünf Zeichen bestand.

Als der deutsche Botschafter in den USA seinen Protest gegen die Fortsetzung des uneingeschränkten U-Boot-Kriegs nach Berlin sandte (da er alles

tat, um einen Kriegseintritt der USA zu verhindern), erkannten die Kryptoanalytiker der Admiralität bald, dass sie weitere supercodierte Nachrichten besaßen. Da sie nun mehr Material hatten, konnten sie das Wort „Stop" identifizieren, das in Telegrammen häufig vorkommt, sowie diplomatische Ausdrücke wie „Eure Exzellenz". Innerhalb eines Tages war ein Teil des Codes dechiffriert – genug, um die Brisanz des Inhalts zu erkennen.

Am 5. Februar war die Nachricht vollständig entschlüsselt. Nun war die Frage, was man damit tun sollte. Die Briten konnten weder preisgeben, dass sie den deutschen Code geknackt hatten, noch dass sie die Nachrichten der USA und neutraler Drittstaaten abfingen. Mit ein wenig Bestechung konnte der britische Botschafter in Mexiko eine Kopie des Telegramms in seinen Besitz bringen. Es war jenes, das die deutsche Botschaft in Washington, D. C., nach Mexico City weitergeleitet hatte, wo man den Code 0075 nicht besaß. Daher war es mit der älteren diplomatischen Chiffre 13040 superverschlüsselt worden.

Die Briten behaupteten, sie hätten eine Version des dechiffrierten Textes in Mexiko gestohlen, und zeigten diese der US-Regierung, die sie mit ihren eigenen abgefangenen telegrafischen Nachrichten gegenchecken konnte. Daraufhin wurde die englische Übersetzung des Telegramms in US-Zeitungen veröffentlicht und die USA erklärten Deutschland am 6. April 1917 den Krieg.

DEUTSCHE FELDCHIFFREN

Da sie wussten, dass Funksprüche leicht abgehört werden können, entwickelten die Deutschen im Ersten Weltkrieg neue Chiffren. Die bekannteste davon war die ADFGVX-Chiffre, die auf der älteren ADFGX-Chiffre basierte. Sie wurde am 5. März 1918 eingeführt, unmittelbar vor der deutschen Frühjahrsoffensive, die zum Ziel hatte, die Alliierten zu besiegen, bevor die US-Truppen im großen Stil an der Westfront eintrafen.

DIE ADFGVX-CHIFFRE

Die ADFGVX-Chiffre benutzt eine zweiteilige Verschlüsselung. Das Polybios-Quadrat besteht aus sechs Zeilen und sechs Spalten, die mit den sechs Buchstaben beschriftet werden. Darin werden die Buchstaben A–Z und die Ziffern 0–9 eingesetzt.

	A	D	F	G	V	X
A	g	v	z	j	c	n
D	s	b	8	q	t	e
F	4	p	h	a	x	i
G	l	1	m	2	5	u
V	w	f	6	y	0	d
X	r	3	k	7	o	9

Die Verschlüsselung von „Angriff um 0800" ergibt:

a	n	g	r	i	f	f	u	m	0	8	0	0
FG	AX	AA	XA	FX	VD	VD	GX	GF	VV	DF	VV	VV

Dies ist eine monoalphabetische Chiffre, die mittels Häufigkeitsanalyse leicht geknackt werden kann, daher wird sie mittels Spaltentransposition mit dem Schlüsselwort BAUM nochmals verschlüsselt:

B	A	U	M
F	G	A	X
A	A	X	A
F	X	V	D
V	D	G	X
G	F	V	V
D	F	V	V
V	V	X	X

Die Spalten werden alphabetisch geordnet:

A	B	M	U
G	F	A	X
A	A	X	A
X	F	V	D
D	V	G	X
F	G	V	V
F	D	V	V
V	U	X	X

Daher lautet die verschlüsselte Botschaft:

GAXDFFVFAFVGDUAXVGVVXXADXVVX

Die Chiffren wurden nach den Buchstaben benannt, die in den Kryptogrammen auftauchten. Sie wurden ausgewählt, weil sie im Morsealphabet am verschiedensten sind und daher nicht leicht verwechselt werden können:

A	. —
D	— . .
F	. . — .
G	— — .
V	. . . —
X	— . . —

Leutnant Georges Painvin

Im Frühling 1918 machte sich Leutnant Georges Painvin im französischen Bureau de Chiffre daran, den ADFGVX-Code zu knacken. Mit dem Vorgänger, dem ADFGX-Code, der weder den Buchstaben „J" noch Zahlen enthielt, hatte er bereits Erfahrungen gesammelt: Dass nur fünf Buchstaben verwendet wurden, wies auf ein Polybios-Quadrat hin, doch Painvin konnte den Code nicht mittels Häufigkeitsanalyse knacken. Das bedeutete, dass es sich nicht um eine simple monoalphabetische Substitution handelte. Painvin ging davon aus, dass ein polyalphabetischer Code für den Feldgebrauch zu umständlich war, und tippte daher auf eine Spaltentransposition.

Militärische Nachrichten weisen ein gewisses Standardformat auf. Daher konnte man annehmen, dass Wörter und Ausdrücke, die mit demselben Polybios-Quadrat und demselben Schlüsselwort verschlüsselt worden waren, dieselben Codes ergaben. Anhand der Wiederholungen konnte Painvin auf die Länge der Spalten schließen. Er bemerkte, dass manche der verschlüsselten Gruppen in einigen Nachrichten einen Buchstaben mehr enthielten. Das lag daran, dass die letzte Zeile des Transpositionsquadrats nicht mit Nullen aufgefüllt worden war. Die längeren Gruppen mussten daher von der linken Seite des Quadrats stammen, die kürzeren von der rechten. So konnte er auf die Länge des Schlüsselwortes schließen.

Funknachrichten wurden zum wichtigsten Kommunikationsmittel, insbesondere in Kriegszeiten. Hier werden Angehörige der US Navy an Bord eines Schiffes im Ersten Weltkrieg in der Benutzung der drahtlosen Kommunikation geschult.

Das extra V

Am 1. Juni 1918, die Deutschen standen 50 km vor Paris, stellte Painvin fest, dass der Buchstabe „V" im Code aufgetaucht war. Außerdem bemerkte er, dass drei Botschaften des gleichen Senders die gleiche Länge hatten, und nahm daher an, dass es sich um ein und dieselbe Nachricht handelte. Nur der Empfänger war jeweils ein anderer. Die Botschaften waren alle gleichermaßen im Polybios-Quadrat verschlüsselt worden, doch ein oder zwei zusätzliche Buchstaben im Adressaten sorgten für eine Verschiebung in der Transpositionstabelle. Innerhalb einer Stunde hatte er den ADFGVX-Code geknackt.

Als der nächste deutsche Angriff begann, waren die Franzosen bereit. In einem heftigen Kampf gelang es ihnen, den deutschen Vormarsch zu stoppen und Paris zu retten. Den Krieg, den die Alliierten in diesem Moment hätten verlieren können, gewannen sie fünf Monate später.

Wenn das Schlüsselwort eine gerade Anzahl an Buchstaben enthielt, musste jede Spalte der Transpositionstabelle entweder Buchstaben aus dem obersten Teil des Polybios-Quadrats enthalten oder von der Seite, aber keine Mischung aus beidem. Painvin gruppierte die oberen Buchstaben und die seitlichen Buchstaben und wendete die Frequenzanalyse darauf an. Wenn seine Paarungen falsch waren, würde sich eine gleichmäßige Verteilung ergeben, doch wenn er die richtigen Paare erwischt hatte, würde sich die korrekte Verteilung zeigen. Dann füllte Painvin die Transpositionstabelle und dechiffrierte die Nachricht. Er benötigte dafür 48 Stunden.

Häufigkeit und Trigramme

Gegen Ende des Ersten Weltkrieges war die Jagd nach unbrechbaren Codes voll entbrannt. Natürlich hatte *le chiffre indéchiffrable* noch immer ihre Berechtigung. Die Methode von Babbage und Kasiski funktionierte nicht, wenn der Schlüssel genauso lang war wie die Nachricht. Man konnte dazu eine Passage aus einem Buch wählen, doch auch das war nicht sicher. Das Wort „ein" kommt im Deutschen häufig vor, was bedeutet, dass „e", „i" und „n" wiederholt verwendet werden können, wenn man vom Geheimtext ausgeht, um mittels Vigenère-Quadrat Gruppen von drei Buchstaben herauszuarbeiten. Viele Trigramme können verworfen werden, da sie Kombinationen wie KQB ergeben, die selten bis nie vorkommen. Doch die möglichen Trigramme können wertvolle Hinweise liefern.

Der junge Leutnant Georges Painvin

🔓 DAS *ONE-TIME-PAD*

1918 war Joseph Mauborgne, der den Playfair-Code geknackt hatte, zum Major der US Army und Leiter der Kryptografischen Abteilung aufgestiegen. Er fand heraus, dass man *le chiffre indéchiffrable* wieder sicher machen konnte, indem man einen Schlüssel mit zufälliger Buchstabenfolge in der Länge der Nachricht verwendete. Sender und Empfänger mussten denselben Schlüssel verwenden und durften ihn nur einmal benutzen, daher nannte man dies *One-Time-Pad* („Einmal-Blatt").

Wenn man zwei Nachrichten abfängt, die mit demselben *One-Time-Pad* verschlüsselt wurden, ist es möglich, den Code zu knacken. Man nimmt dazu an, dass die komplette erste Nachricht aus dem Wort „die" besteht. Dann arbeitet man rückwärts und macht einen ersten Versuch, die zufällige Buchstabenfolge des Schlüssels aufzulisten. Damit kann man den zweiten Text teilweise entschlüsseln. So können sich einige kleine Stellen zeigen, in denen der Schlüsseltext korrekt ist. Von diesen Fragmenten ausgehend kann man auf dieselbe Weise die gesamte zufällige Zeichenfolge erschließen.

Wenn das *One-Time-Pad* nur einmal verwendet und dann zerstört wird, ist der damit generierte Geheimtext tatsächlich unknackbar – zumindest in der Theorie. Eine Nachricht mit einer Länge von 21 Buchstaben benötigt einen Schlüsseltext mit 21 Buchstaben zur Verschlüsselung.

BEHARRLICHKEIT LOHNT SICH

Im Buch „Geheime Botschaften" erläutert der Autor Simon Singh ein Beispiel für die Entschlüsselung des folgenden Geheimtextes:

QWVBENVGIWZBXXWRIONAE

1. Er testet „die" gegen willkürlich gewählte Textfragmente und hat sofort Erfolg. Beim Test von „die" für die ersten drei Buchstaben QWV ergibt sich NOR, eine durchaus plausible Buchstabenfolge.
2. Er lässt die nächsten Buchstaben aus und setzt nun „die" an anderer Stelle ein, wodurch sich KNC ergibt – eine eher unwahrscheinliche Buchstabenkombination.
3. An wiederum anderer Stelle ergibt das Einsetzen von „die" die Buchstabenfolge „YPT".

Q	W	V	B	E	N	V	G	I	W	Z	B	X	X	W	R	I	O	N	A	E
N	O	R			K	N	C				Y	P	T							
d	i	e			d	i	e				d	i	e							

Obwohl selten, so kommt diese Kombination in APOKALYPTISCH, KRYPT- und AEGYPTEN vor. Nun kann man diese möglichen Schlüsselwörter testen, indem man sie in diesem Teil des Geheimtextes einsetzt und sieht, welcher Klartext sich daraus ergeben würde:

Q	W	V	B	E	N	V	G	I	W	Z	B	X	X	W	R	I	O	N	A	E
N	O	R		A	P	O	K	A	L	Y	P	T	I	S	C	H				
d	i	e		n	g	v	y	w	o	d	i	e	o	z	g	o				

Das ergibt natürlich keinen Sinn, also versucht er das nächste Wort:

Q	W	V	B	E	N	V	G	I	W	Z	B	X	X	W	R	I	O	N	A	E
N	O	R						K	R	Y	P	T								
d	i	e						m		i	d	i	e							

Auch das funktioniert nicht.

Doch beim dritten Versuch ergibt ein Teil des **Klartextes** Sinn.

Q	W	V	B	E	N	V	G	I	W	Z	B	X	X	W	R	I	O	N	A	E
N	O	R						A	E	G	Y	P	T	E	N					
d	i	e						i	s	t	d	i	e	s	e					

Vielleicht ist der **Schlüsseltext** eine Liste von Ländern? Vielleicht ist NOR der Anfang von NORWEGEN? Diese Annahmen werden im folgenden Schritt getestet:

Q	W	V	B	E	N	V	G	I	W	Z	B	X	X	W	R	I	O	N	A	E
N	O	R	W	E	G	E	N	A	E	G	Y	P	T	E	N					
d	i	e	f	a	h	r	t	i	s	t	d	i	e	s	e					

Unsere Annahme produziert ein sinnvolles Ergebnis. Darüber hinaus gibt es nur wenige Länder mit fünf Buchstaben. Durch einfaches Ausprobieren erhalten wir mit MALTA den restlichen Text:

Q	W	V	B	E	N	V	G	I	W	Z	B	X	X	W	R	I	O	N	A	E
N	O	R	W	E	G	E	N	A	E	G	Y	P	T	E	N	M	A	L	T	A
d	i	e	f	a	h	r	t	i	s	t	d	i	e	s	e	w	o	c	h	e

Der Code ist geknackt.

Das bedeutet, dass es 21^{21} (eine Zahl mit sehr, sehr vielen Nullen) mögliche Schlüssel zu testen gibt. Und selbst dann wüsste man nicht, ob die Nachricht korrekt entschlüsselt wurde, da beim Testen sämtlicher Möglichkeiten für die 21 Buchstaben sämtliche möglichen Variationen gefunden werden. Die Wahrscheinlichkeit, dass es mehrere Variationen gibt, die Sinn ergeben, ist hoch; daher würde man nicht wissen, welcher Klartext der richtige ist.

Es ist schwierig, eine wirklich zufällige Buchstabenfolge zu produzieren. Die einzige Möglichkeit ist, sie durch eine Maschine erzeugen zu lassen, die mit dem zufälligen Zerfall eines radioaktiven Elements arbeitet. Wenn jedes *One-Time-Pad* nach Gebrauch zerstört wird, bräuchte man in einer militärischen Situation Hunderte, wenn nicht Tausende davon.

Sie müssten an alle verteilt werden, die Nachrichten senden und empfangen, und jeder müsste dasselbe Pad zur gleichen Zeit benutzen. Wenn der Feind einen Kurier abfängt, wäre das System kompromittiert und man müsste mit einem komplett neuen Codebuch starten. Deshalb wird das *One-Time-Pad* nur in wenigen Fällen praktisch eingesetzt – etwa wenn ein Spion eine Nachricht an seinen Geheimdienst schickt.

Eine französische Chiffriermaschine aus dem 16. Jahrhundert, in einem Buch verborgen.

KAPITEL 6

DIE GEBURT DER MECHANISIERUNG

Es wird auch für jemanden, der das System perfekt beherrscht, absolut unmöglich sein, die Nachricht eines anderen ohne dessen Schlüssel zu dechiffrieren.

Professor Robert Patterson, University of Pennsylvania

Die Mechanisierung der Kryptografie hatte mit der Alberti-Scheibe im 15. Jahrhundert begonnen (siehe Seite 36). Obgleich eine Variante davon im Amerikanischen Bürgerkrieg noch immer in Verwendung war, erfand der dritte US-Präsident Thomas Jefferson im 18. Jahrhundert ein neues System. Bis weit ins 20. Jahrhundert hinein hatte die US Army eine Version von Jeffersons Chiffrenrad in Verwendung.

DIE GEBURT DER MECHANISIERUNG

Jefferson-Walze und ein modernes Zahlenschloss (kleines Bild), das auf demselben Prinzip basiert.

🔓 ALLES DREHT SICH UM RÄDER

In der Zeit der Amerikanischen Revolution (1765–1783) erfand Thomas Jefferson eine einfache mechanische Vorrichtung zur Verschlüsselung von Nachrichten. Sie bestand aus 36 Holzscheiben, auf deren Außenkante die Buchstaben in zufälliger Reihenfolge geprägt waren. Jede Scheibe war anders. Sender und Empfänger mussten die Scheiben in einer zuvor vereinbarten Reihenfolge auf eine Achse stecken und drehen, bis die Zeile einer Nachricht zu lesen war. Dann wurde eine andere Zeile der Walze übermittelt, die nun scheinbar zufällig angeordnete Buchstaben enthielt. Jefferson berechnete, dass es Fakultät 36 (oder $36! = 36 \times 35 \times 34 \times 33 \ldots \times 4 \times 3 \times 2 \times 1$) Möglichkeiten gibt, die Scheiben anzuordnen, was er wie folgt notierte: „372 mit 39 Chiffren [Nullen] dahinter", oder $3,72 \times 10^{41}$. Das ist noch besser als die dreirotorige Enigma-Maschine, die in den 1920er-Jahren in Deutschland erfunden wurde und 10^{23} Kombinationen erlaubte (siehe Seite 86).

Pattersons Chiffre

Jefferson verwendete sein eigenes Gerät nicht, sondern bevorzugte einen Nomenklator (eine Liste von Begriffen, die einander ersetzen konnten), den Außenminister Robert Livingston entworfen hatte. Als Präsident der Vereinigten Staaten (und zugleich Präsident der American Philosophical Society) empfahl Jefferson außerdem ein System, das Robert Patterson, Professor für Mathematik an der University of Pennsylvania, entwickelt hatte. Es handelte sich dabei um eine simple Spaltentransposition mit Nullen in der obersten Zeile und weiteren Nullen zum Auffüllen der letzten Zeile, doch Patterson behauptete: „Es ist auch für jemanden, der das System perfekt beherrscht, absolut unmöglich, die Nachricht eines anderen ohne dessen Schlüssel zu dechiffrieren." Patterson schätzte die Zahl der möglichen Schlüssel auf „neunzig Millionen Millionen". Jefferson gab diese Chiffre an Livingston weiter, der sich jedoch lieber an seinen Nomenklator hielt.

Thomas Jefferson, US-Präsident und Kryptologe

Schritt eins:

1	b h u i e a h o n o p t o t a t s d r
2	u i n e r l l s d p a e t w u e t e e
3	o n l d t b o s u i r n o u p n e r u
4	n f e e r v s b n e i w k r l v n k d
5	a r b n a o s r d u s i o d a e t a e
6	p i t m e n e i d n a r l e e r a n n
7	a e f i g d n t e t m g l a t k g o k
8	r d r t e r m a r e f e e n z u d n u
1	t e a d w e i n t r r s n d e e u e n
2	e n n e u i t n u s e t d e n n r n d
3	l m k r r w p i e c i e i n a d c u g
4	e i r w d o o e r h t r e k m e h n e
5	b t e e e c r n k r a n n r s t a d b
6	t e i l n h t r e i g i a i e a b a u
7	e u c t i e u u i e e n c e c m f n n
8	n r h v n n g n e b r d h g h n e d g
1	d o i i n g a s i e h e r s z a u e e
2	l p n e e e l s n n i n i s e e e r n
3	i a f r r s g l e i e p c c h c r e
4	c n r v h c r a k n l r h h n h n f

Transkription in die Chiffre:

```
w s a t a i s p a r b n a o s r d u s i o d a e t a e
a e f i g d n t e t m g l a t k g o k b v a t d e p d n o
c h n o n l d t b o s u i r n o u p n e r u u t i o h
n e m e y e e s a n f e e r v s b n e i w k r l v n k d
r t l r d r t e r m a r e f e e n z u d n u t h d s e a r
s e e o b h u i e a h o n o p t o t a t s d r t a n r m
a r p i t m e n e i d n a r l e e r a n n o a b i
u i n e r l l s d p a e t w u e t e e h o n y l e n r f
s d t r o d i e a r b n a o s r d u s i o d a e t a e p
s e u c t i e u u i e e n c e c m f n n u a h r d c i u y
f t s l m k r r w p i e c i e i n a d c u g r e o y p u
p o r t e r e p i n f e e r v s b n e i w k r l v n k d o
t l r n r h v n n g n e b r d h g h n e d g e n t
e r r e t e a d w e i n t r r s n d e e u e n n g e
w h t e i l n h t r e i g i a i e a b a u h f o w s h
e n n e u i t n u s e t d e n n r n d o r u i y i
s a u i a f r r s g l e i e p c c h c r e l t m
a d t r o d i i e c n r v h c r a k n l r h h n h n f
n o n o d o i i n g a s i e h e r s z a u e e d l l m n
l p n e e e l s n n i n i s e e e r n s y o u r c h
```

Patterson erklärte mit einem Beispiel, wie eine Nachricht decodiert wird. Der Schlüssel sei 58, 71, 33, 49, 83, 14, 62, 20. Die erste Zahl nenne die Reihenfolge der Zeilen, die zweite die Anzahl der Nullen am Anfang. Er codierte den Text:

„*Buonaparte lebt endlich in Frieden mit Europa. Nun lebt Frankreich in Frieden mit der Welt. Vier Vertraege wurden innerhalb von drei Wochen geschlossen, mit Portugal, Grossbritannien, Russland und der Tuerkei. Eine Kopie, unterschrieben in Paris am Freitag, erhielten wir gestern in den Protokollen. Die Nachricht wurde an den Kriegsschauplaetzen am sechzehnten verkuendet, am naechsten Tag durch Abfeuern der Kanonen und andere Freudenkundgebungen.*" (Gekürzt und übers., Anm. d. Übers.)

Die erste Zeile der Transkription ist Zeile 5 aus der ersten Gruppe im oberen Text; die Reihenfolge der transkribierten Zeilen ist 5, 7, 3, 4, 8, 1, 6, 2 für die beiden Achtergruppen. Die letzten vier Zeilen folgen dem gleichen Muster (3, 4, 1, 2), wobei die Zahlen größer als 4 ignoriert werden.

Vor dem Beginn der Zeile werden so viele Zeichen hinzugefügt, wie es der zweiten Stelle in den Schlüsselzahlen entspricht: 8, 1, 3, 9, 3, 4, 2, 0. Am Ende werden völlig willkürlich Buchstaben hinzugefügt oder auch nicht. Patterson meinte: „Die zufälligen Buchstaben am Beginn und am Ende der Zeilen sollten in ihrer Häufigkeit dieselben Proportionen aufweisen wie die Chiffre selbst, damit sie sich durch nichts von den Buchstaben mit Bedeutung unterscheiden."

Pattersons Brief enthielt eine verschlüsselte Botschaft ohne Schlüssel (siehe Kasten auf dieser Seite); er forderte Jefferson heraus, sie zu entschlüsseln, und sagte: „Ich füge dieses Blatt mit einer Probe des Geheimcodes bei, die, wie ich mit Sicherheit behaupten kann, sich der Intelligenz der gesamten Menschheit bis ans Ende der Zeit verschließen wird – doch die mithilfe des Schlüssels, der aus nicht mehr als 18 Ziffern besteht, in weniger als 15 Minuten gelesen werden kann."

PATTERSONS CHIFFRIERTE BOTSCHAFT

bonirnrsewehaipohiluoeettiseesnhiestctfhuesraeas
opiacdasthtaleeletubegtneinnfdecwebssssuifemsetnb
tfcabaenniaepatwethaharhefeisnueisutvaesdihfrsrniboi
kinrrgdvsconhsnheleltentngtsctlhshlbdpetguaistnjvtrscm
odneteitieedrebanirnnrhooifehtelstieisefcretcnuspecenr
bohsutirrsesolototamfyiysdhthiuhtloealobusiotntykjeetu
asesntdmeoatsbehracststnetmomrnosewdaneymnamcreseedoym
edneesemithfrtteaeaeeebttcfhdustslurisvucysiucremystvam
cohasefbsiesashtieadiiocftpricdnarswunhreshegitht
edaapthutheeaapueyeenlhhiemhniasaoaksienoimetesfsesaapnore
eevrslyedclnarcssndeetnreeensattciunngrrechhogaeecmrsreshy
nesvomethenetovrnnrrgeouhoeilamaitsgterewtnrttdmreiisrth
gbrhsearysuwebdrethetorpsgnspwcttebcnfgaiernuecfrnssamrnpsie
oeolgelsujntlncretpehdebtgvvotermrtndnehhitensimoeheeootanp
psginhsataatoptwiugtedegiocteodftlnditrsogedttnwfsenrs
neaguatnadaedtlradhsvedspvlhyahdrrenachntcsvtsbtingfad
lonmnhxtednywsnfedtaysirrarersmngnnmbotititslrrrriswmyst
haebyhcstfhudnoeiltttnjtutnasdoggolrraahtouoanipstormno
oxoxiesnotnouahegropdeooptthcraehovugaienoauaadwot
zinmeerrolthoimeapcolhhomuwcomnhhvelremabeipcnimrahor
wshhurrierdeirssaohdatbtueihtleeeataieafgretdyotebuledsnnreer
gunnaaerceqtilnmeafeshtaedaaedyetsilmsrhineatmplmlxeerhh
raoitalonhmarirenraatpuvttrlpnoliaootnpvasttnonobprsnob
trihsseoiorpvnssntorropawvoraaeneleptthaeeeidbnehssoemrri
pvlneuofseegtgshleenireefoyneenixooibsrreedmeaaftsmaaree
reertcohauunaweithnteilnolprfadhtnyutohesniierddmerei
stddiehvsnaeoctaooedcagnerrtriimstgpsrcuaadnesthhlapiorpi
esttdrctahtsueaoleoehacmpsoeeelgsimrlsnwfhdeisahtintvoumiu
lneabmopohtdfctrtteisahanzmssheeihsmbuenuoiilniprimci
motedtrhenponauearessrysoinsroaithhsooyghhlttablmnsrry
inaaopteecmocwtikeeeiehimoeisildgdnstynjuoapserriotimit
perervraadteotiswtdtaattrrnsftieetcuhadettranryynlf
axnyeflneiemaheohsnfnebgiopltrdgteestwtcasshassm
trsnomiieeinierwlnhrehrtuhmdhosknsreferucehdtotooguaa
inafpeeshshiuteontnsstwsttofeltgtunneoteabltueitoovsepr
smrnpnesdshediuqcetteosiupectahfmestdrsiwhffipcrsny
noiiueoeohfchehharisdogtadwyibstrecrvswonhihedtssrces
whfaairdegtvmhtmumttaecmsvsdtrodieshvuanoftsnfperre
ophrcvstoitrctueloecfitnoleanaesaueeofetetrnetyofssyst
supeinnuonsnnletheqisltfeanoinaetnlihwlcpiporterepiybst˙

Diese Nachricht lag undechiffriert über 200 Jahre lang in Jeffersons Papieren, ehe Lawren Smithline auf sie aufmerksam wurde, ein Mathematiker am Center for Communications Research, einer Abteilung des Institute for Defense Analyses in Princeton, New Jersey.

Smithline erkannte, dass sich dieser Code zwar der Häufigkeitsanalyse von Einzelbuchstaben entzog, dass er ihm jedoch mithilfe der Häufigkeitsanalyse von Bigrammen zu Leibe rücken konnte. Aus den 80 000 Buchstaben in Jeffersons Reden zur Lage der Nation erstellte er eine 26 x 26-Tabelle zu den Häufigkeiten von aa, ab, ac, … ba, bb, bc, … zx, zy, zz. Mithilfe dieser Tabelle fand er heraus, welche Spalten nebeneinanderlagen.

„Das Buchstabenpaar ‚vj' ist im Englischen unmöglich, deshalb ist jede Anordnung ausgeschlossen, bei der es zu diesem Digraphen kommt", erklärte Smithline. „Das Buchstabenpaar ‚qu' hingegen ist zwar selten, aber wenn es ein ‚q' gibt, dann folgt darauf immer ein ‚u'. Wenn also ‚q' und ‚u' nebeneinander zu liegen kommen, spricht vieles für eine korrekte Anordnung."

Männer bei der Arbeit mit Geräten zur Verschlüsselung von telegrafierten Nachrichten im Telegraph and Cipher Bureau, 1903

Claude Chappes optischer Telegraf

CLAUDE CHAPPE (1763–1805)

1792 demonstrierte der französische Erfinder Claude Chappe ein Semaphorsystem und damit das erste praktikable Telekommunikationssystem des Industriezeitalters. 50 Jahre lang waren optische Telegrafen Teil der Landschaft in Europa und man kann sie im Hintergrund vieler Gemälde aus dieser Zeit entdecken. Außerdem werden sie in Novellen und Gedichten erwähnt. Victor Hugo schrieb zum Beispiel ein langes Gedicht mit dem Titel *Le Télégraphe*, und Chappes Semaphore spielen eine Rolle in Alexandre Dumas' „Der Graf von Monte Christo".

Die erste offizielle Nachricht, die über dieses System übermittelt wurde, betraf die Rückeroberung der Stadt Le Quesnoy von den Österreichern und Preußen. 1799 kam Napoleon an die Macht und benutzte einen optischen Telegrafen, um folgende Nachricht auszusenden: „In Paris ist es ruhig und die guten Bürger sind zufrieden."

Obwohl ihm moderne Computer zur Verfügung standen, wollte Smithline nur jene technischen Hilfsmittel nutzen, die damals vorhanden waren. Rein mathematisch hatte er durch die statistische Analyse „die reine Menge an Berechnungen auf weniger als 100 000 einfache Summen reduziert – mühsam im 19. Jahrhundert, aber machbar". 2007 fand er schließlich heraus, dass der Schlüssel 13, 34, 57, 65, 22, 78, 49 lautete. Der Klartext erwies sich als Präambel zur Unabhängigkeitserklärung, die natürlich von Jefferson verfasst worden war.

Unter Jeffersons Papieren in der Library of Congress waren auch die Details des Entwurfs der Jefferson-Walze. Diese wurden 1922 entdeckt.

Die Wadsworth-Chiffre

Colonel Decius Wadsworth, ein US-Artillerieoffizier und Ingenieur, entwickelte 1817 eine mechanische Methode zur Verschlüsselung. Wie Alberti (siehe Seite 36) verwendete auch er zwei Scheiben. Die äußere wies die 26 Buchstaben des Alphabets und die Zahlen 2 bis 8 auf. Sie waren auf Messingzapfen gestanzt, die in beliebiger Reihenfolge zusammengesetzt werden konnten. Auf der inneren Scheibe waren nur die 26 Buchstaben angeführt. Die beiden Scheiben wurden durch zwei Zahnräder verbunden, die das Verhältnis 33:26 aufwiesen. Eine kleine Messingplatte verlief über den Mittelpunkt, wo die beiden Scheiben verbunden waren, und zwei Löcher offenbarten die äquivalenten Buchstaben.

Sender und Empfänger mussten sich über die Reihenfolge der Buchstaben am äußeren Ring und die Startposition verständigen – zum Beispiel „a" am inneren Ring und „M" gegenüber am äußeren.

Zum Verschlüsseln wurden die Buchstaben des Klartextes der Reihe nach am inneren Ring eingestellt und das Zeichen am äußeren Ring für den Code notiert. Nehmen wir an, dass die Nachricht das Wort „Mitteilung" enthielt. Nach dem ersten „t" musste die innere Scheibe einen vollen Kreis von 360 Grad durchlaufen, damit das zweite „t" verschlüsselt werden konnte.

Les Chiffres Secrets Dévoilés *von Étienne Bazeries, 1901, mit einer Abbildung von Bazeries' Zylindrischem Kryptografen*

Wegen des Verhältnisses der Zahnräder zueinander vollführte die innere Scheibe eine volle Drehung, während die äußere nur eine 26/33-Drehung vollzog. Dadurch wurde der zweite Buchstabe durch ein Zeichen verschlüsselt, das sieben Plätze weiter vorne lag. Wenn noch ein weiteres „t" verschlüsselt werden müsste, würde das entsprechende Codezeichen weitere sieben Plätze weiter vorne stehen. Da 33 und 26 keine gemeinsamen Teiler haben, müsste der äußere Ring alle 26 Buchstaben und sieben Zahlen durchlaufen, bevor „t" wieder durch denselben Buchstaben verschlüsselt würde.

Das Wissen über Wadsworths Erfindung wurde zu seinen Lebzeiten nicht sehr weit verbreitet und starb mit ihm. Sein Beitrag zur Kryptografie wurde erst posthum gewürdigt.

Bazeries' Zylinder

Ein Jahrhundert nach Jeffersons Erfindung baute Étienne Bazeries unabhängig von Jefferson seine eigene Version einer Chiffrierwalze, den Bazeries-Zylinder. Eine Variante davon war bei der US Army zwischen 1923 und 1942 unter der Bezeichnung M-94 im Einsatz. Captain Parker Hitt, der Autor des „Handbuchs zur Lösung militärischer Chiffren", das 1915 erschien und für 35 Cent erhältlich war, hatte sie erstmals vorgestellt. In einem Memorandum an den Direktor der US-Fernmeldeschule vom 19. Dezember 1914 schrieb Hitt: „Dieses Gerät basiert bis zu einem gewissen Grad auf den Ideen von Commander Bazeries von der französischen Armee."

Hitts Variante wurde Streifenschieber genannt. Er nahm einfach die Alphabete vom Bazeries-Zylinder und arrangierte die dabei entstehenden Streifen in einem Rahmen von 18 x 8,25 cm.

Die Streifen wurden eingeschoben und herausgezogen, bis die ersten 20 Buchstaben der Nachricht zu sehen waren. Dann wurde eine andere Zeile als Geheimcode ausgewählt und übermittelt. Hitt baute auch einen eigenen Zylinder, bevorzugte jedoch die Streifenmethode.

Joseph Mauborgne, der damalige Leiter der Pionier- und Forschungsabteilung des US-Fernmeldecorps, wurde auf Hitts Arbeit aufmerksam und verbesserte das Design.

Die Armeeversion M-94 bestand aus 25 Aluminiumscheiben in der Größe eines Silberdollars, die auf eine 11 cm lange Spindel aufgesteckt wurden. Auf dem Rand fast aller Scheiben standen die 26 Buchstaben des Alphabets in zufälliger Reihenfolge. Nur Scheibe Nr. 17 begann mit den Worten „ARMY OF THE US". Jede Scheibe wurde mit Identifikationsnummer und -buchstabe versehen; sie wurden nach den auf A folgenden Buchstaben benannt.

PARKER HITT (1877–1971)

Parker Hitt brach sein ziviles Ingenieurstudium an der Purdue University ab und schloss sich im Spanisch-Amerikanischen Bürgerkrieg 1898 der US Army an. Eigentlich Kuba zugeteilt, wurde er auf den Philippinen stationiert. Dann studierte er an der Fernmeldeakademie der US Army in Fort Leavenworth, Kansas, und wurde dort Instruktor. Mit seiner Frau begann er im Vorfeld von General John Pershings Strafexpedition 1916 abgefangene Nachrichten mexikanischer Revolutionäre unter Pancho Villa zu entschlüsseln. Zu diesem Zeitpunkt hatte er bereits sein *Manual for the Solution of Military Ciphers* („Handbuch zur Lösung militärischer Chiffren") veröffentlicht. Da die erste Auflage von 4000 Stück bald ausverkauft war, wurde eine zweite Auflage mit 16000 Exemplaren aufgelegt. Es wurde zum Lehrbuch für Kryptoanalytiker der Amerikanischen Expeditionsstreitkräfte. Hitt trat diesen als Pershings leitender Fernmeldeoffizier bei und schiffte sich 1917 nach Frankreich ein.

Entsetzt über die primitiven Chiffriermaschinen der Army entwickelte er sein Streifensystem. Aus diesem wurde die M-94. Hitts Streifensystem wurde in den 1930ern als M-138-A wiedereingeführt und im Zweiten Weltkrieg eingesetzt, in dem Hitt beim Corps als Fernmeldeoffizier diente.

Sch. ID		Buchstaben auf dem Rand
B	1	A B C E I G D J F V U Y M H T Q K Z O L R X S P W N
C	2	A C D E H F I J K T L M O U V Y G Z N P Q X R W S B
D	3	A D K O M J U B G E P H S C Z I N X F Y Q R T V W L
E	4	A E D C B I F G J H L K M R U O Q V P T N W Y X Z S
F	5	A F N Q U K D O P I T J B R H C Y S L W E M Z V X G
G	6	A G P O C I X L U R N D Y Z H W B J S Q F K V M E T
H	7	A H X J E Z B N I K P V R O G S Y D U L C F M Q T W
I	8	A I H P J O B W K C V F Z L Q E R Y N S U M G T D X
J	9	A J D S K Q O I V T Z E F H G Y U N L P M B X W C R
K	10	A K E L B D F J G H O N M T P R Q S V Z U X Y W I C
L	11	A L T M S X V Q P N O H U W D I Z Y C G K R F B E J
M	12	A M N F L H Q G C U J T B Y P Z K X I S R D V E W O
N	13	A N C J I L D H B M K G X U Z T S W Q Y V O R P F E
O	14	A O D W P K J V I U Q H Z C T X B L E G N Y R S M F
P	15	A P B V H I Y K S G U E N T C X O W F Q D R L J Z M
Q	16	A Q J N U B T G I M W Z R V L X C S H D E O K F P Y
R	17	**A R M Y O F T H E U S** Z J X D P C W G Q I B K L N V
S	18	A S D M C N E Q B O Z P L G V J R K Y T F U I W X H
T	19	A T O J Y L F X N G W H V C M I R B S E K U P D Z Q
U	20	A U T R Z X Q L Y I O V B P E S N H J W M D G F C K
V	21	A V N K H R G O X E Y B F S J M U D Q C L Z W T I P
W	22	A W V S F D L I E B H K N R J Q Z G M X P U C O T Y
X	23	A X K W R E V D T U F O Y H M L S I Q N J C P G B Z
Y	24	A Y J P X M V K B Q W U G L O S T E C H N Z F R I D
Z	25	A Z D N B U H Y F W J L V G R C Q M P S O E X T K I

Die Scheiben wurden in der Reihenfolge des Schlüssels auf die Spindel gesteckt. Es gab dafür Fakultät 26 (26!) Möglichkeiten – mehr als 15 Septillionen mögliche Anordnungen! Trotzdem ist es möglich, einen mit M-94 verschlüsselten Code zu knacken. Wie das funktioniert, wird in Greg Goebels Buch *Codes, Ciphers and Codebreaking* dargestellt. Goebel verwendet dazu nur zehn Scheiben:

1: ZWAXJGDLUBVIQHKYPNTCRMOSFE
2: KPBELNACZDTRXMJQOYHGVSFUWI
3: BDMAIZVRNSJUWFHTEQGYXPLOCK
4: RPLNDVHGFCUKTEBSXQYIZMJWAO
5: IHFRLABEUOTSGJVDKCPMNZQWXY
6: AMKGHIWPNYCJBFZDRUSLOQXVET
7: GWTHSPYBXIZULVKMRAFDCEONJQ
8: NOZUTWDCVRJLXKISEFAPMYGHBQ
9: XPLTDSRFHENYVUBMCQWAOIKZGJ
10: UDNAJFBOWTGVRSCZQKELMXYIHP

Die Scheiben werden nach dem Schlüssel 7, 9, 5, 10, 1, 6, 3, 8, 2, 4 auf die Spindel gesteckt. Um „retreat now" („Rückzug sofort") zu verschlüsseln, bringt der Sender die Buchstaben r, e, t, r, e, a, t, n, o und w in Position und nimmt dann den Chiffre-text z. B. sechs Buchstaben weiter, hier nachstehend fett angezeigt.

7: R AFDCE **O** NJQGWTHSPYBXIZULVKM
9: E NYVUB **M** CQWAOIKZGJXPLTDSRFH
5: T SGJVD **K** CPMNZQWXYIHFRLABEUO
10: R SCZQK **E** LMXYIHPUDNAJFBOWTGV
1: E ZWAXJ **G** DLUBVIQHKYPNTCRMOSF
6: A MKGHI **W** PNYCJBFZDRUSLOQXVET
3: T EQGYX **P** LOCKBDMAIZVRNSJUWFH
8: N OZUTW **D** CVRJLXKISEFAPMYGHBQ
2: O YHGVS **F** UWIKPBELNACZDTRXMJQ
4: W AORPL **N** DVHGFCUKTEBSXQYIZMJ

Der Geheimtext lautet:

OMKEGWPDFN

Der Feind kannte und entzifferte all unsere Codes, sogar die schwierigsten und geheimsten.

Die Zwölfte Isonzoschlacht 1917 war eines der schwersten Gefechte im Ersten Weltkrieg. Ein von Österreich und Deutschland geführter Überraschungsangriff endete für die Italiener katastrophal. Wie das Zitat oben zeigt, gab eine Untersuchung nach dem Krieg abgefangenen Funksprüchen die Schuld für Italiens Niederlage.

Die Schwäche dieser Verschlüsselungsmethode besteht darin, dass der Abstand zwischen Klartext und Geheimtext bei jeder Scheibe der gleiche ist. Die Buchstaben des Klartextes ergeben eine Linie, ebenso die Buchstaben des Geheimtextes daneben.

CODE-SPRECHER

Die amerikanischen Streitkräfte verwendeten schon im Ersten Weltkrieg komplexe Sprachen der indigenen Bevölkerung als militärischen Code. Gegen Ende des Krieges war es eine Gruppe Choctaw-Indianer aus Oklahoma, die ihre Sprache als militärischen Code einsetzte. Die Regierung der Choctaw-Nation behauptet, dass diese Männer die ersten indigenen Code-Sprecher überhaupt im US-Militär waren.

Der US-Offizier Colonel A. W. Bloor diente gemeinsam mit einigen Indianern beim 142. Infanterieregiment in Frankreich. Er hörte ein Gespräch zweier Choctaw mit und stellte fest, dass er kein Wort verstand. Er erkannte, dass das Gleiche für die Deutschen gelten würde, unabhängig von deren Englischkenntnissen. Amerikanische Ureinwohner dienten bereits als Boten und Läufer zwischen den Einheiten. Indem das US-Militär jeder Kompanie einen Choctaw zuwies, konnte man Nachrichten übermitteln, unabhängig davon, ob der Funk oder das Telefon abgehört wurden.

JOSEPH MAUBORGNE (1881–1971)

Nach Absolvierung der Army Signal School in Fort Leavenworth, Kansas, im Jahre 1910 widmete Joseph Mauborgne seine Karriere der Verbesserung der Kryptografie des US-Militärs. Er war der erste, der die Playfair-Chiffre entzifferte, welche die Briten als Feldchiffre verwendeten, und publizierte seine Lösung 1914 unter dem Titel *An Advanced Problem in Cryptography and Its Solution*. Dies war die erste kryptologische Broschüre, welche die US-Regierung publizierte.

Mauborgne setzte seine Karriere fort und wurde Leiter der US-Fernmeldetruppe (*„Chief of Signals"*). Zugleich war er ein häufig ausgestellter Künstler, international anerkannter Geigenbauer und ausgezeichneter Scharfschütze.

Die Chiffriermaschine M-94 der US Army

HERBERT O. YARDLEY (1889–1958)

Herbert Yardley, von seinem Vater zum Eisenbahn-
telegrafen ausgebildet, übersiedelte 1913 von Indiana
nach Washington, D. C., wo er für das US-Außenministerium arbeitete. Er hatte sich Kryptoanalyse
selbst beigebracht und stellte fest, dass er die Codes
des Ministeriums knacken konnte. Als die USA im
April 1917 Deutschland den Krieg erklärten, ging
Yardley zur US-Fernmeldetruppe, wo er das Chiffrierbüro des Militärischen Geheimdienstes, MI-8, auf-
baute. Laut Yardley knackte das Büro in den folgenden
18 Monaten 578 Codes und entschlüsselte 10 735
Nachrichten, darunter jene, die den deutschen Spion
Lothar Witzke enttarnte.

Im August 1918 reiste Yardley nach Europa, um
von den Briten und den Franzosen zu lernen. Danach
überzeugte er das US-Außenministerium, dass es
eine Kryptologische Abteilung brauche. So wurde
das *Cipher Bureau* aus dem Militär ausgegliedert
und nach New York City verlegt. Zu dieser Zeit galt
Japan als besonders aggressiv. Yardleys Team entschlüsselte dessen Codes und las den diplomatischen
Nachrichtenverkehr während der entscheidenden
Washingtoner Flottenkonferenz 1921–1922, bei der es
um Begrenzungen im Marine-Wettrüsten ging.

Doch als Präsident Herbert Hoover 1929 Henry L.
Stimson zum Außenminister ernannte, schloss dieser

*Bei der Washingtoner Flottenkonferenz 1921–1922 wurde die Zahl der U-Boote und Schlachtschiffe der beteiligten Staaten begrenzt,
während Yardley und sein* Cipher Bureau *Freund und Feind gleichermaßen belauschten.*

das *Cipher Bureau* mit der Begründung, dass „Gentlemen nicht die Post eines anderen lesen".

Nach dem Wall Street Crash hielt Yardley seine Familie über Wasser, indem er *The American Black Chamber* („Die amerikanische Schwarze Kammer") schrieb. „Die Schwarze Kammer", so führte er aus, „abgeriegelt, verborgen, bewacht, sieht alles, hört alles. Obwohl die Rollos heruntergelassen sind und schwere Vorhänge an den Fenstern hängen, dringen ihre weitblickenden Augen in die geheimen Räume von Washington, Tokio, London, Paris, Genf, Rom ein. Ihre feinen Ohren belauschen das zarteste Flüstern in den Hauptstädten der Welt."

Das Buch wurde zum internationalen Bestseller. Als Reaktion erließ die US-Regierung den Spionageakt, also das Verbot, ausländische Codes und codierte Nachrichten zu enthüllen. Daher wurde Yardleys zweites Buch, *Japanese Diplomatic Codes 1921–1922*, beschlagnahmt.

Yardley verfasste drei Spionageromane und ein Buch über die Mathematik im Pokerspiel. Im Zweiten Weltkrieg arbeitete er als Kryptoanalytiker für Kanada und China. Sein Buch über seine Erfahrungen in China, *The Chinese Black Chamber*, wurde 1983 freigegeben und veröffentlicht.

Um den Code zu entschlüsseln, benötigt man ein „Crib" – das ist ein Ausdruck, der in Nachrichten häufig verwendet wird. Eine Standardphrase, welche die Alliierten beim Knacken der deutschen Codes im Zweiten Weltkrieg erfolgreich verwendeten, war: „Heil Hitler", das loyale Nazis häufig am Beginn oder Ende von Nachrichten benutzten. Es hat angenehmerweise zehn Buchstaben.

Wenn also eine Nachricht mutmaßlich auf „Heil Hitler" endet und mit der Codefolge AZNCZE-APBH abschließt, würden wir unseren Versuch zur Dechiffrierung mit dieser Annahme beginnen: h=A, e=Z, i=N, l=C, h=Z, i=E, t=A, l=P, e=B and r=H.

In unserem Beispiel lauten die Buchstaben auf Scheibe 1 von Goebels Chiffre wie folgt:

1:   ZWAXJGDLUBVIQHKYPNTCRMOSFE

Der Abstand zwischen „h" und „A" ist 15, wobei wir von links nach rechts bis ans Ende zählen und dann vorne wieder weitermachen. Mit dem zweiten Buchstabenpaar, „e" und „Z", erhalten wir einen Abstand von 1, da „e" am Ende steht und „Z" am Anfang. Diese Prozedur wird mit der ersten Scheibe für jedes Buchstabenpaar wiederholt. Dann macht man dasselbe mit den anderen neun Scheiben und erhält folgende Tabelle:

	h:A	e:Z	i:N	l:C	h:Z	i:E	t:A	l:P	e:B	r:H
1:	15	1	6	12	13	14	10	9	10	19
2:	14	5	6	3	16	4	22	23	25	7
3:	15	15	4	2	17	12	14	25	10	7
4:	18	7	10	7	14	20	12	25	1	6
5:	4	14	20	13	20	7	21	14	25	24
6:	22	16	3	17	10	19	1	14	14	14
7:	14	15	14	8	7	12	15	19	12	13
8:	21	12	12	22	5	2	14	8	8	14
9:	11	14	15	14	15	14	16	25	5	2
10:	5	23	5	21	17	21	0	6	14	12

Bei genauem Hinsehen zeigt sich, dass jede Zeile die Zahl 14 enthält. Tatsächlich ist 14 die einzige Zahl, die in jeder Zeile vorkommt; daher ist das der Abstand zwischen Klartext und Geheimtext. Wenn man die anderen Zahlen entfernt, wird es umso klarer:

	h:A	e:Z	i:N	l:C	h:Z	i:E	t:A	l:P	e:B	r:H
1:	-	-	-	-	-	14	-	-	-	-
2:	14	-	-	-	-	-	-	-	-	-
3:	-	-	-	-	-	-	14	-	-	-
4:	-	-	-	14	-	-	-	-	-	-
5:	-	14	-	-	-	-	-	14	-	-
6:	-	-	-	-	-	-	-	14	14	14
7:	14	-	14	-	-	-	-	-	-	-
8:	-	-	-	-	-	-	14	-	-	14
9:	-	14	-	14	-	14	-	-	-	-
10:	-	-	-	-	-	-	-	-	14	-

Nun muss man nur noch die Zeilen so arrangieren, dass sich eine Diagonale ergibt:

	h:A	e:Z	i:N	l:C	h:Z	i:E	t:A	l:P	e:B	r:H
2:	14	-	-	-	-	-	-	-	-	-
5:	-	14	-	-	-	-	-	14	-	-
7:	14	-	14	-	-	-	-	-	-	-
9:	-	14	-	14	-	14	-	-	-	-
4:	-	-	-	14	-	-	-	-	-	-
1:	-	-	-	-	-	14	-	-	-	-
3:	-	-	-	-	-	-	14	-	-	-
6:	-	-	-	-	-	-	-	14	14	14
10:	-	-	-	-	-	-	-	-	14	-
8:	-	-	-	-	-	-	14	-	-	14

Dies gibt uns die Reihenfolge der Scheiben wie folgt: 2, 5, 7, 9, 4, 1, 3, 6, 10, 8.

Wenn es noch andere Reihenfolgen gäbe, aus denen sich eine solche Diagonale ergibt, könnte das einfach getestet werden. Natürlich ist es bei einer M-94 eher unwahrscheinlich, dass ein Standardausdruck über alle 25 Scheiben verläuft. Wenn der Ausdruck jedoch nur fünf oder sechs Buchstaben lang ist, könnte man eine Tabelle für jede mögliche Buchstabenpaarung anlegen und dadurch die Möglichkeiten enorm reduzieren. Militärische Kommunikation ist in hohem Maße standardisiert. Das Wort „Division" oder der Name eines bestimmten Generals werden vermutlich häufig vorkommen.

Ein unknackbarer Code

Nachdem er mitgeholfen hatte, die M-94 zu entwickeln, ersann Mauborgne einen unknackbaren Code. Das gelang ihm, während er ein System zur automatischen Verschlüsselung testete, das der AT&T-Ingenieur Gilbert Vernam 1918 erdacht hatte. Dieses arbeitete mit Lochstreifen, wobei die Buchstaben im Baudot-Code verschlüsselt wurden, einer Form von Binärcode. Ein Streifen mit Klartext wurde gleichzeitig mit einem Streifen, der den Schlüssel enthielt, durch eine Verschlüsselungsmaschine geschickt. Das wurde dann mithilfe eines sogenannten XOR-Gatters auf einen dritten Streifen codiert:

Loch	+	Loch	=	Kein Loch
Loch	+	Kein Loch	=	Loch
Kein Loch	+	Loch	=	Loch
Kein Loch	+	Kein Loch	=	Kein Loch

Oder binär notiert:

$$1 + 1 = 0$$
$$1 + 0 = 1$$
$$0 + 1 = 1$$
$$0 + 0 = 0$$

Um die verschlüsselte Botschaft zu entschlüsseln, musste man sie durch dieselbe Maschine mit demselben Schlüssel laufen lassen. Das Resultat war dann die Nachricht im Klartext. Mauborgne erkannte, dass die Schwäche von Vernams System darin bestand, dass sich der Code wiederholte. Die Lösung wäre ein endloser Schlüsselstreifen, was jedoch nicht praktikabel ist. Dasselbe könnte man allerdings erreichen, wenn der Schlüssel dieselbe Länge hätte wie die Nachricht – die mechanische Entsprechung des *One-Time-Pads*. Sogar wenn Geheimtext und Klartext vorlägen und man den Schlüssel herausfinden würde, wäre er nutzlos, denn die Chancen, dass derselbe Schlüssel bei einer Nachricht beliebiger Länge jemals wieder auftaucht, wären verschwindend gering.

WHEATSTONES CHIFFRE

Auch wenn Wheatstones Beitrag zur Kryptografie Lord Playfair zugeschrieben wurde, so schlug er 1867 zurück und stellte seinen „Kryptografen" bei der Weltausstellung in Paris aus. Er ähnelte dem Gerät von Wadsworth (siehe Seite 72) und wies 26 Buchstaben am inneren Ring und 26 Buchstaben plus ein Leerzeichen (insgesamt 27 Elemente) am äußeren Ring auf, der „Entsender" genannt wurde. Darüber gab es zwei Zeiger, ähnlich denen einer Uhr, die mittels Zahnrädern im Verhältnis 26:27 verbunden waren. Der lange Zeiger diente für den äußeren Ring, der kürzere zeigte auf die Buchstaben im inneren Ring.

Wheatstones Anleitung zum Verschlüsseln lautete wie folgt: „Zu Beginn muss der lange Zeiger auf das Leerzeichen eingestellt sein und der kurze Zeiger genau darunterliegen. Der lange Zeiger muss einzeln und der Reihe nach auf die Buchstaben der Nachricht eingestellt werden; dabei werden die Buchstaben, die der kurze Zeiger angibt, notiert. Nach jedem Wort muss der lange Zeiger zurück zur Leerstelle gebracht werden, wobei der Buchstabe, der vom kurzen Zeiger angezeigt wird, ebenfalls notiert wird. Auf diese Weise wird der Geheimtext kontinuierlich fortgesetzt, ohne dass die Worttrennung preisgegeben wird. Im Falle von Doppelbuchstaben muss ein wenig gebräuchlicher Buchstabe (wie etwa q) für den zweiten eingesetzt oder dieser ausgelassen werden."

Auch hier sorgte die 26:27-Übersetzung dafür, dass der kurze Zeiger bereits ein Feld weitergerückt war, wenn der große Zeiger eine Umdrehung beendete. Da die Alphabete in der korrekten Reihenfolge angeordnet waren, würden Doppelbuchstaben aus dem Klartext zu Nachbarbuchstaben in umgekehrter Reihenfolge im Geheimtext, wie etwa BA oder DC. Dies war eine Schwäche, zu deren Umgehung Wheatstone das Einsetzen eines „q" empfahl.

Der Schlüssel für die vorliegende Tabelle könnte eine Zeile aus einem Gedicht sein oder der Name einer ehrenwerten Person, die man nicht leicht vergisst.

Admiral Sir Francis Beaufort,
Anleitung zum Entschlüsseln von Karten, 1857

BAUDOTS CODE

Dieser Code wurde 1874 vom französischen
Ingenieur Jean-Maurice-Émile Baudot entwickelt.
Sein Vorteil gegenüber dem Morsecode bestand
darin, dass er aus Kombinationen zu je fünf Einheiten von „Spannung-an"- bzw. „Spannung-aus"-
Signalen in gleicher Länge bestand. Dadurch war
er besser zur Verwendung mit Fernschreibern
geeignet.

A	11000
B	10011
C	01110
D	10010
E	10000
F	10110
G	01011
H	00101
I	01100
J	11010
K	11110
L	01001
M	00111
N	00110
O	01101
Q	11101
R	01010
S	10100
U	11100
V	01111
W	11001
X	10111
Y	10101
Z	10001

Da es 32 Kombinationen der fünf binären Zahlen gibt, werden die „überzähligen" sechs für Geräteanweisungen verwendet:

Absatz	01000
Wagenrücklauf	00010
Wechsel Zahl/Buchstabe	11111
Wechsel Buchstabe/Zahl	11011
Leerlauf	00100
Leerstelle	00000

Das Telegrafiesystem von Baudot ersetzte schließlich den von Hand eingegebenen Morsecode.

Zur Entschlüsselung wurde der lange Zeiger gedreht, bis der kurze auf die Buchstaben des Geheimtextes zeigte; dann konnte der Klartext einschließlich Leerstellen vom äußeren Ring abgelesen werden.

Um die Sicherheit zu erhöhen, konnte man die 26 Buchstaben auf kleine Kärtchen schreiben und in Schlitze auf dem inneren Ring stecken. Die Kärtchen konnten entfernt werden, wenn der Kryptograf nicht in Gebrauch war. Colonel Laussedat, der Leiter einer französischen Kommission zur Untersuchung von Ausstellungsstücken im Hinblick auf militärischen Nutzen, verkündete, dass Wheatstones Kryptograf „absolute Geheimhaltung sicherstellt". Vier Jahre später veröffentlichte das *Macmillan's Magazine* allerdings bereits eine Lösung, basierend auf der Wahrscheinlichkeit, dass eine große Anzahl an Sätzen im Englischen mit dem Wort „the" („der", „die", „das") beginnt.

CHARLES WHEATSTONE (1802–1875)

Wheatstone wurde im Alter von 14 Jahren Lehrling bei seinem Onkel, einem Musikinstrumentenbauer. Er übernahm das Geschäft, als sein Onkel 1823 starb, und veröffentlichte im selben Jahr seine Experimente zur Schallübertragung in den *Annals of Philosophy*. Zehn Jahre später demonstrierte er weitere Experimente vor der Royal Society. Wheatstone erfand das Stereoskop und zeigte, dass elektrische Funken, die mit verschiedenen Metallen erzeugt wurden, auch verschiedene Spektren hervorbrachten. Außerdem erfand er eine Uhr, die die Zeit auch dann nach dem Sonnenstand ermitteln konnte, wenn der Himmel bewölkt war.

Gemeinsam mit seinem Mitarbeiter William Fothergill Cooke machte Wheatstone die Telegrafie erstmals für öffentliche Übermittlungen zugänglich und entwickelte 1841 den Fernschreiber, der Buchstaben druckte. Er war auch ein Pionier in Sachen Unterwasser-Telegrafie. Seine Fähigkeit, Hieroglyphen zu entschlüsseln, führte ihn schließlich zur Kryptologie.

ENTLARVUNG VON LOTHAR WITZKE

Der 1895 in Posen geborene Lothar Witzke war Leutnant in der Kaiserlichen Deutschen Marine, als sein Schiff, die SMS *Dresden*, im Ersten Weltkrieg von der Royal Navy versenkt wurde. Witzke wurde mit dem Rest der Mannschaft in Valparaiso, Chile, interniert. Ihm gelang die Flucht in die USA, wo er sich als Saboteur betätigte. Er soll hinter der Black-Tom-Explosion am 30. Juli 1916 gesteckt haben, bei dem Tausende Tonnen Munition, die im Hafen von New York auf die Verschiffung an die Alliierten warteten, explodierten. Im Februar 1918 wurde Witzke an der Grenze zu Mexiko verhaftet; er führte den Namen Pablo Waberski und gab vor,

Die SMS Dresden

russischstämmiger Amerikaner zu sein. Er hatte ein Dokument bei sich, das einen 424 Zeichen langen chiffrierten Text aufwies. Es wurde dem MI-8 übergeben, wo Dr. John M. Manly, Professor für englische Literatur und Philologie an der University of Chicago, gemeinsam mit seiner Assistentin Edith Rickert daran arbeitete. Nach drei Tagen kamen sie zu dem Schluss, dass es sich um eine zwölfstufige Transposition handelte, die folgenden Inhalt hatte:

„Der Träger ist ein Bürger des Reiches, der als Russe unter dem Namen Pablo Waberski reist. Er ist ein deutscher Geheimagent. Bitte geben Sie ihm auf

Anfrage Schutz und Hilfe; statten Sie ihn auf Verlangen mit bis zu 1000 Pesos in mexikanischem Gold aus und schicken Sie seine Telegramme an diese Botschaft als Konsulatsdepeschen."

Diesen Text verlas Manly im Gerichtssaal in Fort Sam Houston in San Antonio, wo Witzke wegen Spionage vor Gericht stand. Witzke wurde zum Tode verurteilt, doch die Strafe wurde wegen des Kriegsendes zu lebenslanger Haft umgewandelt. 1923 wurde er begnadigt und nach Deutschland geschickt, wo er das Eiserne Kreuz verliehen bekam.

Dieses Foto von einer Walze aus einer Enigma zeigt die komplexe Verdrahtung. Obwohl mathematisch gesehen jede darauf codierte Nachricht theoretisch unknackbar war, zeigten die deutschen Behörden kaum Interesse daran – vorerst.

KAPITEL 7

DER BAU DER ENIGMA

1945 hatten die Nazis mehr als 100 000 dieser wie elektrische Schreibmaschinen aussehenden Geräte in Umlauf, hinter deren harmlosem Äußeren sich ein extrem komplexes Verschlüsselungssystem verbarg.

Tessa Dunlop, *The Bletchley Girls*, 2015

Da die Deutschen erkannt hatten, dass ihre Codes im Ersten Weltkrieg leicht von den Alliierten entschlüsselt worden waren, wandte sich die Wehrmacht der Enigma zu. Sie war eine Erfindung des Elektroingenieurs Arthur Scherbius und arbeitete mit einem System aus verkabelten Rotoren, die sich weiterdrehten, während die Buchstaben einzeln verschlüsselt wurden.

DER BAU DER ENIGMA

Die Maschine von Scherbius **86**

🔓 DIE MASCHINE VON SCHERBIUS

Lange vor dem Ende des Ersten Weltkriegs hatte der Elektroingenieur Arthur Scherbius (siehe Kasten) in Deutschland erkannt, dass die alte Bleistift-und-Papier-Methode zum Verschlüsseln von Nachrichten im Zeitalter der mechanisierten Kriegsführung hoffnungslos veraltet war. Am 23. Februar 1918 reichte er ein Patent für eine Verschlüsselungsmaschine ein, die mit verkabelten rotierenden Zahnrädern arbeitete.

Während der Frühlingsoffensive in diesem Jahr schrieb Scherbius an die Deutsche Marine und fügte Details seines Patents bei. Seine Maschine, so schrieb er, „vermeidet jede Wiederholung einer Buchstabensequenz, selbst wenn der Buchstabe Millionen Mal gedrückt wird". Noch wichtiger war allerdings: „Die Entschlüsselung eines Telegramms ist auch unmöglich, wenn die Maschine in Feindeshand gelangt, da man ein voreingestelltes Schlüsselsystem benötigt."

Die Walze

Die Verschlüsselung an einer Scherbius-Maschine beruhte auf einem simplen Rotor, einer Walze. Dies war eine Scheibe mit 26 Kontakten auf jeder Seite, die dem Alphabet entsprachen. Die Scheibe war so verdrahtet, dass der Kontakt auf der Eintrittsseite, der dem Buchstaben „A" entsprach, etwa mit dem „Y" auf der Austrittsseite korrespondierte.

Der Klartext wurde über eine Tastatur eingegeben, die schwache elektrische Impulse an eine Eintrittsbuchse schickte, die Kontakt mit der einen Seite der Walze herstellte. Die andere Seite der Walze stand in Kontakt mit einer Austrittsbuchse, über die die Spannung an eine Lampe geschickt wurde, die einen Buchstaben auf einem Glasschirm erleuchtete.

Wäre die Walze nicht bewegt worden, so hätte durch die Verkabelung eine einfache monoalphabetische Substitution stattgefunden. Doch der Anschlag einer Taste auf der Tastatur bewegte

die Walze um einen Buchstaben oder 1/26 einer ganzen Umdrehung weiter. Die Verbindungen innerhalb des Rotors waren dann andere und ein anderer Buchstabe wurde erleuchtet. Wenn etwa der Buchstabe „l" zweimal hintereinander gedrückt wurde, wurde er beim ersten Mal zum Beispiel als „P", beim zweiten Mal als „E" codiert. Nach 26-maligem Drücken wäre man wieder am Anfang angelangt.

Die Enigma-Verschlüsselungsmaschine mit drei Walzen

Sobald jedoch eine weitere Walze hinzugefügt würde, die sich für jede ganze Umdrehung der ersten Walze um 1/26 einer Umdrehung vorwärts bewegte, würde die Maschine 26 x 26 (oder 676) Zyklen durchlaufen, bevor sie wieder am Anfang stünde. Eine dritte Walze ergäbe 17 576 Zyklen, eine vierte 456 976 und eine fünfte 11 881 376.

Um den Code zu entschlüsseln, benötigte der Empfänger die Anfangsposition jeder Walze. Das wurde „Schlüssel" genannt. Bei 26 möglichen Positionen für jede Walze war die Zahl der möglichen Schlüssel ähnlich astronomisch. Scherbius erklärte:

> *„Die Variationsbreite der Schlüssel ist so groß, dass man, auch wenn man Klartext, Geheimtext und Maschine vorliegen hätte, den Schlüssel nicht finden kann, da es unmöglich ist, sechs Milliarden (sieben Walzen) oder hundert Trillionen (13 Walzen) Stellungen zu durchlaufen. Wenn man für die Untersuchung eines Telegramms eine halbe Minute eines 24-Stunden-Arbeitstages annimmt, so würde es bei gleichzeitigem Einsatz von eintausend Maschinen mit sieben Walzen 5,8 Jahre dauern und 14,5 Jahre bei acht Walzen. … Auf diese Weise nach dem Schlüssel zu suchen, wäre nur dann sinnvoll, wenn man wüsste, dass es unbekannte Kryptogramme mit demselben Schlüssel gäbe und wenn der Schlüssel über lange Zeit beibehalten würde."*

Scherbius bot eine Maschine mit zehn Walzen für 4.000 bis 5.000 Reichsmark an (nach heutigem Wert etwa 8.300 bis 10.600 Euro). Die Lieferzeit sollte acht Wochen betragen. Doch auch wenn die Deutsche Marine die Vorzüge der Maschine anerkannte, rechtfertigte der geheime Nachrichtenverkehr der Reichsmarine die Investition nicht, da die Hochseeflotte nach der Skagerrakschlacht im Heimathafen festsaß.

Die Marine verwies Scherbius an das Außenministerium, doch auch dieses war nicht interessiert. Dort glaubte man die Geschichte der Briten, dass die Zimmermann-Depesche in Mexico City gestohlen worden war, und hielt die eigenen Codes für sicher. Unverdrossen suchte Scherbius kommerzielle Verwendungen für seine Erfindung.

Unter dem Namen Enigma stellte er die Maschine auf dem Weltpostkongress 1924 vor. Eine Version, welche die Nachricht ausdruckte, war 38 cm hoch und wog mehr als 45 kg.

ARTHUR SCHERBIUS (1878–1929)

Arthur Scherbius wurde in Frankfurt am Main geboren und studierte Elektrotechnik in Hannover und München. 1903 wurde er Diplom-Ingenieur, 1904 erhielt er mit seiner Dissertation „Vorschläge zum Bau eines indirekt wirkenden Wasser-Turbinen-Reglers" den Doktortitel. Er arbeitete für größere Elektrounternehmen in Deutschland und der Schweiz und erfand (unter anderem) einen Hochspannungselektromotor zum Umgang mit plötzlichen Spannungsschwankungen. Seine erste elektrische Chiffriermaschine verwandelte Zahlen in aussprechbare Wörter, für welche Telegrafenstationen weniger verlangten. Dazu verwendete er mehrfach kreuzweise verkabelte Schalttafeln, die vermutlich die Basis für die Verkabelung der Enigma-Walzen waren.

1918 gründete Scherbius mit dem Ingenieur E. Richard Ritter die Firma Scherbius & Ritter, die Enigma-Maschinen hauptsächlich an Banken verkaufte. In den 1920er-Jahren zeigte das Militär endlich Interesse, bestellte jedoch nur wenige. 1929 wurde Scherbius bei einem Unfall mit einem Pferdefuhrwerk getötet. Das von ihm gegründete Unternehmen produzierte jedoch weiterhin Enigma-Maschinen.

Bald gab es eine Version mit nur 11 cm Höhe und 7,5 kg Gewicht. Sie hatte vier Walzen und dazu kleine Zahnräder am Deckel, mit denen die Grundeinstellung vorgenommen werden konnte. Eine dreireihige Tastatur diente zur Eingabe des Klartextes; darüber gab es drei Reihen von Buchstaben in kleinen, runden Fenstern, hinter denen Glühlampen den Geheimtext Zeichen für Zeichen aufleuchten ließen.

Rasch folgten Verbesserungen: Die Walzen wurden abnehmbar, damit man ihre Reihenfolge verändern konnte. Die vierte Walze wurde gegen eine Umkehrwalze (auch „Reflektor" genannt) ausgetauscht, die sich nicht bewegte und nur auf einer Seite Kontakte aufwies, die miteinander paarweise verbunden waren. Dadurch wurde der elektrische Impuls über einen anderen Weg durch die drei drehbaren Walzen zurückgeschickt. Der Vorteil bestand darin, dass die Maschine nun ver- und entschlüsseln konnte, ohne dass man die Konfiguration ändern musste. Der Nachteil lag darin, dass, wenn etwa ein „a" im Klartext ein „Z" im Geheimtext ergab, ein „z" im Klartext zum „A" im Geheimtext wurde. Außerdem konnte kein Buchstabe als er selbst verschlüsselt werden. Dieser Nachteil konnte ausgenutzt werden.

Aufklärung

Die Enigma bekam gute Kritiken, doch es wurden nur wenige Exemplare verkauft. In der Zwischenzeit veröffentlichten die siegreichen Alliierten des Ersten Weltkrieges ihre Memoiren. Bereits 1919 erwähnte der ehemalige First Sea Lord Baron John Arbuthnot Fisher in seinen *Memories* („Memoiren"), dass die „Aufklärung" der feindlichen Codes zu den ruhmreichsten Taten der Admiralität gehörte, und brüstete sich: „Zu meiner Zeit gab es bei dieser Aufklärung keinen einzigen Fehler." In seinem Bestseller *The World Crisis* erwähnte Winston Churchill 1923 die auf der *Magdeburg* erbeuteten Signalbücher und erzählte, wie deutsche Funksprüche von den Briten abgefangen und dechiffriert worden waren.

Daraufhin reagierte die Reichsmarine rasch. Schon 1925 wurde sie von der Chiffriermaschinen AG, dem von Scherbius und Ritter gegründeten neuen Unternehmen, mit Enigma-Maschinen beliefert. Ihre Version hatte eine alphabetische Tastatur anstelle der Standardanordnung auf deutschen Schreibmaschinen und verfügte über 29 Kontakte auf jeder Walze.

John Arbuthnot Fisher auf einem Gemälde von Sir Hubert von Herkomer

Das lag an den verschiedenen Marinecodebüchern, mit denen Nachrichten noch vor der Verschlüsselung codiert wurden; dabei wurden die Umlaute ä, ö und ü verwendet. Obwohl die Maschine mit nur drei Walzen arbeitete, wurde sie mit fünf angeliefert, wodurch mehr Verschlüsselungsvarianten möglich waren. Nur Offizieren war es gestattet, die Einstellung der Walzen („Walzenlage") vorzunehmen. Um Wiederholungen zu vermeiden, wurde die Walzenlage in einem Heft notiert. Jede verwendete Stellung wurde in einer Gruppe aus drei Buchstaben gesendet, die dann verschlüsselt wurden.

Nun war auch die deutsche Reichswehr interessiert, doch für sie mussten einige Änderungen vorgenommen werden. Sie verlangte eine Tastatur mit dem deutschen Standardlayout, bei dem die Buchstaben QWERTZUIO in der obersten Reihe standen (heute lautet die erste Reihe QWERTZUIOPÜ; ebenso befand sich das L damals nicht in der mittleren, sondern in der untersten Reihe).

Die erste Enigma der Reichswehr wurde im Juli 1928 in Dienst gestellt. Mittlerweile war ihr Preis auf 600 Reichsmark gesunken. Doch die kommerziellen Verkäufe hielten sich in Grenzen und auch die militärischen beliefen sich auf wenige hundert Stück, was den Beschränkungen des Versailler Vertrags zuzuschreiben war. Die Wehrmacht verteilte Codebücher und Broschüren mit den Standardeinstellungen und der Bediener erzeugte für jede Nachricht einen eigenen Schlüssel.

Das Steckerbrett

Die deutsche Reichswehr experimentierte kurz mit acht Rotoren, entschied sich jedoch dann für eine andere Innovation: ein Steckerbrett mit 26 Buchsen zwischen der Tastatur und der ersten Walze. Kurze Kabel mit Klinkensteckern verbanden Buchstaben paarweise. Wenn in der Buchse, die dem A entsprach, nichts eingesteckt war, wurde das Signal als A weitergeleitet. Doch wenn A mit der Buchse verbunden war, die dem T entsprach, wurde T

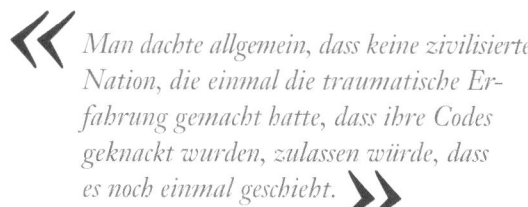

Man dachte allgemein, dass keine zivilisierte Nation, die einmal die traumatische Erfahrung gemacht hatte, dass ihre Codes geknackt wurden, zulassen würde, dass es noch einmal geschieht.

Josh Cooper,
Leitender Kryptologe,
Government Code and Cypher School

weitergeleitet, und ebenso T als A. Dadurch konnten bis zu 200 Billionen Möglichkeiten produziert werden. Damit es nicht zu kompliziert wurde, verband die Wehrmacht stets nur sechs Buchstabenpaare, wodurch zwölf Buchstaben eine zusätzliche Verschlüsselungsebene erhielten. Die übrigen wurden nur durch die Walzen verschlüsselt.

1930 erklärte sich die deutsche Reichsmarine einverstanden, die Maschine der Reichswehr mitsamt Steckerbrett zu übernehmen, doch sie bestand auf zusätzlichen Walzen. Das Standardmodell der Reichswehr verfügte über drei Walzen – I, II und III. Die Reichsmarine verwendete diese ausschließlich zur Kommunikation mit der Wehrmacht. Die Walzen IV und V dienten als Reserve, während VI und VII für Kommunikation innerhalb der Reichsmarine zum Einsatz kamen.

Die Walzen I bis V drehten die Walze für jede Umdrehung um einen einzigen Buchstaben nach links, doch die Walzen VI und VII hatten zwei zusätzliche Kerben – neben dem H und dem U –, die den Rotor um eine weitere Stelle nach links drehten.

Ab 1935 verletzte Hitler den Vertrag von Versailles und begann mit einer massiven Aufrüstung der deutschen Streitkräfte. Bald kam es zu einer ungeheuren Nachfrage nach der Enigma: Alle Teile der Streitkräfte und auch die Sicherheitskräfte, selbst Polizei und die Reichsbahnen übernahmen Enigma-Maschinen.

Standardisierte Prozesse

Die Verbreitung des Enigma-Verschlüsselungssystems verlangte nach strafferen Sicherheitsbestimmungen und standardisierten Prozessen. Bevor eine Nachricht verschlüsselt wurde, musste der Bediener die Walzen in eine vereinbarte Startposition bringen. Bei drei Walzen gab es 17 576 mögliche Ausgangsstellungen. Die Einstellungen wurden aus einem Codebuch übernommen, das den Tagesschlüssel enthielt.

Wenn die Walzen eingestellt waren, gab der Bediener die Nachricht Buchstabe für Buchstabe ein und notierte dabei, welche Buchstaben auf der Anzeigetafel erleuchtet wurden. Wenn die Nachricht fertig verschlüsselt war, wurde der Geheimtext dem Funker übergeben, der ihn als Morsecode sendete.

Wenn der Funker eine Nachricht empfing, schrieb er die Buchstaben des Geheimtextes nieder und übergab sie dem Bediener der Enigma. Diese war auf den Tagesschlüssel eingestellt. Der Geheimtext wurde Buchstabe für Buchstabe eingetippt und die erleuchteten Buchstaben ergaben dann den Klartext.

Wenn die Deutschen eine einfache Drei-Walzen-Maschine benutzt hätten, hätte man jeden Code theoretisch innerhalb eines Tages knacken können. Doch als die drei Walzen austauschbar wurden und ihre Reihenfolge verändert werden konnte, erhöhte sich die Zahl der Möglichkeiten auf das Sechsfache, auf 105 456. Das Steckerbrett, mit dem sechs Buchstabenpaare vertauscht werden konnten, fügte weitere 100 391 791 500 Möglichkeiten hinzu. Insgesamt gab es an die 10 000 000 000 000 000 mögliche Permutationen der Einstellungen an Walzen und Steckerbrett. Jede Minute eine davon zu überprüfen, würde länger dauern, als das Universum existiert. Dieses Gerät, so meinte Scherbius, produzierte eine Chiffre, die niemand brechen konnte.

Die deutschen Streitkräfte kauften mehr als 30 000 Enigmas, die das Sicherheitslevel ihrer Kommunikation auf ein unvergleichliches Niveau brachten. Nachdem sie aus den schmerzhaften Lektionen des Ersten Weltkriegs gelernt hatten, glaubten die Deutschen, dass die Enigma eine

DER WETTSTREIT

Die Enigma war nicht die einzige Verschlüsselungsmaschine, die mit verkabelten Walzen arbeitete. Im Oktober 1919 reichte der schwedische Textilingenieur Arvid Gerhard Damm in Stockholm ein Patent ein – nur drei Tage nachdem Hugo Koch dasselbe in den Niederlanden getan hatte. Kochs Maschine wurde nie gebaut und das Patent an Scherbius verkauft.

Unmittelbar vor dem Ersten Weltkrieg hatten Damm und der Huddersfielder Stofffabrikant George Lorimer Craig drei Patente für Chiffriermaschinen beim Deutschen Patentamt eingereicht. Gemeinsam mit Kapitän Olof Gyldén, Kommandant an der Königlichen Marineakademie in Stockholm, gründete Damm die Firma Aktiebolaget Cryptograph. Sie entwickelten einige Maschinen. Der Mechano-Kryptograf A-1 druckte das Klartextergebnis aus, was einen Vorteil gegenüber der Enigma darstellte. Er erwies sich bei Tests im Jahre 1925 jedoch als unzuverlässig.

1922 trat Boris Hagelin (1892–1983) in das Unternehmen ein und vereinfachte die Maschine; seine B-21 wurde zum direkten Rivalen der Enigma; die schwedische Armee kaufte eine beträchtliche Stückzahl davon an. Als Damm 1927 starb, übernahm Hagelin die Frmenleitung. Der französische Generalstab bat ihn um die Entwicklung einer Chiffriermaschine, die in eine Jackentasche passte. Er entwickelte ein nur 15 x 11,5 x 5 cm großes Gerät, von dem die Franzosen 1935 5000 Stück bestellten.

1939, bei Ausbruch des Zweiten Weltkrieges in Europa, stand Hagelin bereits in Kontakt mit den US-Behörden. Nach dem Überfall auf Norwegen flüchteten er und seine Frau mit Konstruktionsplänen und zerlegten Prototypen quer durch Europa. In Genua bestiegen sie ein Schiff, das sie sicher in die USA brachte. Der US Army gefiel, was sie sah. Smith Corona Typewriters produzierte mehr als 140 000 dieser Geräte. Hagelin wurde Millionär.

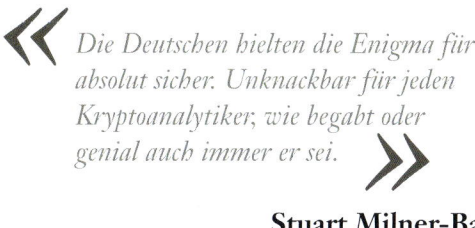

Deutsche Heimkehrer nach dem Ersten Weltkrieg. Nach der Niederlage waren die Deutschen entschlossen,
den Codeknackern der Alliierten nicht nochmals zum Opfer zu fallen.

große Rolle bei ihrem Endsieg im Zweiten Weltkrieg spielen würde. Nicht zum ersten Mal erwies
sich die Überzeugung, dass ihre Codes nicht zu
knacken seien, als Achillesferse, die beträchtlich zur
Niederlage der Deutschen beitrug.

« *Die Deutschen hielten die Enigma für*
absolut sicher. Unknackbar für jeden
Kryptoanalytiker, wie begabt oder
genial auch immer er sei. »

Stuart Milner-Barry,
Baracke 6, Bletchley Park

Die Nachricht wurde zuerst mittels der Enigma (links im Bild) verschlüsselt. Das Ergebnis wurde dann an den Funker übergeben, der es im Morsecode sendete.

92

KAPITEL 8
DAS BRECHEN DER ENIGMA

Man vergisst oft, dass es polnische Kryptoanalytiker waren, die die Moral und die Arbeitsmethoden der britischen Codeknacker verbesserten.

Professor Christopher Andrew,
Polnisch-britisches Historikerkomitee, zitiert aus *Living with the Enigma Secret*

Britische Codeknacker hielten zwar die Enigma für unbrechbar, waren aber nicht allzu besorgt, da der Vertrag von Versailles die deutschen Streitkräfte begrenzte. Die wahre Bedrohung war die neue kommunistische Regierung in Russland, die von Weltrevolution sprach. Polen aber fühlte sich vom Osten und vom Westen her bedroht und setzte drei Mathematiker ein, um Schwächen der Enigma aufzuspüren.

DAS BRECHEN DER ENIGMA

🔓 POLNISCHER GEHEIMDIENST

1929 war das *US Cipher Bureau* geschlossen worden. Frankreich hatte die Zahl seiner militärischen Kryptoanalytiker auf acht reduziert. Room 40 war mit dem britischen Militärgeheimdienst MI1b zusammengelegt und zur *Government Code and Cypher School* geworden. Nun stand Polen an vorderster Front in Sachen Kryptografie.

Aufgrund seiner Lage zwischen Deutschland und Russland hatte Polen eine schwierige Geschichte. Im 18. Jahrhundert wurde sein Gebiet zwischen Preußen, Russland und Österreich aufgeteilt, sodass ein eigenständiges Polen nicht mehr existierte. Als der polnische Staat 1918 wiedererstand, wurde er sofort von der Sowjetunion bedroht, die gerade erst aus dem russischen Zarenreich hervorgegangen war. Doch mithilfe von Dechiffraten aus dem polnischen Chiffrierbüro unter Jan Kowalewski konnte die junge polnische Armee den Sowjets vor den Toren von Warschau Einhalt gebieten und sie zurückschlagen.

Dann wurde Polen vom Westen her bedroht. Der Versailler Vertrag hatte die Unabhängigkeit Polens wiederhergestellt und Polen durch den sogenannten Polnischen Korridor Zugang zur Ostsee verschafft. Dadurch wurde Ostpreußen vom Rest von Deutschland getrennt und die Hafenstadt Danzig, polnisch Gdansk, wurde zur freien Stadt unter der Souveränität des Völkerbundes (und unter polnischer Verwaltung). Dagegen regte sich in Deutschland heftiger Widerstand, den Adolf Hitler geschickt nutzte, um an die Macht zu kommen. Polens Weigerung, Danzig zu übergeben, war Hitlers Vorwand für seinen Einmarsch in Polen 1939.

Entziffern deutscher Codes

Deutschlands zunehmend feindliche Haltung veranlasste Polen dazu, einen Pakt mit Frankreich zu schließen. Das polnische Chiffrierbüro richtete seine Aufmerksamkeit nun auf abgefangene deutsche Nachrichten. 1926 stellten die Polen fest, dass sich

Den Versuch der jungen Roten Armee, im eben erst unabhängig gewordenen Polen einzumarschieren, vereitelte das polnische Chiffrierbüro.

die Kryptogramme der Reichsmarine verändert hatten. Zwei Jahre später wurden auch die Codes der Reichswehr unlesbar. Dann entdeckten sie, dass das daran lag, dass die Nachrichten nun mechanisch verschlüsselt wurden. Also kauften sie eine Enigma. Doch es gab für sie nicht genügend mit irgendeinem Schlüssel verschlüsselte Nachrichten, um den Code durch Überdeckung zu knacken. Diese Methode (auf Seite 46 beschrieben) beruhte darauf, die Länge des Schlüssels zu entdecken und die polyalphabetische Chiffre dann als Serie monoalphabetischer Chiffren der Häufigkeitsanalyse zu unterziehen. Dazu benötigten die Codeknacker jedoch eine große Menge an Nachrichten, die alle mit demselben Schlüssel verschlüsselt worden waren.

JAN KOWALEWSKI (1892–1965)

Nach seinem Chemiestudium an der Universität von Liège kehrte Jan Kowalewski 1913 nach Polen zurück, wo er zur russischen Armee eingezogen wurde, um im Ersten Weltkrieg mitzukämpfen. Er diente bis zur Kapitulation Russlands 1917 beim Techniker- und Fernmeldedienst und wurde dann Leiter der Spionage der Polnischen 4. Schützendivision. 1919 diente er im polnischen Generalstab, als er von einem Freund gebeten wurde, ihn zu vertreten, damit dieser heiraten konnte. Der Freund arbeitete an der Übersetzung und Evaluierung abgefangener Telegramme. Eines Tages landete eine codierte russische Nachricht auf Kowalewskis Schreibtisch. Er war sofort fasziniert und machte sich an die Arbeit. Die Nachricht betraf die Bewegungen der Weißen Armee, die im russischen Bürgerkrieg gegen die Rote Armee kämpfte.

Da er diese für die Polen wertvolle Information entziffert hatte – denn Polen führte Krieg mit der Ukraine –, wurde er zur Fernmeldespionage in Warschau versetzt. Dort rekrutierte er Mathematiker zum Knacken russischer Codes und erhielt für seinen Beitrag zum Sieg Polens im Polnisch-Sowjetischen Krieg den Orden *Virtuti Militari* in Silber, die höchste militärische Auszeichnung Polens.

1923 leitete Kowalewski in Tokio einen Kurs über Funkspionage für japanische Offiziere. Danach studierte er an der École Supérieure de Guerre in Paris. Dann war er Militärattaché in Moskau, bis er 1929 ausgewiesen wurde.

Als mit Deutschlands Einmarsch in Polen 1939 der Zweite Weltkrieg ausbrach, entkam Kowalewski über Rumänien nach Frankreich, wo er sich den polnischen Exilstreitkräften anschloss. Nach dem Fall Frankreichs floh er nach Portugal, wo er Spionage- und Widerstandsaktivitäten koordinierte.

Obwohl diese für die Briten wertvoll waren, verärgerte er deren sowjetische Verbündeten, die seinen Abzug verlangten. Er wurde zum Polish Operations Bureau in London versetzt, wo er an der Vorbereitung des D-Day arbeitete. Nach dem Krieg blieb er im Exil in England und folgte seinem Interesse für historische Kryptoanalyse. Er knackte die Codes des polnischen Nationalisten Romuald Traugutt im Januaraufstand von 1864.

1920 entwarf Dmitry Moor das auffällige Plakat „Bud' na strazhe!" („Sei wachsam!") Darauf stand der sowjetische Kriegsminister Trotzki überlebensgroß auf russischem Gebiet, umgeben von miniaturisierten Feinden.

Mathematiker

Es war rasch klar, dass die alten, intuitiven Methoden klassischer Gelehrter und Linguisten nicht mehr funktionierten – man brauchte Mathematiker. Das Chiffrierbüro (*Biuro Szyfrów*), nun BS-4 genannt, ging in Posen auf die Suche nach geeigneten Kandidaten. Die Provinz Posen war während der Teilung der deutsche Teil Polens gewesen, also hatten die Schüler hier Deutsch gelernt.

BS-4-Analysten hielten Kurse in Kryptologie und gaben Studenten Kryptogramme zu lösen. Unter den Rekruten waren Marian Rejewski (siehe Kasten S. 96), Henryk Zygalski und Jerzy Rózycki.

Sie machten sich an die Arbeit, die abgefangenen Marinefunksprüche zu entziffern. Zunächst bemerkten sie, dass viele Codegruppen mit dem Buchstaben Y begannen. Sie vermuteten, dass es sich dabei um Fragen handelte, da Fragepronomen im Deutschen mit „W" beginnen: wann, wo, wer, wie, was, warum …

Dann fiel den Analysten auf, dass eine aus sechs Gruppen bestehende Nachricht, die mit YPOY begann, mit einer Nachricht aus vier Gruppen beantwortet wurde. Das, so vermuteten sie, konnte eine Zahl sein – vielleicht eine Jahreszahl? Die Lösung der Sechs-Gruppen-Nachricht war: „Wann wurde Friedrich der Große geboren?" Die vierstellige Antwort lautete: 1712.

Karte der Zweiten Polnischen Republik, 1921–1939, mit dem polnischen Korridor zwischen dem Hauptgebiet Deutschland und dem ebenfalls zu Deutschland gehörenden Ostpreußen

 Ich weiß nicht, was passiert wäre, wenn mein Vater in Polen geblieben wäre. Während des Krieges kamen ständig Leute zu uns nach Hause und fragten nach ihm. Mutter gab stets dieselbe Antwort, dass sie nicht wisse, wo er sei oder woran er arbeite. »

Janina Sylwestrzak,
Tochter von Marian Rejewski

MARIAN REJEWSKI (1905–1980)

1929 nahm Marian Rejewski als Mathematikstudent an einem Kryptografiekurs in Posen teil. Zwei Jahre später trat er in das *Biuro Szyfrów* („Chiffrierbüro") ein, wo bereits seine Kommilitonen Henryk Zygalski und Jerzy Rózycki arbeiteten. Gemeinsam knackten sie einen Code der deutschen Reichsmarine. Dann widmete sich Rejewski der Enigma-Entschlüsselung. Er entdeckte Zyklen in den Spruchschlüsseln am Beginn jeder Nachricht, knackte so die Enigma und deduzierte die Verdrahtung der Walzen. Außerdem entwarf er die *Bomba*, die die deutschen Tagesschlüssel mechanisch ausgab. Die Details wurden an Briten und Franzosen übergeben.

Beim Einmarsch der Deutschen in Polen entkamen die drei Kryptologen über Rumänien nach Frankreich, wo sie die Arbeit an der Enigma fortsetzten. Ab da kommunizierten sie mit Bletchley Park, wo Alan Turing (siehe Seite 107) ihre Pioniertaten weiterentwickelte. Die Kryptologen in England und Frankreich kommunizierten mit Enigma-Nachbauten und unterzeichneten mit einem scherzhaften „Heil Hitler". Nach dem Fall Frankreichs setzten die Polen ihre Arbeit in Nordafrika und Vichy-Frankreich fort.

Jerzy Rózycki starb, als das französische Passagierschiff, mit dem er aus Algerien zurückkehrte, versenkt wurde.

DAS GLÜCK DER FRANZOSEN

Auch die Franzosen versuchten, die Enigma zu entschlüsseln, kamen jedoch nicht voran. Dann hatten sie Glück. 1931 erhielt Gustave Bertrand, Leiter der Sektion D *(Décrytement et Interceptions)* im französischen Geheimdienst, einen Brief aus Prag, in dem ihm der Kauf wichtiger deutscher Dokumente angeboten wurde. Ein französischer Agent mit dem Decknamen REX wurde ausgeschickt, um sich mit dem Verfasser des Briefes, Hans-Thilo Schmidt, in Belgien zu treffen. Schmidt war der jüngere Bruder des früheren Leiters der Chiffrierstelle der deutschen Reichswehr, der den Gebrauch der Enigma autorisiert hatte. Auch Hans-Thilo Schmidt hatte dort gearbeitet, nachdem seine Seifenfabrik infolge der Hyperinflation und des wirtschaftlichen Kollapses in der Zwischenkriegszeit bankrott gegangen war. Obwohl Schmidt ein Mitglied der NSDAP war, war er unzufrieden geworden.

REX kam zu dem Schluss, dass die von Schmidt angebotenen Dokumente echt waren, und vereinbarte ein Treffen mit Bertrand. Unter den von Schmidt verkauften Dokumenten befand sich auch eine Gebrauchsanweisung für die Enigma. Bertrand bezahlte dafür 10.000 Reichsmark, doch in Paris

> **«** *Keine Frage, Knox begriff alles so schnell, fast so schnell wie ein Blitz. Es war klar, dass die Briten tatsächlich bereits an der Enigma gearbeitet hatten. Daher brauchten sie nicht viele Erklärungen.* **»**
>
> **Marian Rejewski**
> *Bericht über das Treffen mit dem britischen Kryptoanalytiker Dilly Knox in Paris, 1939*

stellte sich bald heraus, dass das Handbuch wenig nützlich war, da es keine Details zur Verdrahtung oder zu den Schlüsseln preisgab.

Auch wenn die aus Schmidts Dokumenten gewonnenen Informationen für die Franzosen oder die Briten wenig hilfreich waren, so lieferten sie den polnischen Codeknackern wertvolle Details, denn diese waren ihren Verbündeten in der Kryptoanalyse der Enigma weit voraus. Das Steckerbrett war ihnen bislang nicht bekannt gewesen, da die kommerzielle Version keines besaß. Sofort begannen sie damit, Repliken zu bauen. Damit ausgerüstet startete Rejewski einen neuerlichen Angriff auf die Enigma. In der Zwischenzeit versorgte Schmidt Bertrand und REX bei neuerlichen Treffen 1931 und 1932 mit ein paar Tagesschlüsseln.

DIE „FRENCH CONNECTION"

Gustave Bertrand spielte, wenn auch unwissentlich, eine wichtige Rolle beim Knacken der Enigma. Er gab Informationen, die er für wenig nützlich hielt, an die Polen weiter, für die sie sich als sehr wertvoll erwiesen. Er erfuhr erst beim Treffen zwischen Franzosen, Briten und Polen im Juli 1939, dass letztere die Enigma geknackt hatten.

Nach der Invasion Frankreichs waren Bertrand und seine Agenten in Gefahr. REX, alias Rodolphe Lemoine (aber als Rudolf Stahlmann in Berlin geboren), wurde von der Gestapo verhaftet. Obwohl er sich weigerte, als Doppelagent für die Deutschen zu arbeiten, weil er meinte, er hätte aufgrund der langen Inhaftierung bereits jede Glaubwürdigkeit für die Franzosen verloren, verriet er immerhin Hans-Thilo Schmidt, der ebenfalls verhaftet wurde.

Schmidt starb in Gefangenschaft, vermutlich an eingeschmuggelten Zyankalitabletten. Stahlmann wusste nicht, dass die Polen die Enigma geknackt hatten. Er wurde nach Berlin gebracht. Nach Kriegsende geriet er in Gefangenschaft, wurde von den Franzosen verhört und starb 1946.

Auch Bertrand wurde von der Gestapo inhaftiert. Da sie ihn für einen britischen Spion hielten, versuchten sie, ihn zu überreden, als Doppelagent zu arbeiten. Er täuschte sein Einverständnis vor, wurde freigelassen und ging in den Untergrund. Schließlich gelangte er nach England. Nach dem Krieg kehrte er nach Frankreich zurück und schrieb *Enigma ou la plus grande énigme de la guerre 1939–1945* („Enigma oder das größte Rätsel des Krieges 1939–1945"), das erste Buch, in dem enthüllt wurde, dass die Enigma-Codes geknackt worden waren.

In Bletchley Park nahm Alan Turing Marian Rejewskis Bomba, *verbesserte sie und schaltete dann mehrere davon hintereinander, um den Enigma-Code der deutschen Reichsmarine zu brechen.*

Die erste Schwachstelle

Rejewski hatte bereits registriert, dass Nachrichten mit einer charakteristischen Codegruppe aus sechs Buchstaben begannen. Aus Schmidts Dokumenten erfuhr er, dass der Bediener zuerst einige Buchsen am Steckerbrett gemäß der Schlüsseltabelle verdrahtete. Dann wurden die Walzen in der für das Quartal festgelegten Reihenfolge eingesetzt. Danach wurden die Alphabetringe eingestellt, sodass der federgetriebene Bolzen, der die nächste Walze in Bewegung setzte, neben dem Buchstaben zu liegen kam, der dem Tagesschlüssel entsprach. Die Walzen wurden gedreht, bis in den Fenstern der Maschinenabdeckung der Tagesschlüssel zu sehen war. Dann gab der Bediener einen beliebigen Code aus drei Buchstaben ein, den sogenannten Spruchschlüssel, zum Beispiel PWL, und verschlüsselte ihn zweimal nacheinander (PWLPWL). Der daraus resultierende Code – etwa OHVQNS – wurde gesendet. Dann drehte der Bediener die Walzen so,

dass die Buchstaben PWL in den Fenstern zu sehen waren, und begann die eigentliche Nachricht zu verschlüsseln.

Der Empfänger hatte die Enigma bereits korrekt eingestellt. Wenn er die ersten sechs Buchstaben erhielt und sie entzifferte, erhielt er zum Beispiel PWLPWL (der Spruchschlüssel wurde doppelt eingegeben, um sicherzustellen, dass er vollständig und korrekt übermittelt wurde). Dann stellte er die Walzen so ein, dass PWL zu sehen war, und konnte mit dem Entschlüsseln der Nachricht beginnen.

Obwohl Rejewski weder Tagesschlüssel, Spruchschlüssel noch Steckerbretteinstellung der abgefangenen Nachrichten kannte, hatte er herausgefunden, dass es einen Zusammenhang zwischen dem ersten und dem vierten Buchstaben der Nachricht gab, und ebenso zwischen dem zweiten und dem fünften sowie zwischen dem dritten und dem sechsten Buchstaben. Sie stellten jeweils die Verschlüsselung desselben Buchstabens dar und spiegelten die Grundeinstellung der Walzen.

Geheim!
Nicht ins Flugzeug mitnehmen!

Sonder-Maschinenschlüssel BGS

08 ✳

Datum	Walzenlage			Ringstellung			Steckerverbindungen										Kenngruppen			
31.	I	II	V	10	14	02	BF	SD	AY	HG	OU	QC	WI	RL	XP	ZK	yqv	vuc	xxo	gvf
30.	V	IV	I	04	25	01	DI	ZL	RX	UH	QK	PC	VY	GA	SO	EM	mqy	vts	gvt	csx
29.	III	V	II	13	11	06	ZM	BQ	TP	YX	FK	AR	WH	SO	NJ	DG	aky	vdv	oyo	tzt
28.	I	III	II	09	16	12	NE	MT	RL	OY	HV	IU	GK	FW	PZ	XC	nfh	vco	tur	wnb
27.	III	II	I	06	03	15	BF	GR	SZ	OM	WQ	TY	HE	JU	XN	KD	bec	jmv	vtp	xdb
26.	I	III	V	19	26	08	GS	VD	CQ	LF	HI	BO	JP	UZ	FT	RN	wvu	yem	buz	rjk
25.	II	I	IV	05	01	16	KA	ZH	QP	GR	MF	LJ	OT	EN	BD	YW	ktv	muq	cqm	cpm
24.	III	II	IV	22	02	06	PI	KM	JB	YU	QS	OV	ZA	GW	CH	XF	zcd	iwo	urp	glg
23.	IV	III	II	08	11	07	SX	TD	QP	HU	FB	YN	CO	IK	WE	GZ	epm	mgz	vqg	vsm
22.	I	V	II	13	02	26	GP	XH	IW	BO	NU	MD	SA	ZK	QR	LT	aam	mvy	jqq	wqm
21.	IV	I	V	17	24	03	XC	AQ	OT	UZ	HD	RG	KM	BL	NS	JW	1tl	blu	frk	xrh
20.	IV	I	III	15	22	12	PO	TV	QC	ZS	EX	WR	BJ	DK	FU	LA	non	lic	oxr	usr
19.	V	I	III	13	24	21	HA	GM	DI	VK	JP	YU	EF	TB	ZL	XQ	ecd	ciq	uvr	ppt
18.	IV	V	I	23	09	20	XW	PZ	SQ	GR	AJ	UO	CN	BV	TM	KI	fjb	zts	uqu	cft
17.	III	II	V	21	24	15	UT	ZC	YN	BE	PK	JX	RS	GF	IA	QH	oub	eci	pyf	rqi
16.	IV	III	V	07	01	13	IN	YJ	SD	UV	GF	BH	TK	QE	AR	OP	kex	paw	flw	onw
15.	I	IV	II	15	04	25	TM	IJ	VK	OY	NX	PR	WL	GA	BU	SF	sdr	pbu	byv	khb
14.	III	II	IV	10	23	21	WT	RE	PC	FY	JA	VD	OI	HK	NX	ZS	mhz	lff	lnq	giy
13.	V	I	II	14	04	18	AN	IV	LH	YP	WM	TR	XU	FO	ZB	ED	rqh	ucm	ldi	ods
12.	II	V	I	07	19	02	HR	NC	IU	DM	TW	GV	FB	ZL	EQ	OX	asy	xza	uvc	fmr
11.	I	V	IV	13	15	11	NX	EO	RV	GP	SU	DK	IT	FY	BL	AZ	gyd	iuq	ocb	vef
10.	V	II	I	09	20	19	FN	TA	YJ	SO	RG	PC	VD	KI	XH	WZ	pyz	ace	pru	uyc
9.	I	IV	V	14	10	25	VK	DW	LH	RF	JS	CX	PT	YB	ZG	MU	nyh	fbd	ohs	jrp
8.	IV	V	I	22	04	16	PV	XS	ZU	EQ	BW	CH	AO	RL	JN	TD	tck	rts	nro	mkl
7.	V	I	IV	18	11	25	TS	IK	AV	QP	HW	FM	DX	NG	CY	UE	mhw	lwb	mdm	ybe
6.	IV	I	III	02	17	20	KZ	FI	WY	MP	DS	HR	CU	XE	QV	NT	uwu	vdk	lrh	mgd
5.	I	V	IV	26	09	14	VW	LT	PB	FO	ZK	GS	RI	QJ	HM	XE	suw	tsv	nfp	yjc
4.	IV	III	V	07	01	12	QS	YA	XW	KR	MP	HT	DU	OV	CL	FZ	uby	usi	mhh	mwb
3.	I	II	V	05	16	03	FW	DL	NX	BV	KM	RZ	HY	IQ	EC	JU	tns	voh	grw	axl
2.	III	I	II	12	22	17	DW	UO	PY	GR	FS	EQ	KT	CL	AI	ZB	smz	lbl	bkc	sym
1.	I	III	II	04	18	06	ZN	OM	CR	UI	KP	WQ	SE	JV	LX	TF	ghr	vqv	cya	ayl

Schlüsseltafel der Wehrmacht

Rejewski legte Tabellen dieser Beziehungen an und fand heraus, dass er mit einer ausreichenden Menge an einem Tag abgefangener Nachrichten eine komplette Tabelle anlegen konnte. Der erste Buchstabe, A zum Beispiel, könnte in Beziehung stehen zum vierten Buchstaben, P. Der erste Buchstabe, P, könnte in Beziehung stehen zum vierten Buchstaben, F. Und der erste Buchstabe F stand in Beziehung mit dem vierten Buchstaben A, wodurch sich der Kreis schloss. Er entdeckte, dass es für alle Buchstaben, die an der ersten und vierten, zweiten und fünften sowie dritten und sechsten Stelle standen, derartige Ketten gab.

Diese Ketten änderten sich jeden Tag: Manchmal gab es einige wenige lange Ketten; ein anderes Mal gab es viele kurze Ketten. Die wichtigste Erkenntnis war jedoch, dass die Länge der Ketten allein von der Lage der Walzen und vom Tagesschlüssel abhing, nicht aber von den Steckerbretteinstellungen. Das Steckerbrett vertauschte nur Buchstaben untereinander, änderte aber nichts an der Länge der Ketten. Rejewski hatte die Zahl der Möglichkeiten um den Faktor 100 391 791 500 reduziert, von 10 000 000 000 000 000 auf 105 456 – das war die Zahl der möglichen Grundstellungen (17 576 multipliziert mit der Zahl der Walzeneinstellungen, das ist 6).

Katalogisieren der Ketten

Rejewskis Team begann damit, jede der 105 456 möglichen Walzenlagen mit der jeweiligen Kettenlänge zu kombinieren und dies zu katalogisieren. Dafür brauchten sie ein ganzes Jahr. Danach benötigten sie ein paar abgehörte Tagesnachrichten, um die Kettenlängen zu erarbeiten, die einem Fingerabdruck gleichkamen. Nun konnte Rejewski

Das Steckerbrett der Enigma war an der Vorderseite der Maschine angebracht, unterhalb der Eingabetastatur.

in seinem Katalog nachsehen, welche Walzenkonfiguration dieser Kombination an Kettenlängen entsprach. Dadurch erhielt er den Tagesschlüssel.

Rejewski kannte allerdings noch nicht die Steckerbrettverbindungen. Wenn er die abgehörte Nachricht in seine nachgebaute Enigma eingab, kam also großteils Unsinn heraus. Doch gelegentlich ergaben sich Hinweise. Wenn zum Beispiel LEIHLITHER auftauchte, war es klar, dass durch das Steckerbrett die Buchstaben H und L vertauscht worden waren. Nun hatte Rejewski die Einstellungen für Steckerbrett und Walzen – anders gesagt, den kompletten Tagesschlüssel. Da der Spruchschlüssel am Anfang jeder Nachricht durch den Tagesschlüssel verschlüsselt wurde, konnte er alle Nachrichten des Tages dechiffrieren. Mit den Informationen, die er aus Frankreich erhalten hatte, war es nun möglich, die Verkabelung der Walzen ausfindig zu machen.

 DIE *BOMBA*

Als die Deutschen bald danach Veränderungen am Verfahren vornahmen, wurde Rejewskis Katalog nutzlos. Doch statt einen neuen anzulegen, entwickelte er eine mechanische Methode, um alle möglichen Walzenstellungen zu überprüfen. Sie bestand im Wesentlichen aus sechs parallel geschalteten Enigmas – jede mit einer der sechs möglichen Walzenstellungen. Dieses Gerät war einen Meter hoch und wurde *Bomba* genannt.

Im Dezember 1938 führten die Deutschen zwei weitere Walzen ein, wodurch die Anzahl der möglichen Stellungen von sechs auf 60 anstieg. Rejewski stand nun vor der Aufgabe, zehn Mal so viele *Bombas* zu bauen. Dazu war die Zahl der Steckerkabel von sechs auf zehn erhöht worden und Schmidt hatte den Kontakt mit dem französischen Agenten REX abgebrochen.

Die polnischen Kryptoanalytiker hatten schlicht und einfach nicht die Ressourcen, um ihren Angriff auf die Enigma fortzusetzen, daher luden sie Briten und Franzosen ein, sich ihnen anzuschließen. Diese hatten gedacht, dass die Enigma unknackbar

wäre, und waren nun höchst erstaunt, als ihnen Rejewski mitteilte, dass der polnische Geheimdienst bereits seit Jahren Enigma-Codes entzifferte. Er bot ihnen nachgebaute Enigmas und Pläne zum Anfertigen der *Bomba* an. Diese erreichten London nur zwei Wochen vor dem Ausbruch des Krieges.

Zygalski-Lochblätter

Rejewski hatte festgestellt, dass es manchmal Wiederholungen im ersten und vierten, zweiten und fünften sowie dritten und sechsten Buchstaben gab. Diese Wiederholungen wurden „Weibchen" genannt. Ein wiederholter Buchstabe im Klartext war zweimal in denselben Geheimtextbuchstaben transponiert worden, obwohl die Walze drei Schritte weitergerückt war. Das konnte nur bei ganz bestimmten Walzenkonfigurationen passieren. Das polnische Team begann diese zu katalogisieren.

Die Turing-Bombe bestand aus dreimal zwölf hintereinandergeschalteten Enigma-Walzensätzen. Die Farbe der „Trommeln" entspricht der Nummer der Walze.

Henryk Zygalski erarbeitete eine einfache Methode, dieses Phänomen auszunutzen. Er legte sechs Sätze zu je 26 Blättern an, einen für jede mögliche Anordnung der drei Walzen. Jedes Blatt entsprach einer Stellung der linken Walze. Das Alphabet gab die Position der mittleren Walze an, das Alphabet an der Seite jene der rechten Walze. Dann wurde an den Kreuzungen, wo die Walzenstellung ein Weibchen produzierte, ein Loch geschnitten.

Rejewski erklärte: „Wenn die Blätter übereinandergelegt und in der richtigen Reihenfolge und auf die richtige Weise in Beziehung zueinander in Übereinstimmung mit einem streng definierten Verfahren verschoben wurden, wurde die Zahl der sichtbaren Öffnungen nach und nach kleiner. Und wenn eine ausreichende Menge an Daten zur Verfügung stand, blieb letztlich eine einzige Öffnung übrig, die vermutlich mit dem richtigen Fall übereinstimmte, das heißt: mit der Lösung. Aus der Lage der Öffnung konnte man die Reihenfolge der Walzen erschließen, die Grundstellung der Ringe und, durch Vergleichen der Buchstaben im Spruchschlüssel mit den Buchstaben in der Maschine, ebenso die Permutation S; mit anderen Worten: den gesamten Geheimtextschlüssel."

2011 wurde in Bletchley Park eine Gedenktafel zu Ehren der polnischen Codeknacker enthüllt.

Der codierten Nachricht ging ein nicht verschlüsselter Indikator aus drei Buchstaben voran, genannt Grundstellung. Der erste Buchstabe bezeichnete die Einstellung der ersten Walze, also nahm der Kryptoanalytiker für alle Nachrichten, die ein „Weibchen" enthielten, die entsprechenden Blätter mit diesem Buchstaben heraus. Die horizontale und die vertikale Koordinate wurde jeweils durch den zweiten und dritten Buchstaben der Grundstellung vorgegeben. Dann wurden die auf diese Weise übereinandergelegten Blätter auf einen Leuchttisch gelegt. Wo die Löcher übereinstimmten, drang das Licht hindurch und der Analyst konnte die Ringeinstellungen des Tagesschlüssels ablesen. Damit das funktionierte, musste das Alphabet auf jedem Blatt zweimal quer oben und zweimal längs am Rand stehen, wodurch vier gleiche Quadrate entstanden.

Mit nur zwölf „Weibchen" an einem Tag war es möglich, die Walzenkonfigurationen auf ein oder zwei Varianten zu reduzieren. Wenn es zwei waren, konnte man die richtige herausfinden, indem man die Nachricht durch die Enigma entschlüsselte. Die falsche Einstellung ergab einen unsinnigen Text, die korrekte Stellung den Klartext.

Am 15. Dezember 1938 führten die Deutschen zwei weitere Walzen für die Enigma ein. Das bedeutete, dass Zygalski 60 Blättersätze anstelle von sechs gebraucht hätte. Bei dem Treffen im Juli 1939 informierten die Polen die Briten über die Lochblattmethode zum Knacken der Enigma. In Bletchley Park wurden Blättersätze hergestellt und an die Polen in Frankreich geschickt, die mit ihrer Hilfe die Enigma-Tagesschlüssel knackten.

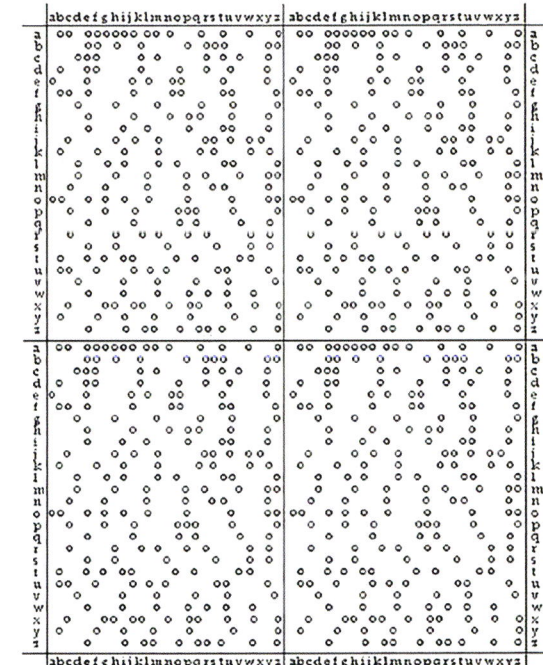

Mithilfe der Zygalski-Lochblätter wurden die ersten Enigma-Codes geknackt, doch später musste man Maschinen zu Hilfe nehmen.

Bletchley Park, Hauptquartier der Station X, war die am strengsten geheim gehaltene Anlage Großbritanniens im Zweiten Weltkrieg.

KAPITEL 9

BLETCHLEY PARK

Im Frühjahr 1941 stand Großbritannien kurz davor, den Krieg zu verlieren. Die deutschen Wolfsrudel versenkten überall Schiffe, die Lebensmittel und Rohstoffe nach Großbritannien brachten – und natürlich wussten wir nicht, wo sie waren, warteten, lauerten … Als wir die Marine-Enigma geknackt hatten, ging die Zahl der versenkten Schiffe um 75 Prozent zurück.

Jerry Roberts, Kryptoanalytiker, Bletchley Park

Die *Government Code and Cypher School* wurde zum Schutz vor Bombardements 1938 von London nach Bletchley Park im ländlichen Buckinghamshire verlegt. Die streng geheime Anlage, offiziell „Station X" genannt, rekrutierte einen exzentrischen Haufen Mathematiker, Linguisten, Schachmeister und Kreuzworträtsler, deren Expertise im Codeknacken den Briten half, den Krieg zu gewinnen.

BLETCHLEY PARK

CHIFFRIERSCHULE

Großbritanniens *Government Code and Cypher School* (GC&CS) wurde im November 1919 gegründet – ursprünglich unter der Schirmherrschaft der Admiralität, später des Außenministeriums. Sir Hugh „Quex" Sinclair, von 1923 bis 1939 im Geheimdienst „C" genannt, übernahm die Leitung und übersiedelte die Schule von der alten Anlage hinter dem Bahnhof Charing Cross in London quer durch Kensington an ihren neuen Standort – 54 Broadway, gleich bei Victoria Street und näher sowohl am Außenministerium als auch an der Admiralität.

1924 wurde eine eigene Marinesektion gebildet, während sich der Rest des Amtes auf diplomatische Codes konzentrierte. 1930 kam eine Heeressektion hinzu, 1936 eine für die Luftwaffe. Bis zum Beginn des Zweiten Weltkriegs arbeiteten rund 90 Menschen hier, darunter etwa 30 Kryptologen; Soldaten kümmerten sich um die abgefangenen Nachrichten.

Erster Kontakt mit der Enigma

Alfred Dillwyn Knox (siehe Kasten), ein Experte für den griechischen Dichter Herodas, war an der Entschlüsselung der Zimmermann-Depesche beteiligt gewesen und konzentrierte sich zunächst auf US-Codes, dann auf ungarische. Ein ehemaliger Kryptoanalytiker des Zaren knackte die sowjetischen Codes, während andere die Nachrichten der Franzosen, Italiener, Spanier, Japaner und anderer lasen. Seit der Einführung der Enigma war ihnen die deutsche Kommunikation verschlossen. Das war zunächst nicht so wichtig, da die Größe der deutschen Streitkräfte durch den Versailler Vertrag begrenzt wurde und es kaum Funkverkehr gab.

Italien galt als die weit größere Gefahr. Diktator Benito Mussolini bezeichnete das Mittelmeer – die für die Briten lebenswichtige Route nach Indien – als *Mare nostrum*, („unser Meer") . 1935 fiel Italien in Abessinien ein und bedrohte die britische Herrschaft in Ägypten. Die Briten erkannten bald, dass die Italiener ihre Nachrichten mit kommerziellen Enigmas verschlüsselten. Knox hatte 1925 eine in Wien gekauft, daher war der GC&CS die Walzenverdrahtung bekannt. Weil diese Maschinen kein Steckerbrett hatten, musste Knox „nur" die Walzenlage herausfinden – die Anordnung der Walzen – und den Tagesschlüssel, also ihre Anfangsposition.

Für die drei Walzen wurde eine Tabelle angelegt, in der die möglichen Transpositionen für jede Stelle aufgelistet waren. Die Spalten mit diesen (ursprünglich auf einen langen Kartonstreifen geschriebenen) Buchstaben wurden *rods* („Ruten") genannt. Bestimmte Transformationen waren nicht möglich: Ein Buchstabe konnte nicht in sich selbst und zwei verschiedene Buchstaben konnten nicht in denselben Buchstaben transponiert werden.

Die Enigma konnte ver- und entschlüsseln; wenn also A zu D verschlüsselt wurde, dann musste auch D zu A verschlüsselt werden. Durch das Ausschlussprinzip konnte Knox die Möglichkeiten auf die sogenannten „Rutenpärchen" einengen.

Dann brauchte man ein „Crib", ein „wahrscheinliches Wort", um den Geheimtext zu prüfen. Knox erkannte etwas, was stark zur Vereinfachung beitrug: Bis die rechte oder „schnelle" Walze die mittlere Walze vorwärtsbewegte, hatte man es mit einer einfachen zweistufigen Transpositionschiffre zu tun. Die Buchstaben auf der Tastatur der kommerziellen Enigma waren mit der Eintrittswalze verbunden. Die Verdrahtung der Walze transponierte einen Buchstaben in einen anderen. Da die anderen Walzen und die Umkehrwalze statisch blieben, fungierten sie quasi als Umkehrwalze, die eine weitere Substitution vornahm.

 Wenn du die Nachricht „heute minus drei" bekommst, dann weißt du, dass etwas Großes im Gange ist … Es war 11 Uhr abends und es regnete in Strömen, als ich zum Geheimdienst eilte, rannte, stolperte, damit es an General Cunningham weitergeleitet wurde.

Mavis Batey,
Kryptologin, über die Dechiffrierung einer Nachricht an einen italienischen Marinekommandanten, Bletchley Park, 1941

ALFRED DILLWYN KNOX (1884–1943)

Alfred Dillwyn „Dilly" Knox war Altphilologe und einst Lehrer des späteren Premierministers Harold Macmillan. Einige Techniken der Kryptoanalyse hatte er sich angeeignet, als er die „Mimiamben" des Herodas aus Papyrusfragmenten im Britischen Museum zusammensetzte. Der Papyrus war eine Kopie und der Kopist war mit den Buchstaben, die er abmalte, nicht vertraut. Daher machte er zahlreiche Fehler, doch Knox war entschlossen, die ursprüngliche Bedeutung zu rekonstruieren.

Anfang 1915 wurde Knox von Room 40 rekrutiert; in seinem eigenen Büro, Room 53, waren ein großer Tisch und eine Badewanne aufgestellt, in der er gut nachdenken konnte. In den 1920er-Jahren heiratete er Olive Rodham, die ebenfalls für Room 40 tätig war. Nach dem Krieg wollte Knox zu seiner akademischen Arbeit zurückkehren, doch Olive überredete ihn, beim GC&CS zu bleiben, wo seine Arbeit von nationaler Wichtigkeit war.

Im Juli 1939 gehörte Knox einer britischen Delegation an, die in Paris und dann in Polen erstaunt Rejewskis Methoden zum Knacken des Enigma-Codes kennenlernte. Die Briten waren „eine andere Art von Spezialisten – eine andere Klasse", sagte Rejewski. Er beantwortete auch eine Frage, an der Knox schon eine Zeitlang geknabbert hatte. Bei der kommerziellen Enigma war die QWERTZUIO-Tastatur in folgender Reihenfolge mit dem Ring verkabelt: Q mit dem ersten Kontakt, W mit dem zweiten, E mit dem dritten und so weiter. Aus seiner Analyse abgefangener Nachrichten konnte Knox aber erkennen, dass die Verdrahtung bei der militärischen Enigma geändert worden war – und es gab dafür 26! (26 x 25 x 24 ... 3 x 2 x 1) oder an die 400×10^{18} Möglichkeiten. Rejewski erklärte ihm, dass die Deutschen die Kabel einfach in der alphabetischen Reihenfolge verbunden hatten – A mit dem ersten Kontakt, B mit dem zweiten, C mit dem dritten ... Knox war darüber weniger schockiert als vielmehr enttäuscht.

Nach seiner Rückkehr schrieb Knox auf Polnisch an Rejewski und legte einen Satz seiner Ruten oder *rods* bei, die er entwickelt hatte, um die kommerzielle Enigma zu knacken.

„Ich habe keine Ahnung, wie Knox' Methode funktionieren sollte", meinte Rejewski. „Vermutlich hatte er gehofft, die Enigma mit den Ruten zu bezwingen. Leider sind wir ihm zuvorgekommen."

Während Alan Turing (siehe Seite 107) Rejewskis *Bomba* weiterentwickelte, setzte Knox seine „Rodding"-Methode ein, um die Chiffren der italienischen Marine zu brechen. Das führte zu deren Niederlage in der Schlacht bei Kap Matapan im März 1941.

Knox knackte auch die Codes der *Abwehr*, des deutschen militärischen Geheimdienstes, die eine Enigma mit vier Walzen und ohne Steckerbrett benutzte. Die aus diesen Dechiffraten gewonnenen Informationen erwiesen sich als äußerst wichtig für den Erfolg des Double-Cross-Systems in der Gegenspionage, bei dem deutsche Spione gefangen oder umgedreht wurden, sowie bei Operation Fortitude, bei der Falschinformationen verbreitet wurden, um die Deutschen über die D-Day-Landungen zu täuschen.

Benito Mussolini, faschistischer Diktator Italiens

Mittels „Rodding" knackte Knox die Codes der Streitkräfte des spanischen Generals Franco und der nach Spanien entsandten deutschen Einheiten. Dann trat die Deutsche Kriegsmarine auf den Plan; sie verwendete die militärische Enigma mit Steckerbrett und setzte Knox schachmatt.

Bruch des italienischen Marinecodes

Rodding half auch beim Knacken des italienischen Marinecodes. Knox beschäftigte eine Gruppe junger Frauen für die mühsame Kleinarbeit; sie suchten nach Nachrichten, die mit *per* (deutsch: „für") begannen, gefolgt von einem als X codierten Abstand.

Mavis Batey, eine 18 Jahre alte Deutschstudentin an der London University, sagte: „Das war mühsam und blieb monatelang erfolglos, bis ich schließlich X verwarf und plötzlich von selbst ein S ohne Abstand nach dem ersten Pärchen auftauchte. Ich berücksichtigte dessen Position und tippte auf PERSONALE. Und das war es wirklich."

Es gab noch genügend weiteren Geheimtext, bevor die erste Walze die zweite in Bewegung setzte, und so fand Mavis heraus, dass die Nachricht mit PERSONALEXPERXSIGNORX („Persönlich X für X Herrn X") begann und danach ein Name folgte. Das reichte aus, um die Walzenlage und den Tagesschlüssel zu identifizieren. Nachdem einige italienische Marinenachrichten lesbar geworden waren, lieferten sie wichtige Hinweise auf weitere „Cribs". Die italienische Marine-Enigma war fürs Erste geknackt.

DIE BLETCHLEY-GIRLS

Eine große Zahl junger Frauen, oftmals Debütantinnen, wurde nach Bletchley Park rekrutiert. Offiziell waren sie „Wrens", Mitglieder des Women's Royal Naval Service. Unter ihnen waren jedoch einige erstklassige Mathematikerinnen. Joan Clarke arbeitete eng mit Alan Turing zusammen und wurde stellvertretende Leiterin von *Hut* („Hütte") *8*. Nach Kriegsende blieb sie beim GCHQ (Government Communications Headquarters) bis zu ihrer Pensionierung 1977.

Dilly Knox' Assistentin Mavis Batey arbeitete am Knacken des italienischen Marinecodes vor der Schlacht von Matapan mit. Außerdem dechiffrierte sie eine Nachricht zwischen Belgrad und Berlin, mit deren Hilfe Knox die Verdrahtung der Abwehr-Enigma herausfand.

Auch Margaret Rock war am Brechen der Abwehr-Enigma beteiligt, was beim Erfolg der D-Day-Landungen eine entscheidende Rolle spielte. Sie blieb bis zu ihrer Pensionierung 1963 beim GCHQ.

Jane Hughes war Leiterin eines Frauenteams in *Hut 6*, das eine Nachricht entschlüsselte, in der die Position des deutschen Schlachtschiffs *Bismarck* preisgegeben wurde. Es wurde zwei Tage später von der Royal Navy versenkt.

DER UMZUG NACH BLETCHLEY

In dem Maße, wie die Kriegsgefahr zunahm, expandierte die GC&CS. Sinclair war klar, dass seine Codeknacker Ruhe und Geheimhaltung benötigten. Die britische Regierung kaufte ein viktorianisches Herrenhaus in Bletchley Park, rund 80 km nordwestlich von London. Mit Bahnverbindungen nach London, Oxford und Cambridge lag es ideal, umgeben von weitem, hügeligem Gelände, was zur Sicherheit beitrug.

Das Haus selbst war nicht groß genug, um das nötige Personal unterzubringen. Daher wurden auf dem Gelände Holzbaracken („Hütten") errichtet. Knox zog in ein ehemaliges Dienstbotengebäude und arbeitete mit den Maschinen der polnischen Kryptologen weiter an der Enigma.

Kurz nach dem Umzug der Codeknacker nach Bletchley lief das deutsche Schlachtschiff SMS *Schleswig-Holstein* in den Hafen von Danzig ein, vorgeblich zum 25. Jahrestag der Versenkung der *Magdeburg*, deren Opfer dort begraben lagen. Stattdessen richtete sie um 4.48 Uhr am Morgen des 1. September 1939 ihre Hauptgeschütze auf ein polnisches Militärdepot und gab die ersten Schüsse des Zweiten Weltkriegs ab.

Rejewski, Rózycki und Zygalski flüchteten nach Frankreich, wo sie in kürzester Zeit den deutschen Heeresschlüssel für den 28. Oktober 1939 und die Luftwaffencodes für den 6. Januar 1940 knackten.

Mehr Mathematiker

Der Direktor der GC&CS, Alastair Denniston, hatte sich von den Polen bereits etwas abgeschaut. Statt weitere Altphilologen wie Knox einzustellen, hatte er erkannt, dass man für das Knacken von Codes in der modernen, mechanisierten Ära Mathematiker brauchte.

Einer der Ersten, die rekrutiert wurden, war das 27-jährige Ausnahmetalent Alan Turing (siehe Kasten S. 108). Nach einem Kurs in Kryptologie im GC&CS-Hauptquartier in den Broadway Buildings schloss er sich Knox an, um mit ihm und anderen, darunter der Oxford-Mathematiker Peter Twinn, an der Enigma zu arbeiten.

Turing befasste sich hauptsächlich mit mathematischer Theorie. Während seines Doktoratsstudiums an der Princeton University in den USA hatte er eine elektrische Multiplikationsmaschine gebaut, daher interessierte er sich auch sofort für die polnische *Bomba*. Ähnlich wie bei Knox' „Ruten", das erkannte er sofort, führte hier der Ausschluss aller Unstimmigkeiten zur drastischen Reduzierung der zu testenden Möglichkeiten.

Turing vermutete, dass die Deutschen bald selbst erkennen würden, welche Schwachstelle die Spruchschlüsselverdoppelung am Beginn darstellte, doch er nahm an, dass man andere Cribs verwenden konnte. Diese müssten gegen die gesamte Nachricht getestet werden, deshalb müsste die Maschine, die nach Unstimmigkeiten suchte, um einiges schneller arbeiten als die Bomba. Turing entwarf eine neue, komplexere Version, die als „Bombe" bekannt wurde, und ließ sie von der British Tabulating Machine Company bauen.

Hut 6 in Bletchley Park, wo die Enigmas der Wehrmacht und der Luftwaffe geknackt wurden.

ALAN TURING (1912–1954)

Winston Churchill meinte, Alan Turing habe den größten Einzelbeitrag zum Sieg der Alliierten über Nazideutschland im Zweiten Weltkrieg geliefert. Turing war ein weltfremder, schüchterner Cambridge-Mathematiker, dem sein Äußeres egal war, und zweifellos ein Genie. Bereits mit 22 Jahren wurde er Mitglied des King's College. Zwei Jahre später legte er den intellektuellen Grundstein für die moderne Datenverarbeitung, indem er 1936 die Universal Turing Machine entwarf. Während eines Aufenthaltes in Princeton begann er mit dem Bau der Komponenten.

1938 kehrte er nach Großbritannien zurück und schloss sich im Jahr darauf dem Kriegshauptquartier der *Government Code and Cypher School* in Bletchley Park in Buckinghamshire an. Seine Aufgabe war es, den deutschen Enigma-Code zu brechen.

Als die polnischen Kryptoanalytiker im Juli 1939 in Warschau ihre *Bomba* präsentierten, zeigte sich Turing besonders beeindruckt. Eine Änderung der deutschen Abläufe im Mai 1940 machte die *Bomba* jedoch so gut wie nutzlos.

Nun kam Turings Genie ins Spiel. Er entwickelte die *Bomba* weiter und nannte seine britische Version „Bombe". Dann nahm er ein „Crib" – einen Ausdruck, der sehr wahrscheinlich in einer abgefangenen Nachricht vorkam – und schickte es durch alle möglichen Walzenkonfigurationen, bis der abgefangene Geheimtext erschien. Das gab den Codeknackern den Tagesschlüssel und erlaubte ihnen, alle Nachrichten dieses Tages zu lesen.

Die Cribs stammten aus abgefangenen Dokumenten, Klartextnachrichten, Verhören und Vermutungen aufgrund aktueller Ereignisse. Es war erstaunlich, wie oft Nachrichten mit den Worten „Heil Hitler" endeten oder gelangweilte Funker „Nichts zu berichten" sendeten. Die erste britische „Bombe" ging am 18. März 1940 in Bletchley Park in Betrieb.

In der Luftschlacht um England konzentrierte sich Bletchley Park auf die deutschen Luftwaffencodes. Das war relativ einfach, da die „Schlüssler" der Luftwaffe nicht gut geschult waren und oft den Namen der Freundin als Spruchschlüssel verwendeten. Nachrichten von Verbindungsoffizieren der Luftwaffe lieferten wertvolle Informationen über

deutsche Heeresoperationen.

Doch die Kriegsmarine verwendete ein anderes System. Sie hatte ein Buch mit zufälligen Schlüsseln, die selbst verschlüsselt waren. Man musste also in den Besitz eines solchen Buches gelangen. Das gelang bei Zangenangriffen, bei denen die Royal Navy ein deutsches Schiff vor dessen Zerstörung entern und das „Kenngruppenbuch" erbeuten konnte.

Mithilfe dieser Codebücher konnte Turings Team die Nachrichten der „Wolfsrudel" aus deutschen U-Booten, die die Schiffe der Alliierten bedrohten, innerhalb weniger Stunden dechiffrieren. So konnten die alliierten Konvois die Konzentrationsgebiete feindlicher U-Boote meiden – knapp bevor Großbritannien laut Kriegsstrategen am Verhungern war.

Neben den Codebüchern hatte Bletchley Park eine große Zahl an „Cribs" aus der deutschen Marineterminologie, Befehlen und Berichten gesammelt. Immer mehr „Bomben" gingen in Betrieb, bis die Codeknacker mehr als 80 000 Nachrichten im Monat entschlüsseln konnten. Auch im weiteren Kriegsverlauf lieferten Turings „Bomben" wertvolle Hinweise. Er konstruierte den elektronischen Computer im *National Physical Laboratory* und widmete sich dann dem *Computing Machine Laboratory* an der University of Manchester, der Heimat des ersten elektronischen speicherprogrammierten digitalen Computers der Welt. Dort arbeitete er an künstlicher Intelligenz und entwickelte den „Turing-Test", der feststellt, ob ein Computer denken kann.

Im März 1952 wurde Turing wegen Homosexualität, die damals strafbar war, zu zwölf Monaten Hormontherapie verurteilt – bekannt als „chemische Kastration". Im Juni 1954 wurde er nach einer Zyanidvergiftung tot aufgefunden. Er hatte Zyanid benutzt, um Teelöffel mit Silber zu überziehen. Laut Gerichtsmedizin handelte es sich um einen Selbstmord, auch wenn nie ein Motiv gefunden wurde.

Rekonstruktion des Operations Room *aus dem Zweiten Weltkrieg in Bletchley Park*

Sieg

Am 10. März 1940, kurz bevor die deutsche Wehrmacht in die Niederlande einfiel, stellte sie die Spruchschlüsselverdoppelung ein, wodurch die Nachrichten für die Briten wieder unlesbar waren. Nur eine Woche später traf Turings erste Bombe in Bletchley Park ein. Sie wurde *Victory* („Sieg") genannt.

Victory war 2 m hoch, 2,20 m lang und 0,60 m breit und wog mehr als eine Tonne. Sie enthielt 36 Verwürfler („Scrambler"), von denen jeder eine Enigma simulierte, sowie 108 Walzen mit den möglichen Schlüsseleinstellungen. Wie das polnische Modell auch, reduzierte sie die Möglichkeiten für Ketten. Die Walzen drehten sich um eine volle Umdrehung. An diesem Punkt blieb die Maschine stehen und die Einstellungen wurden abgelesen. Diese wurden in einen Enigma-Nachbau eingegeben und überprüft, ob ein sinnvoller Klartext entstand. Wenn nicht, wurde die Maschine wieder gestartet. Wenn das Crib nicht mindestens 150 Buchstaben lang war, musste die Maschine sehr oft stoppen. Es dauerte eine ganze Woche, ein einziges Crib in allen Walzenkonfigurationen zu überprüfen.

Diagonaltafel

Der Cambridge-Mathematiker Gordon Welchman (siehe Kasten S. 111) entwickelte eine Modifikation, welche die Dinge beschleunigte: die Diagonaltafel. Die Substitutionen der Enigma waren involutorisch, das bedeutete: Wenn ein „p" im Klartext als „B" chiffriert wurde, wurde mit denselben Einstellungen ein „b" im Klartext als „P" chiffriert. Welchman baute eine Tafel mit 676 Kontakten, bei der jeweils die Buchstaben von A bis Z oben und seitlich angeordnet waren. Dann verband er Zeile B, Spalte E mit Zeile E, Spalte B und stellte alle möglichen reziproken Verbindungen her. Wenn „r" im Crib gegen „D" im Geheimtext getestet wurde, wurde automatisch gleichzeitig Klartext-„d" gegen Geheimtext-„R" getestet. Das reduzierte die Anzahl der unnötigen Stopps beträchtlich. Turing erkannte, dass sie mit dieser Schalttafel gleichzeitig alle möglichen Steckerbrett-Einstellungen testen konnten.

Die zweite Bombe, genannt *Agnus Dei* („Lamm Gottes"), umgangssprachlich „Aggie", traf im August 1940 ein. Sie war mit Welchmans Diagonaltafel ausgestattet – wie auch alle Modelle danach.

Turing entdeckte, dass die Suche nach den Walzen- und Steckereinstellungen weiter beschleunigt werden konnte. Es kam vor, dass die Walzen beim Verschlüsseln einer Nachricht in derselben Position waren wie am Beginn einer anderen Nachricht. Um diese Übereinstimmungen zu finden, wurden die Nachrichten auf große Registerkarten übertragen, auf denen das Alphabet in Spalten angeordnet war. Dort wurden die Buchstaben der Nachricht ausgestanzt, Spalte für Spalte. Wenn man die Karten auf einem Leuchttisch übereinander legte, waren die Wiederholungen klar zu sehen. Weil die Karten in Banbury, Oxfordshire, gedruckt wurden, wurde diese Methode „Banburismus" genannt.

Im Luftkrieg um England von Juli bis September 1940 entschlüsselte das Team in Bletchley Park die Codes der deutschen Luftwaffe und leitete die Informationen an die RAF-Piloten weiter. Bei den deutschen Marinecodes gab es jedoch kaum Fortschritte, und die Angriffe der deutschen U-Boote auf die alliierten Versorgungsschiffe ließen Großbritanniens Vorräte an Nahrungsmitteln und Munition gefährlich schrumpfen.

🔓 MARINECODES

Die deutsche Kriegsmarine setzte drei weitere Walzen ein – VI, VII und VIII. Das erhöhte die Zahl der möglichen Walzenlagen von 60 auf 336. Das ergab unfassbare 6 017 675 512 800 000 000 000 000 mögliche Grundstellungen. Schlimmer noch, die Nachrichten wurden nun superverschlüsselt. Das Ergebnis einer Enigma-Verschlüsselung wurde ein zweites Mal codiert, dieses Mal von Hand mithilfe der „Doppelbuchstaben-Tauschtafeln" (Bigramm-Tabellen). Turing machte sich daran, diese zu rekonstruieren.

Der deutsche „Schlüssler" wählte drei willkürliche Buchstaben als Grundeinstellung für die Walzen aus, etwa ASC. Diese wurden mithilfe der Tageseinstellungen zweimal codiert; aus ASCASC wurde vielleicht LQRCPY. Zwecks weiterer Verschleierung schrieb sie der Bediener wie folgt:

```
L Q R
  C P Y
```

Als die Luftschlacht um England begann, lasen die Kryptoanalytiker in Bletchley Park bereits die Enigma-Meldungen der Luftwaffe und wussten daher, wann Angriffe kommen würden.

Um das Viereck zu vervollständigen, wurden zwei weitere zufällige Buchstaben ausgewählt:

```
L Q R T
O C P Y
```

Dann verschlüsselte der Bediener die senkrechten Buchstabenpaare LO, QC, RP und TY mithilfe der Bigramm-Tabellen. Davon gab es zehn verschiedene Sätze, die bis zu einem Jahr lang in Gebrauch waren. Welcher benutzt werden sollte, wurde in den Tagesschlüsseln vorgegeben. LO könnte zu TU werden, QC zu AH, RP zu LS und TY zu IU. Demnach würde das Rechteck nun wie folgt lauten:

```
T A L I
U H S U
```

Der Bediener würde nun UHSU TALI senden und der deutsche Empfänger würde den Prozess umkehren. Die Bigramm-Tabellen waren involutorisch, also wurde TU zu LO, wenn zuvor LO zu TU geworden war. Wenn man die zwei zusätzlichen Buchstaben eliminierte, konnte man einfach überprüfen, ob kein Fehler vorlag. Nach der Entschlüsselung wiederholten sich die ersten drei Buchstaben. Damit stellten Sender und Empfänger die Walzen ein. Das erhöhte den Schwierigkeitsgrad für die Kryptoanalytiker beträchtlich.

Alan Turing und *Hut 8* ließen sich jedoch nicht abschrecken und machten sich an die Entschlüsselung der Marine-Enigma. Sein Stellvertreter, Hugh Alexander, sagte: „Am Anfang war er der einzige Kryptologe, der der Ansicht war, dass es sich lohnte, dieses Problem anzugehen. Er war nicht nur hauptverantwortlich für die theoretischen Leistungen in der *Hut* (insbesondere die Entwicklung einer geeigneten Beurteilungstechnik im Umgang mit Banburismus),

GORDON WELCHMAN (1906–1985)

Nach dem Studium der Mathematik am Trinity College, Cambridge, wurde Gordon Welchman 1929 zum Fellow am Sidney Sussex College. Von Knox wurde er nach Bletchley Park eingeladen, wo er, bewaffnet mit ein paar bereits entzifferten Enigma-Nachrichten, zunächst zu untergeordneten Aufgaben eingesetzt wurde, wie Ausrufezeichen, Kennzeichen und Sendefrequenzen. Welchman erkannte rasch, dass er es mit einem ganzen Kommunikationssystem zu tun hatte, das die Bedürfnisse der deutschen Boden- und Luftstreitkräfte erfüllte, und er entwickelte die Verkehrsanalyse, ein wesentliches Instrument der Aufklärung.

Nachdem er unabhängig ein Dechiffriersystem mit perforierten Tafeln entworfen hatte, entwickelte Welchman eine Diagonaltafel, die in Kombination mit Turings Bomben das Auffinden der Nachrichtenschlüssel beschleunigte.

Nach Kriegsende wurde er Forschungsdirektor beim John Lewis Partnership, bevor er in die USA auswanderte, wo er den ersten Computerkurs am MIT (Massachusetts Institute of Technology) leitete. Danach war er für die öffentlich finanzierte Mitre

Corporation tätig, wo er an sicheren Kommunikationswegen für das US-Militär arbeitete. 1962 wurde er US-Staatsbürger. Die Behörden versuchten, die Veröffentlichung seiner Kriegserinnerungen, *The Hut Six Story*, zu verhindern, und 1982 wurde seine Akkreditierung für die Mitre Corporation zurückgezogen.

sondern teilte die Ehre, die Bombe erfunden zu haben, mit Welchman und Keen … Die Pionierarbeit gerät leicht in Vergessenheit, wenn Erfahrung und Routine später alles so einfach aussehen lassen. Viele von uns in *Hut 8* hatten den Eindruck, dass die Außenwelt die volle Größe von Turings Beitrag niemals erkannt hat."

OPERATION RUTHLESS

Im September 1940 schlug Ian Fleming, ein Geheimdienstoffizier der Royal Navy und der spätere Schöpfer von James Bond, einen gewagten Plan zur Erbeutung deutscher Codebücher vor. Er wurde „Operation Ruthless" genannt. Ihm zufolge sollte ein erbeuteter deutscher Bomber in den Ärmelkanal stürzen. Wenn ein deutsches Schiff zur Rettung käme, sollte die britische Mannschaft es entern, die Crew töten und das Schiff samt Codebüchern und Enigma in einen englischen Hafen bringen. Der Plan wurde verworfen, da die britischen Aufklärungsflieger kein geeignetes deutsches Schiff im Ärmelkanal ausmachen konnten.

Deutsche U-Boote setzten den Atlantik-Konvois so stark zu, dass Großbritannien kurz vor dem Verhungern stand, als Turing und Hut 8 *die Marine-Enigma knackten.*

Pinches

Viele Fortschritte waren „Pinches" („Kniffen") zu verdanken – Zufälle, bei denen deutsche Maschinen und Codebücher in die Hände der Alliierten gelangten. Ein solcher Vorfall ereignete sich am Morgen des 26. April 1940, als die HMS *Griffin* ein Fischerboot namens *Polares* abfing, das unter holländischer Flagge südlich von Trondheim unterwegs war, und entdeckte, dass es deutsche Waffen transportierte. In Wahrheit handelte es sich um den getarnten deutschen Trawler *Schiff 26*. Ein Angehöriger des Enterkommandos entdeckte eine Leinentasche im Wasser, sprang hinterher und ertrank fast bei dem Versuch, sie zu bergen. Darin befanden sich das Logbuch des Funkers, das Nachrichten im Klartext enthielt – perfekte Cribs –, sowie Steckerbretteinstellungen und die Grundstellung für den 23. und 24. April. Damit konnte Turings Team in *Hut 8* den Funkverkehr von sechs Tagen knacken.

Am Morgen des 4. März 1941 lieferte sich die HMS *Somali* vor den norwegischen Lofoten ein Gefecht mit dem deutschen Fangschiff *Krebs*. Der Trawler wurde rasch besiegt. An Bord fand man Kisten mit zwei Walzen sowie den Steckerbrett- und Walzeneinstellungen für Februar. Obwohl sie veraltet waren, konnte Turing sie für die Rekonstruktion der Bigramm-Tabellen nutzen.

Während das Bletchley-Team langsam alte Nachrichten entschlüsselte, fiel dem 22-jährigen Harry Hinsley auf, dass deutsche Fangschiffe zu einer Position nördlich von Island geschickt wurden, um von dort Wetterberichte zu senden. Er vermutete, dass diese ungeschützten Wetterschiffe Enigmas und Codebücher an Bord haben mussten. Am 7. Mai fingen HMS *Somali* und HMS *Edinburgh* die *München* ab. Die Mannschaft warf Enigma und Codebücher über Bord, doch die Briten erbeuteten die Einstellungen für Juni.

Noch bevor die Dokumente von der *München* nach Bletchley gelangten, überfiel das deutsche U-Boot U-110 einen britischen Geleitzug. Durch Wasserbomben wurde es zum Auftauchen gezwungen. Als die Briten an Bord gingen, fanden sie eine voreingestellte Enigma sowie Codebücher. Unter den erbeuteten Dokumenten befanden sich auch die Bigramm-Tabellen, die Turing rekonstruiert hatte. Sie bestätigten seine Arbeit.

🔓 ULTRA

Bis zum Juni war Bletchley Park in der Lage, den Funkverkehr der deutschen Kriegsmarine fast ebenso schnell zu entschlüsseln wie die Deutschen selbst. Die Details wurden unter der Bezeichnung „Ultra" an die Regierung übermittelt. Der Einbruch in die Marine-Enigma erwies sich als entscheidend. Strategen der Downing Street hatten vorhergesagt, dass die deutschen U-Boot-Rudel Großbritannien bis Juni 1941 an den Rand des Hungertodes gebracht hätten. Die Kapitulation wäre unvermeidlich gewesen und der Krieg verloren. „Die einzige Gefahr, die mir im Krieg wirklich Angst gemacht hat, waren die U-Boote", sagte Churchill später.

Mithilfe der Ultra-Informationen konnten die Versorgungskonvois im Atlantik die Wolfsrudel umfahren. Die Verluste gingen dramatisch zurück und ganze 23 Tage lang sichteten die U-Boote keinen einzigen Geleitzug.

Allerdings bestand immer die Gefahr, dass die Deutschen bemerken würden, dass ihre Codes geknackt und ihre Nachrichten gelesen wurden. Daher wurde die Fehlinformation verbreitet, dass die Briten ein Langstreckenradar entwickelt hätten, das U-Boote sogar unter Wasser aufspüren konnte.

Als 1942 fünf italienische Schiffe mit Versorgungsgütern für die Achsenmächte in Nordafrika dank Ultra-Informationen versenkt wurden, schickte Churchill ein Gratulationstelegramm an einen fiktiven Spion in Neapel. Das erwies sich allerdings als unnötig, da die paranoiden Nazis ohnehin bereits überzeugt waren, dass ein Spion Details über die Bewegungen ihrer U-Boote an die Briten weitergab.

Außerdem waren U-Boote aus dem Atlantik im Sommer 1941 ins Mittelmeer verlegt worden. Die verbliebenen hatten Befehl, keine US-Schiffe anzugreifen, denn nachdem Hitler seinen Russlandfeldzug begonnen hatte, wollte er nicht riskieren, dass ihm auch die USA den Krieg erklärten. Doch Churchill kannte die Leistung der Kryptoanalytiker: „Dass wir den Krieg gewonnen haben", erklärte er König George VI. später, „verdanken wir Ultra."

Sofort zu erledigen

Am 6. September besuchte Churchill Bletchley Park, um den Codeknackern zu danken, und wurde Turing, Welchman und Alexander vorgestellt. Er war schockiert über den ungepflegten Zustand seiner Top-Kryptoanalytiker und sagte zu Sir Stewart Menzies, damals Chef des SIS (Secret Intelligence Service): „Ich weiß, dass ich Ihnen befohlen habe, jeden Stein umzudrehen, um die nötige Mannschaft zusammenzustellen, aber ich wusste nicht, dass Sie mich so wörtlich nehmen."

Die komplexe Marine-Enigma war geknackt worden, doch der kryptologische Krieg war noch lange nicht vorüber. Am 21. Oktober, dem Jahrestag der Schlacht von Trafalgar, schrieben Turing, Welchman, Alexander und Welchmans Stellvertreter Stuart Milner-Barry (siehe Kasten Seite 115) an Churchill:

„Sehr geehrter Herr Premierminister,

vor einigen Wochen erwiesen Sie uns die Ehre eines Besuches und wir glauben, dass Sie unsere Arbeit für wichtig halten. Sie werden gesehen haben, dass … wir mit ‚Bomben' zum Knacken der deutschen Enigma-Codes gut versorgt sind. Wir denken jedoch, dass Sie wissen sollten, dass diese Arbeit aufgehalten und in einigen Fällen gar nicht getan wird, vor allem, weil wir nicht genügend Personal erhalten, das sich damit befasst. Wir wenden uns direkt an Sie, weil wir seit Monaten alles getan haben, was uns über die normalen Kanäle überhaupt möglich ist, und wir zweifeln daran, dass sich ohne Ihr Eingreifen bald etwas ändern wird."

Churchills Reaktion war folgendes Memo:

„Sofort zu erledigen.

Stellen Sie sicher, dass sie alles haben, was sie wollen, und zwar mit oberster Priorität, und informieren Sie mich, wenn das erledigt ist."

Bletchley Park sollte noch alle Hilfe benötigen, die es kriegen konnte. Im Februar führte die deutsche Kriegsmarine eine neue, modifizierte Enigma ein. Deren kryptografische Abteilung hatte den Reflektor verkleinert, um in dem Gerät Platz für eine vierte Walze zu schaffen. Es gab zwei Versionen, Beta und Gamma, die nicht mit den anderen, breiteren Walzen verwendet werden konnten. Man brauchte dringend einen weiteren Pinch.

Am 30. Oktober 1942 wurde im östlichen Mittelmeer *U-559* gesichtet. Die HMS *Petard* war einer der fünf Zerstörer, die die Verfolgung aufnahmen. Mit Wasserbomben wurde das U-Boot zum Auftauchen gezwungen. Zwei Mitglieder des Enterkommandos ertranken, als das U-Boot plötzlich sank, doch sie hatten bereits eine neue Version des Wettermeldungsbuches erbeutet, das wichtige weitere Cribs lieferte. *Hut 8* konnte den Code der Vier-Walzen-Enigma erst am 2. Dezember 1942 brechen, als man entdeckte, dass die vierte Walze für kurze Nachrichten auf A mit Ringstellung Z eingestellt war. Das bedeutete, dass die bereits vorhandenen Drei-Walzen-Bomben die kurzen Meldungen knacken konnten. Von da ausgehend war es relativ einfach, die Einstellungen für die vierte Walze bei längeren Nachrichten herauszufinden.

In der Zwischenzeit hatte sich *Hut 6* mit abgefangenem Funkverkehr in Nordafrika beschäftigt.

Ihren Erkenntnissen verdankt Großbritannien den ersten Sieg im Zweiten Weltkrieg, und zwar bei El-Alamein in Ägypten – die Schlacht dauerte vom 23. Oktober bis zum 4. November 1942.

Nach dem Angriff Japans auf Pearl Harbor am 7. Dezember 1941 erklärte Hitler den USA den Krieg. Nun waren die USA und Großbritannien Verbündete. Bei ihrem Besuch in Bletchley Park brachten die US-Kryptoanalytiker eine *Purple* mit – ein Gerät, mit dem sie die japanischen Marinecodes geknackt hatten (siehe Seite 119).

Turing wurde nach Amerika geschickt, wo er in den *Bell Labs* in Manhattan arbeitete, nachdem ihm das Weiße Haus die Freigabe erteilt hatte. Er stattete auch den Kryptologen der US Navy in Washington, D. C., und der *National Cash Register Corporation* in Dayton, Ohio, einen Besuch ab. Letztere stellten „Bomben" für die Amerikaner her. Ende 1943 wurde die Nachrichtenentschlüsselung für das Mittelmeer Washington übertragen. Doch auch so musste Bletchley Park aufgrund des gestiegenen Funkverkehrs zusätzliche „Bomben" in bis zu 30 Kilometer entfernten Außenstellen unterbringen.

Die besondere Leistung der HMS Petard *bestand darin, dass sie je ein U-Boot von jeder der drei Achsenmächte versenkte: Deutschlands U-559; Italiens* Uarsciek *und Japans I-27.*

HUGH ALEXANDER (1909–1974)

Nach seinem Mathematikstudium an der Cambridge University wurde Hugh Alexander Forschungsdirektor bei John Lewis Partnership. Als der Krieg ausbrach, war er gerade mit dem britischen Schachteam in Buenos Aires. Bereits Anfang 1940 schloss er sich Turing in *Hut 8* an. Einer seiner Kollegen dort sagte über ihn: „Alexander ist einer der intelligentesten Menschen, die ich kenne, und ich kenne eine Menge intelligente Menschen."

Als Turing Bletchley Park verließ, um mit den US-Kryptoanalytikern zusammenzuarbeiten, übernahm Alexander die Leitung von *Hut 8*. Im Dezember 1944 knackte er die japanischen Marinecodes und im Sommer 1945 wurde er auf die HMS *Anderson* versetzt, den Außenposten des Funkgeheimdienstes auf Ceylon (Sri Lanka).

Nach dem Krieg kehrte er kurz zu John Lewis Partnership zurück, bevor er sich wieder der GC&CS anschloss, die schließlich zum *Government Communications Headquarters* (GCHQ) umgebaut wurde.

Außerdem arbeitete er als Schach-Korrespondent für die *Sunday Times*, die *Financial Times*, die *Evening News* und *The Spectator*.

STUART MILNER-BARRY (1906–1995)

Nachdem er in Cambridge Altphilologie studiert hatte, wurde Stuart Milner-Barry in London Börsenmakler. In seiner Freizeit konstruierte er gerne Schachrätsel. 1938 wurde er Schachkorrespondent der *Times*. Er war gemeinsam mit Hugh Alexander und dem britischen Schachteam in Buenos Aires, als 1939 der Krieg ausbrach. Als sich die zwei Männer der GC&CS in Bletchley Park anschlossen, wurden sie zusammen im Pub Shoulder of Mutton einquartiert.

Milner-Barry war Gordon Welchmans Stellvertreter in *Hut 6*, übernahm 1943 die Leitung und sorgte dafür, dass der deutsche Nachrichtenverkehr trotz neuerlicher Änderungen an den Enigmas entschlüsselt werden konnte.

Nach dem Krieg arbeitete er im Finanzministerium und war später für die Verwaltung des Auszeichnungswesens verantwortlich. Außerdem nahm er weiterhin an Schachmeisterschaften teil und war 1970 bis 1973 Präsident der *British Chess Federation*.

Das britische Schachteam bei den Olympischen Spielen in Buenos Aires 1939 (von links nach rechts): B. H. Wood, Sir Stuart Milner-Barry, Vera Menchik, Sir George Thomas, Hugh Alexander und Harry Golombek

Das Pentagon-Gebäude, Hauptquartier des
US-Verteidigungsministeriums

KAPITEL 10
RED UND *PURPLE*

„Ich hatte noch nie Amerikaner gesehen, nur im Film. Ich gab ihnen einfach Sherry. Ich hatte keine Ahnung, warum sie hier waren; man sagte mir nichts."

Barbara Abernethy, persönliche Assistentin von Alistair Denniston, Bletchley Park

Die Japaner hatten gemerkt, dass die USA ihre Codes geknackt hatten, und gingen daher zu elektromechanischer Verschlüsselung nach dem Prinzip der deutschen Enigma über. Als sich der Pazifikkrieg abzeichnete, versuchten die US-Krypto-analytiker, damit Schritt zu halten. Sie strebten dabei eine Kooperation mit den britischen Codeknackern an, da Präsident Roosevelt befürchtete, dass die USA schließlich doch in den Krieg mit Deutschland hineingezogen würden.

RED UND *PURPLE*

🔓 US-GEHEIMDIENST UND JAPANISCHE CODES

Nachdem die Schwarze Kammer 1929 geschlossen worden war, hatte das US-Kriegsministerium nur noch einen einzigen Kryptoanalytiker: William F. Friedman. Im Jahr darauf wurde ihm gestattet, drei Nachwuchskryptologen mit einem Gehalt von je 2.000 Dollar anzustellen. Es waren Lehrer, die Mathematik unterrichteten und keinerlei Erfahrung mit dem Knacken von Codes hatten. 1938 durfte er drei weitere „kryptografische Kräfte" mit einem Salär von je 1.440 Dollar anheuern. Einer von ihnen, John B. Hurt, hatte sich selbst Japanisch beigebracht, ohne jemals einen Fuß auf die Insel gesetzt zu haben, und besaß einen schrägen Sinn für Humor. Er antwortete einem Taxifahrer, der ihn angefahren hatte, auf dessen Frage: „Are you hurt?" („Sind Sie verletzt?") nur knapp: „Yes, John B."

Als sein Budget langsam wuchs, stellte Friedman vier zivile Angestellte von anderen Behörden ein, zwei Männer und zwei Frauen. Einer davon, Frank Lewis, wurde ausgewählt, weil er Bridge und Schach spielte und schwierige Kreuzworträtsel verfasste.

Der japanische *Red Code* und der zweifach verschlüsselte *Blue Code* – so genannt wegen der Farben der Heftmappen, in denen erbeutete Codegruppen abgelegt waren – waren längst entschlüsselt worden, hauptsächlich durch *Black-Bag*-Operationen, bei denen Agenten in Gebäude des Geheimdienstes einbrachen, um Codebücher und anderes Material zu stehlen oder zu fotografieren. Doch schon bald sollte es für den *Signal Intelligence Service* (SIS; Fernmeldegeheimdienst) genug zu tun geben.

Die Verschlüsselungsmaschinen

Herbert Yardleys Enthüllungen über die NSA (*National Security Agency*) in seinem Buch *The American Black Chamber* (1931) machten den Japanern bewusst, dass ihre Codes verwundbar waren. Sie führten eine Verschlüsselungsmaschine ein, die im Westen als *Red* bekannt wurde.

Der Signal Intelligence Service *(SIS) wurde 1929 gegründet, um die kryptologischen Aktivitäten der Army zu steuern. Dieses Foto zeigt Friedman (Mitte, stehend) und die SIS-Belegschaft im Jahr 1935. Diese kleine, aber begabte Gruppe knackte letztendlich Japans Verschlüsselungsgerät.*

WILLIAM F. FRIEDMAN (1891–1969)

William F. Friedman wurde als Sohn jüdischer Eltern in Russland geboren und gelangte mit einem Jahr in die USA. Nachdem er am *Michigan Agricultural College* und in Cornell studiert hatte, engagierte ihn George Fabyan 1915 als Leiter der Genetik-Abteilung in seinen *Riverbank Laboratories*. Ein weiteres von Fabyans Lieblingsprojekten war es, zu beweisen, dass Francis Bacon die Stücke von William Shakespeare geschrieben hatte, und Friedman half beim Durchsuchen der Texte nach verborgenen Chiffren. Er heiratete eine im selben Projekt beschäftigte Kryptologin, Elizabeth Smith, die zur leitenden Kryptoanalytikerin im US-Finanzministerium wurde und dort die Codes von Schwarzmarkthändlern und Schmugglern knackte.

Bei Ausbruch des Ersten Weltkrieges wurden Offiziere der US Army zur Einschulung in Sachen Kryptologie nach Riverbank zu Friedman geschickt, der bereits einige Bücher dazu geschrieben hatte. Friedman trat in die Armee ein und wurde als General Pershings persönlicher Kryptologe nach Frankreich entsandt. 1921 wurde er leitender Kryptologe im Kriegsministerium und im Zweiten Weltkrieg Leiter des Fernmeldegeheimdienstes SIS.

Nach dem Krieg leitete er die Kryptografische Abteilung der neu gegründeten *Armed Forces Security Agency* (Geheimdienst der Streitkräfte). 1952 wurde er Chefkryptologe der *National Security Agency* (NSA) und schloss ein Geheimabkommen

mit der Crypto AG, einem Schweizer Hersteller von Chiffriergeräten, sodass die NSA über deren Entwicklungen unterrichtet wurde.

In seiner Freizeit versuchte Friedman, das Voynich-Manuskript zu entziffern (siehe Seite 49). Nach seiner Pensionierung 1956 wandte er sich wieder der Suche nach Chiffren in Shakespeares Werken zu.

Sie war viel einfacher als die Enigma und wurde von den Briten und den Amerikanern unabhängig voneinander geknackt. Die Aufgabe war für sie einfacher als gedacht, denn *Red*-Maschinen benutzten ein ins lateinische Alphabet transkribiertes Japanisch, genannt *Romaji*. Dieses wurde in „Sechser und Zwanziger" geteilt – Vokale wurden als Vokale verschlüsselt, Konsonanten als Konsonanten, wobei Y zu den Konsonanten gezählt wurde. Vokale kamen in *Romaji* häufig vor und sie bildeten im Grunde ein sechs mal sechs Felder großes Vigenère-Quadrat; die Konsonanten bildeten ein 20 mal 20 Felder großes Vigenère-Quadrat. Beide verschoben sich um eine Position, wenn ein Buchstabe eingetippt wurde. Es gab nur eine beschränkte Zahl an Grundeinstellungen und der SIS fand schnell heraus, dass die Verschiebungen in der Vigenère-Tafel stets einem Zyklus von 41, 42 oder 43 folgte.

Am 20. Februar 1939 tauchte eine neue Maschine auf, die der SIS *Purple* nannte. Sie war aus einer von den Deutschen geliehenen Enigma entwickelt worden und wesentlich komplizierter. Am 1. Juni wurden neue Codebücher ausgegeben. Die Kryptoanalytiker nannten den neuen Code „JN-25", da er das 25. japanische Marinesystem (engl. *Japanese Navy System*) war, das sie identifizierten.

Eine Zeitlang verwendeten japanische Diplomaten die *Red*-Geräte weiter, was den Amerikanern wertvolle Cribs lieferte. Die Japaner stellten die Nummer der Nachricht an den Anfang des Funkspruchs. Die ersten Wörter enthielten detaillierte Protokolle des Funkverkehrs der verschiedenen Stationen.

Ein SIS-Team unter Frank Rowlett entdeckte, dass auch die *Purple* mit dem in Sechser und Zwanziger geteilten Alphabet arbeitete, doch Vokale wurden nicht mehr als Vokale und Konsonanten nicht mehr als Konsonanten verschlüsselt. Die Sechser wurden durch ein Steckerbrett zufällig verwürfelt. Die Zwanziger waren mit einem anderen Steckerbrett verbunden.

Die Verbindungen wurden täglich geändert, konnten jedoch, wie bei der *Red*, leicht mittels Häufigkeitsanalyse erschlossen werden. Die sechs Buchstaben wurden untereinander verwürfelt, doch ihre Häufigkeit war noch immer dieselbe wie im Klartext. Das galt auch für die Zwanziger.

Die Sechser konnten mit Papier und Bleistift und einer 6-mal-25-Tabelle erarbeitet werden. Das war langsam und mühsam, und Rowlett erkannte, dass man das besser machen konnte: mit einer IBM-Tabelliermaschine und Lochkarten.

Die Purple, *die auf der deutschen Enigma basierte*

FRANK ROWLETT (1908–1998)

Nachdem er Mathematik und Chemie studiert hatte, wurde Frank Rowlett 1930 von William Friedman als Nachwuchskryptologe rekrutiert. Zunächst knackte er den Code der japanischen *Red* und führte dann den Angriff auf die *Purple*. Gemeinsam mit Friedman modifizierte er Heberns *Electric Code Machine* und machte sie zur SIGABA-Chiffriermaschine; deren sichere Kommunikation soll im Zweiten Weltkrieg vielen Amerikanern das Leben gerettet haben.

1943 wurde Rowlett Leiter des *General Cryptanalytic Branch* der *Signal Security Agency* (Fernmeldegeheimdienst). Nach dem Krieg ging er zur *Armed Forces Security Agency*, dem Vorläufer der NSA. Dann wechselte er zur CIA, kehrte aber als Spezialassistent des Direktors zur NSA zurück und wurde Leiter der *National Cryptographic School* (Nationale Kryptografische Akademie).

Grotjan, eine der zivilen Angestellten, die Friedman eingestellt hatte, entdeckte, dass zyklische Muster entstanden, die 25 Buchstabenpositionen lang waren. Sie wurden durch drei Gruppen zu je vier Wählschaltern generiert. Diese drei Gruppen konnten auf schnell, mittel und langsam eingestellt werden wie die drei Walzen in der Enigma – deshalb waren sie durch dieselbe Kryptoanalyse angreifbar. Dazu war es notwendig, die Substitutionstabellen für die drei Verwürfler zu erstellen.

Der SIS war im *Munitions Building* in Washington, D.C., untergebracht. Im Spätsommer war es dort heiß und feucht und es gab keine Klimaanlage. Da sich die USA auf einen Kriegseintritt vorbereiteten, wurde das Gebäude um ein Stockwerk erweitert. Die Kryptoanalytiker konnten nun wählen zwischen dem Schwitzen in der Hitze bei geschlossenen Fenstern oder dem Baulärm bei geöffneten Fenstern. Trotzdem war die Aufgabe binnen drei Wochen erledigt.

Wiederum war es Rosens Aufgabe, einen mechanischen Weg zu finden, wie man die Entschlüsselung

GEKOPPELTE SCHALTER

Man benötigte ein Gerät, das die sechs Eingabebuchstaben mit den sechs Ausgabebuchstaben auf 25 verschiedene Arten verknüpfte. Leo Rosen, ein Elektroingenieur des MIT, der eben erst zum SIS rekrutiert worden war, meinte, ein „Wählschalter", wie er in der automatischen Telefonvermittlung in Gebrauch war, wäre dafür geeignet. Dieser bestand aus sechs gekoppelten Schaltern, die 25 Kontakte abtasteten. Erst nach dem Krieg stellten die Amerikaner fest, dass die *Purple* mit einer ähnlichen Anordnung von Stufenschaltern arbeitete.

Während man die Sechser also rasch knackte, dauerte es noch ein weiteres Jahr, bis Genevieve

 *Da es nicht viel Funkverkehr gab, wurde die erste [abgefangene* Red-*]Nachricht in eine der „Ansehen, wenn es nichts anderes zu tun gibt"-Ablagen befördert.*

Cryptologic Quarterly,
1984

DIE *PURPLE*

Die *97-shiki O-bun In-ji-ki* oder „Alphabetische Schreibmaschine '97" erhielt vom US-Militär den Codenamen *Purple*. Die Japaner nannten sie für gewöhnlich die „Maschine", die japanische Marine nannte sie „J". Sie wurde aus der deutschen Enigma entwickelt und „alphabetisch" genannt, weil sie *Romaji* verwendete, die Transkription des Japanischen in das lateinische Alphabet. Die Zahl „97" stammte vom japanischen Jahr 2597, das dem westlichen Jahr 1937 entsprach.

Das Gerät befand sich in einer Kiste zwischen zwei elektrischen Underwood-Schreibmaschinen, mit denen es durch 26 Drähte und ein Steckerbrett verbunden war. Mithilfe eines Codebuches, das die Tagesschlüssel enthielt, stellte der Bediener das Steckerbrett und die vier Scheiben des Verwürflers auf bestimmte Zahlen ein. Dann wurde die Nachricht eingegeben und in verschlüsselter Form ausgedruckt. Die Dechiffrierung von Nachrichten folgte derselben Prozedur.

Die SIGABA-Maschine

DIE SIGABA

1921 entwarf der amerikanische Geschäfts-
mann Edward H. Hebern eine rotorbasierte
Verschlüsselungsmaschine, die das Interesse
der US Navy weckte. Sie ging in Produktion,
verkaufte sich aber nur schleppend und das
Unternehmen ging pleite. Die Navy übernahm
jedoch Heberns Idee und stellte 1939 die erste
elektrische Chiffriermaschine in Dienst. Am SIS
fügte Friedman einen Lochstreifenleser hinzu,
der die Weiterschaltung der Rotoren (Walzen)
dem Zufall unterwarf. Gemeinsam mit Rowlett
entwickelte er die Maschine weiter, bis sie fünf
Walzen aufwies und mittels elektrischer Tastatur bedient werden konnte. Diese wurde als
M-134-A in Dienst gestellt. Friedman entschied
jedoch, dass die ECM-Maschine ihr überlegen
war, und nach dem japanischen Überfall auf
Pearl Harbor übernahm die US Navy die ECM,
während die US Army die M-134-C – oder
SIGABA – verwendete.

bewerkstelligen konnte. Er begann damit, Gruppen
von Wählschaltern mit der Tastatur eines SIGABA-
Prototypen zu verkabeln, wobei Tausende Verbindungen gelötet werden mussten. Soldaten der Fern-
meldetruppe arbeiteten dafür in Schichten.

Schließlich war das Werk vollendet. Rowlett
tippte eine abgefangene, mit *Purple* verschlüsselte
Nachricht ein und aus dem Drucker kam Klartext
in *Romaji*.

Die tägliche Aufgabe

Trotz allem mussten jeden Tag die Startpositionen
der vier Wählschalter herausgefunden werden.
Doch von den 25^4 (oder 390 625) möglichen
Positionen benutzten die Japaner nur 240. Mithilfe
von Cribs aus Nachrichtenkennnummern und der
Zeichensetzung am Beginn der Funksprüche fand
man heraus, dass die Japaner von den 26! (oder
400 000 000 000 000) möglichen Steckkontakten
bloß rund tausend verwendeten. Tabellen wurden
angelegt.

Die Kryptoanalytiker hatten bereits viele Cribs
angehäuft, vor allem nachdem auch das japanische
Außenministerium begonnen hatte, mit der *Purple*
zu verschlüsseln. Die Diplomaten neigten dazu,
Standardphrasen wie „Ich habe die Ehre, Eure
Exzellenz zu informieren …" zu verwenden, und
sie liebten es, Absätze zu nummerieren. Aus den
japanischen Zeitungen konnte auf die Themen der
Nachrichten geschlossen werden; das US-Außenministerium veröffentlichte häufig den vollständi-
gen dechiffrierten Text diplomatischer Noten der
japanischen Regierung, die verschlüsselt an die japanische Botschaft in Washington, D. C., geschickt
worden waren.

Magic

Die Kryptoanalytiker waren also im Geschäft und die dechiffrierten *Purple*-Nachrichten zirkulierten unter dem Codenamen *Magic* („Zauberei"). Die Verbreitung war beschränkt auf den Präsidenten, den Außen-, den Kriegs- und den Marineminister, den Stabschef, den Oberbefehlshaber der Marineoperationen sowie die Leiter der Kriegsplanungsdivisionen der Army und der Navy und der Geheimdienste der Army und der Navy – alles in allem nur zehn Personen. Auch andere Personen bekamen die Nachrichten zu sehen, doch Kommandanten im Feld waren dezidiert ausgenommen. An sie wurden nur die Informationen weitergeleitet und einer „höchst vertrauenswürdigen Quelle" zugeschrieben.

Nun kam es zu Grabenkämpfen zwischen der Army und der Navy darüber, wer für die abgefangenen diplomatischen *Purple*-Nachrichten zuständig war. Es wurde schließlich entschieden, dass sich der SIS der Army an geraden Tagen darum kümmern sollte, an den ungeraden Tagen das OP-20-G – das *Office of Chief of Naval Operations* (OPNAV; Büro des Oberbefehlshabers der Marineoperationen), 20. Division des *Office of Naval Communications*, Sektion G/Kommunikationssicherheit. In der Praxis arbeiteten Army und Navy jedoch sehr oft zusammen.

Der Marinekryptoanalytiker Leutnant Francis A. Raven entdeckte, dass es eine Beziehung gab zwischen den jeweiligen Tagesschlüsseln innerhalb der drei Dekaden des Monats. Anscheinend hatte der Kryptologe, der sie erzeugte, einfach den Schlüssel des ersten Tages genommen und bloß die Reihenfolge vertauscht. Wenn die Codeknacker also den ersten Tagesschlüssel herausgefunden hatten, konnten sie problemlos auch die Nachrichten der nächsten neun Tage entziffern.

Charles A. Lindbergh, der als Erster den Atlantik im Nonstop-Flug überquert hatte, trat dafür ein, die USA aus dem Krieg herauszuhalten.

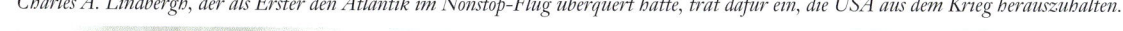

🔓 WICHTIGE MILITÄR-SPIONAGE

Als Henry Stimson Kriegsminister wurde und die _Black Chamber_ schloss (siehe Seite 76), war der SIS beunruhigt. Doch nun kam er, um sich die _Purple_ anzusehen, die sie gebaut hatten, und erklärte, dass sich die Situation des Jahres 1940 stark von der von 1929 unterschied. Da sich der Rest der Welt bereits im Krieg befand, war Militärspionage lebenswichtig.

Obwohl die USA noch nicht im Krieg waren, wurde eine US-Gesandtschaft unter der Leitung von Brigadegeneral George V. Strong zu den Briten geschickt. Strong schlug vor, sich über die kryptologischen Informationen auszutauschen. Zunächst waren die Geheimdienste auf beiden Seiten skeptisch, vor allem die Amerikaner, weil sie wussten, dass die Briten versucht hatten, ihre Codes zu knacken. Trotzdem übergab der SIS den Briten die Lösung für die _Purple_.

Auf britischer Seite bestand der Leiter der GC&CS, Alexander Denniston, jedoch auf bestimmten Bedingungen. Die Chefs der britischen Geheimdienste kamen überein, dass amerikanische Verbindungsoffiziere von der Enigma abgelenkt werden und stattdessen weniger wichtiges Material erhalten sollten, bei dem ihre Hilfe nützlich sein konnte. Schließlich waren die USA noch nicht im Krieg und unterhielten als offiziell neutraler Staat nach wie vor diplomatische Kontakte zu den Achsenmächten.

Friedman hätte nach Großbritannien reisen sollen, erlitt jedoch einen Nervenzusammenbruch. An seiner Stelle entsandte der SIS Abe Sinkov, einen von den ersten, 1930 eingestellten Männern, Leo Rosen und zwei Leutnants der US Navy. Ihre Mission war _top secret_, da amerikanische Isolationisten im Senat einen letzten Grabenkampf um den _Lend-Lease Act_ austrugen (ein Beschluss, Großbritannien mit Lebensmitteln und Waffen zu unterstützen) und Luftfahrtpionier Charles Lindbergh nach wie vor für einen Neutralitätspakt mit Deutschland eintrat.

Die amerikanischen Kryptoanalytiker sollten in Zivil an Bord des britischen Schlachtschiffes _King George V._ reisen, das soeben mit dem britischen Botschafter, Lord Halifax, in Annapolis eingetroffen war. Sie führten eine _Purple_ mit sich, eine japanische Schreibmaschine und Dokumente. Unterwegs wurden die Kisten, in denen diese verstaut waren, von einem deutschen Flieger beschossen, doch die wertvolle Fracht blieb unversehrt.

In Bletchley Park wurden die Amerikaner als kanadische Delegation ausgegeben. Während ihres Aufenthaltes verabschiedete der Congress den _Lend-Lease Act_ und Churchill erklärte sich einverstanden, dass man sie in Bletchley Park in die Geheimnisse der Enigma-Entschlüsselung einweihen sollte; allerdings sollten sie keine aktuellen Dechiffrate zu Gesicht bekommen. Die Amerikaner mussten Geheimhaltungsvereinbarungen unterzeichnen, die besagten, dass sie das, was sie erfuhren, nur mündlich weitergeben würden und ausschließlich an ihre unmittelbaren Vorgesetzten. Es durften keine Notizen gemacht werden. Dafür übergaben ihnen die Briten abgefangene _Purple_-Nachrichten aus ihrem Fernostbüro in Hongkong und später Singapur.

Kooperation

In _Hut 6_ hatte Leutnant Colonel John Tiltman den Enigma-Code der deutschen Eisenbahn geknackt und so von den Vorbereitungen auf den Einmarsch in Griechenland und in Russland erfahren. Ein _Purple_-Dechiffrat einer Nachricht von General Oshima Hiroshi, dem japanischen Botschafter in Berlin, bestätigte dies, denn darin berichtete er, Hitler hätte ihm erklärt, dass „Krieg mit Russland aller Wahrscheinlichkeit nach nicht zu vermeiden war". Die USA schlossen sich der Warnung an, die Churchill an Stalin übermittelte, doch Stalin wollte nicht hören und schickte weiterhin Rohstoffe nach Deutschland – auch noch wenige Stunden bevor die deutsche Wehrmacht am 22. Juni 1941 um 3 Uhr morgens ihren Einmarsch nach Russland begann.

Churchill schickte sofort Ultra-Spionageinformationen nach Moskau. Denniston protestierte; angesichts der Unsicherheit der sowjetischen Feldchiffren „sei es nur eine Frage von Tagen, bis die Deutschen unseren Erfolg herausfinden und zukünftige Operationen auf nicht knackbare Weise

Als Deutschland 1941 die Sowjetunion angriff, waren die Briten unsicher, wie viele Geheiminformationen sie ihrem neuen Verbündeten anvertrauen durften.

verborgen halten würden". Er bestand darauf, jede nach Moskau geschickte Nachricht persönlich abzusegnen. Die durchgelassenen wurden einer „höchst vertrauenswürdigen Quelle" zugeschrieben.

Aus dechiffrierten Enigma-Nachrichten erfuhren die Briten auch von Gräueltaten, die die Deutschen auf ihrem Vormarsch durch sowjetisches Territorium begingen, insbesondere vom Zusammentreiben und Erschießen einer großen Zahl an Volkskommissaren und Juden. Tiltman knackte auch den Code der deutschen Polizei.

Aus diesen Meldungen erfuhren die Briten vom Holocaust, bei dem Juden in Deutschland zusammengetrieben und in Todeslager verschleppt wurden. Bletchley Park legte eine Akte an, um sie in zukünftigen Kriegsverbrecherprozessen zu verwenden, doch erbeutete Dokumente und Augenzeugenberichte reichten völlig aus, um Nazi-Kriegsverbrecher in Nürnberg zu verurteilen. Die Akte in Bletchley Park blieb bis 1996 verschlossen.

In Rauch gehüllt ist hier der Flugzeugträger USS Wasp zu sehen, nachdem ihn am 15. September 1942 im Pazifischen Ozean drei Torpedos des japanischen U-Bootes I-19 getroffen hatten.

KAPITEL 11

JAPANS MARINECODES

Roosevelts persönliche Gelassenheit war seiner cleveren Einschätzung zuzuschreiben, dass man Großbritannien nicht erlauben dürfe, den Krieg zu verlieren … dass man es bei Laune halten müsste, bis die USA stark genug waren, um die Richtung des Krieges zu bestimmen und ihn entsprechend zu führen.

Michael Howard, Historiker, *Times Literary Supplement*, Herbst 2009

Den US-Kryptologen und den Regierungsangehörigen, die ihre Dechiffrate lasen, wurde relativ rasch klar, dass Japan einen Angriff auf die USA plante, doch da die japanischen Marinecodes ständig geändert wurden, konnte man unmöglich vorhersagen, wo sie angreifen würden.

JAPANS MARINECODES

 JN-25

Obwohl die *Purple* geknackt worden war, galt das nicht für den wichtigsten Befehls- und Führungskommunikationscode JN-25. SIS und OP-20-G versuchten, ihm mit IBM-Rechnern beizukommen, doch man kam kaum voran, bis sich jemand beim OP-20-G an den alten japanischen Code „S" erinnerte, den man einige Jahre zuvor gestohlen hatte.

JOSEPH J. ROCHEFORT (1900–1976)

Joseph Rochefort war gleich nach der Highschool in die US Navy eingetreten. Als talentierter Kreuzworträtsellöser und *Auction-Bridge*-Spieler wurde er für die Kryptografie-Abteilung der Marine empfohlen, die er von 1925 bis 1927 leitete. Dann wandte er sich dem neu geschaffenen OP-20-G zu. Er wurde nach Japan geschickt, um die Sprache zu lernen, und trat dann dem Marinegeheimdienst bei.

1941 schickte man ihn nach Hawaii, um die dortige *Combat Intelligence Unit* zu leiten, die als „Station Hypo" bekannt war. Nachdem er nicht in der Lage war, vor dem Angriff auf Pearl Harbor zu warnen, widmete er danach all sein Können dem Knacken des japanischen Marinecodes JN-25. Obwohl er den Code noch nicht komplett entschlüsselt hatte, entdeckte er, dass die Japaner einen Angriff auf Midway planten.

In diesem System wurden Zahlen einem vierstelligen Code zugewiesen. Null war 0000, 1 war 0102, 2 war 0204, 3 war 0306 usw. Das war wichtig, weil sich Nachrichten am Beginn oft auf eine vorherige Nachricht bezogen und dabei deren Nummer anführten.

Durch eine Differenzenmethode entdeckten Kryptoanalytiker, dass 00102, 00204, 00306 und 00408 immer wieder vorkamen. Nach einem Jahr des Ausprobierens hatten sie schließlich die Codegruppen für alle Zahlen von 0 bis 999 herausgefunden. Ein weiterer hilfreicher Hinweis war eine Sicherheitsmaßnahme, die in den Code eingebaut worden war, um zu verhindern, dass er verstümmelt übermittelt wurde: Die Summe der Ziffern in einer Codegruppe war stets durch drei teilbar.

Bei ihrem Besuch in Bletchley Park stellte die amerikanische Delegation fest, dass die Briten in Fernost bei einem anderen Teil des JN-25-Codes Fortschritte gemacht hatten. Sofort wurden die Ergebnisse sowie Verbindungsoffiziere zwischen dem Fernostbüro in Singapur und der Kryptoanalyse-Einheit der US-Marine auf der *Cavite Naval Base* auf den Philippinen ausgetauscht. Doch gerade, als man die ersten Fortschritte erzielt hatte, änderten die Japaner neuerlich ihre Codes; die Vorbereitungen zum Angriff auf Pearl Harbor waren im Gange.

 SPIONAGE-KAMPF-EINHEIT

Im Juni 1941 wurde Leutnant Commander Joseph J. Rochefort entsandt, um die Fernmeldeeinheit des 14. Marinedistrikts auf Hawaii zu übernehmen. Rochefort war Experte für Funkkommunikation sowie Kryptoanalyse und sprach Japanisch. Seine Einheit wurde in *Combat Intelligence Unit* (etwa „Spionage-Kampfeinheit") umbenannt. Während Teams in Washington, auf den Philippinen und in Singapur am JN-25 arbeiteten, beschäftigte er sich mit „niedrigeren" Codes für Ingenieurwesen, Verwaltung, Person, Wetter und Flottenübungen. Für den Gebrauch auf Hawaii wurde eigens eine *Purple*-Maschine hergestellt, doch diese traf nie ein.

Im Juli hörte die *Combat Intelligence Unit* einen Funkspruch ab, der sie glauben ließ, dass Japan nach dem Fall Frankreichs die französischen Kolonien in Indochina – Vietnam, Laos und Kambodscha – übernehmen wollte. Der Oberbefehlshaber der japanischen Flotte hatte Befehle an die Streitkräfte im Süden geschickt und offenbar wurden Truppen verschoben. Nachrichten an gewisse Admirale mussten umgeleitet werden. Dann herrschte Funkstille in der Flotte. Man nahm an, dass sich das Einsatzkommando auf dem Weg befand. Es gingen Nachrichten an das Kommando ein, doch keine aus.

Die Spionage-Einheit bemerkte außerdem, dass es keinerlei Funkverkehr mit den Flugzeugträgern gab. Man nahm an, dass diese in heimatlichen Gewässern zurückgehalten wurden und dort auf schwachen Frequenzen kommuniziert wurde, sodass die Funksprüche abstarben, bevor sie von amerikanischen Horchposten aufgefangen werden konnten. Die US-Aufklärung kannte dieses Muster schon von früher.

Abgefangene *Red-* oder *Purple*-Nachrichten wurden von US-Beobachtungsposten erneut verschlüsselt und erst dann nach Washington, D. C., weitergeschickt, damit die Japaner nicht merkten, in welchem Ausmaß die Amerikaner ihren Funkverkehr mitlasen. Um den Funkverkehr von den Philippinen zu reduzieren, erhielt das Team seine eigene *Purple*. Nach dem Knacken des Codes funkte es nur die Tagesschlüssel, damit die Kryptoanalytiker in Washington, D. C., die Nachrichten anderer Horchposten entziffern konnten.

Da General Douglas MacArthur und Admiral Thomas C. Hart, Oberbefehlshaber der US-Flotte in Asien, auf den Philippinen stationiert waren, bekamen auch sie *Magic*-Nachrichten zu sehen. Da es von oberster Wichtigkeit war, die Japaner

nicht wissen zu lassen, dass man *Purple* geknackt hatte, wurden die Schlüssel und dechiffrierte Nachrichten an Washington über einen Kryptokanal namens „Copek" geschickt, bei dem eine der *Purple* ähnliche elektrische Chiffriermaschine zum Einsatz kam, deren Verschlüsselung allerdings viel stärker war als die der *Purple*. Der Funkverkehr mittels Copek wurde auf ein Minimum beschränkt, damit der Feind nicht alarmiert wurde; doch Rochefort war in der Lage, Copek zu lesen.

Es gab auch Anstrengungen, die Telefon- und Telegrafenleitungen des japanischen Konsulats auf Hawaii abzuhören. Ein junger Fähnrich namens Takeo Yoshikawa verschickte Berichte über die amerikanischen Schiffe in Pearl Harbor. Am 4. Dezember 1941 telegrafierte er an den japanischen Außenminister: „Um 1 Uhr am 4. lief ein leichter Kreuzer der Honolulu-Klasse eilig aus." Dies wurde nicht im Marinecode, sondern im diplomatischen Code übermittelt, der bereits geknackt worden war.

 Der sogenannte Translator muss unzusammenhängende Silben zu verständlichen Wörtern zusammenfügen … und dann mit der Übersetzung weitermachen; dieser Job ist weitaus schwieriger als eine gewöhnliche Übersetzung.

Captain Arthur H. McCollum,
Leiter der Fernost-Sektion,
Büro des Marinegeheimdienstes

ARTHUR H. MCCOLLUM (1898–1976)

Als Leiter der Fernostsektion des Büros des Marinegeheimdienstes gehörte es zu Captain McCollums Aufgaben, *Magic* weiterzuleiten, also die abgefangenen japanischen Geheimdienstinformationen, darunter auch die Kriegserklärung Japans an die USA. Der Berufsoffizier der Navy wurde als Sohn zweier baptistischer Missionare in Nagasaki, Japan, geboren und kehrte nach seinem Abschluss an der US-Marineakademie in Annapolis, Maryland, 1921 für drei Jahre nach Japan zurück, um als Dolmetscher und Übersetzer ausgebildet zu werden. Er befehligte ein U-Boot, diente auf einem Schlachtschiff und erhielt als Assistent des Marineattachés in Tokio und Geheimdienstoffizier der Pazifikflotte besondere Einsicht in die Lage im Fernen Osten.

Im Oktober 1940 arbeitete er für das Büro des Marinegeheimdienstes, wo er das sogenannte McCollum-Memo entwarf, einen detaillierten Acht-Punkte-Plan, wie man Japan zum Kriegseintritt provozieren könnte, ohne den von Präsident Roosevelt 1935 unterzeichneten Neutralitätspakt zu verletzen.

Nachrichten höherer Sicherheitsstufe durchliefen eine Serie von Transpositionsverschlüsselungen, bevor sie mit der *Purple* verschlüsselt wurden. Doch da die früheren Transpositionscodes bereits geknackt waren, war das Dechiffrieren der Nachrichten relativ einfach, wenngleich mühselig.

Ein Gefühl der Sicherheit

Die US-Sicherheitsmaßnahmen waren alles andere als strikt. Die dechiffrierten japanischen Nachrichtentexte und sogar deren Nummern wurden in Depeschen übermittelt. Ein *Magic*-Memorandum wurde im Mülleimer eines Beraters des Präsidenten gefunden und ein Kryptoanalytiker wurde dabei erwischt, als er versuchte, in Boston Informationen zu verkaufen.

Am 28. April 1940 berichtete die deutsche Botschaft in Washington, D. C., an Berlin, dass das *US State Department* über die Schlüssel für die japanischen Marinecodes verfügte. Diese Nachricht wurde an Tokio weitergegeben. Während die US-Kryptoanalytiker den Atem anhielten, kontaktierte der japanische Außenminister Botschafter Kichisaburo Nomura in Washington, D. C., der ihm versicherte, dass „von allen Hütern von Codes und Chiffren die strengsten Vorsichtsmaßnahmen ergriffen werden". Trotzdem blieb Nomura misstrauisch.

Die US-Kryptoanalytiker hatten die Befürchtung, dass die Japaner die Codes ändern würden und sie wieder ganz von vorne beginnen müssten. Doch die Japaner schickten nur Ermahnungen aus, strenger auf die Sicherheit zu achten. In einer davon wurden die Botschaften angewiesen, mit rotem Lack *Kokka Kimitsu* – „Staatsgeheimnis" – auf ihre Verschlüsselungsgeräte zu schreiben. Anscheinend waren die Japaner ebenso wie die Deutschen davon überzeugt, dass ihre Verschlüsselung nicht gebrochen werden konnte.

Um die US-Sicherheitsmaßnahmen stand es ein wenig besser. Eines der größten Probleme bestand darin, genügend Übersetzer zu finden, die die strengen Aufnahmeprüfungen bestanden in einer

Zeit, als die Beziehungen zwischen US-Bürgern und Japanern in den USA stark von Misstrauen geprägt waren. Es reichte nicht aus, einfach nur Japanisch zu beherrschen. Die Rekruten mussten mindestens ein Jahr Erfahrung mit telegrafischem Japanisch haben, das eine Sprache innerhalb der Sprache darstellte.

Captain Arthur H. McCollum, Leiter der Fernostsektion des Marine-Geheimdienstbüros und selbst Japanisch sprechender Offizier, drückte es so aus: „Der sogenannte Übersetzer dieser Art von Material muss fast schon selbst ein Kryptoanalytiker sein. Sie müssen wissen, dass diese Dinge in Form von Silben auftreten, und die Wörter entstehen daraus, wie Sie diese Silben gruppieren. Es gibt keine Interpunktion. Ohne die chinesischen Schriftzeichen ist es überaus schwierig, diese Dinge zusammenzubringen. Das heißt, zwei zusammen gruppierte Laute können viele verschiedene Dinge bedeuten. Zum Beispiel kann ‚ba' ‚Pferde' bedeuten oder ‚Felder', ‚alte Frauen' oder ‚meine Hand', je nachdem, mit welchen Schriftzeichen es geschrieben wird."

General Douglas MacArthur

Im Herbst 1941, als die US-japanischen Beziehungen kurz vor dem Abbruch standen, verarbeiteten SIS und OP-20-G bis zu 75 Nachrichten pro Tag, von denen manche bis zu 15 Schreibmaschinenseiten lang waren. Zumindest einmal mussten 130 Nachrichten an einem Tag dechiffriert werden. Solange die Verhandlungen zwischen den USA und Japan andauerten, mussten diese geknackt, übersetzt und eiligst an den Außenminister übermittelt werden, bevor der japanische Botschafter eintraf.

Am 16. Oktober 1941 wurde Hideki Tojo Premierminister von Japan. Als eine seiner ersten Amtshandlungen rief er Fernmeldedienstchef Kazuji Kameyama zu sich und fragte ihn, ob die diplomatische Kommunikation sicher sei. „Dieses Mal", sagte Kameyama, „ist alles in Ordnung."

 Obwohl ich nicht weiß, welche, habe ich entdeckt, dass die Vereinigten Staaten einige unserer codierten Nachrichten lesen. »

Botschafter Kichisaburo Nomura,
1940

🔓 VORBEREITUNGEN AUF DEN KRIEG

Der Plan für den Angriff auf Pearl Harbor war fertig und die Streitmacht wurde vor der entlegenen Kurilen-Insel Etoforu im Norden von Japan zusammengezogen. Die regulären Funkoffiziere funkten scheinbar Routinenachrichten. Der US-Horchposten auf Bainbridge Island im Puget Sound empfing eine Nachricht, in der die japanische Botschaft in Washington angewiesen wurde, das tägliche japanische Nachrichtenbulletin auf Kurzwelle anzuhören. Wenn sie den Ausdruck „Ostwind, Regen" hörten, so bedeutete das, dass die US-japanischen Beziehungen abgebrochen worden waren und dass sie alle Codedokumente vernichten sollten. „Nordwind, bewölkt" bedeutete, dass es einen Zwist mit der Sowjetunion gegeben hatte, während „Westwind, klar" auf ein Ereignis mit den Briten schließen ließ.

Im Anschluss an eine Militärzeremonie auf dem Yoyogi-Paradeplatz in Tokio am 21. Oktober 1940 zu Ehren des 2600-jährigen Bestehens des Japanischen Reiches richtet Kaiser Hirohito von Japan seine Grußbotschaft an Kriegsminister Generalleutnant Hideki Tojo.

Damit es keinen Irrtum gab, würde die Phrase in dem Bulletin dreimal wiederholt werden. Als die Amerikaner diese Nachricht entschlüsselt hatten, widmeten sich die Überwachungsstationen nun den Kurzwellenübertragungen und die Übersetzer waren bald überfordert.

Am 20. November präsentierten die Botschafter Nomura und Saburo Kurusu Außenminister Cordell Hull ein Ultimatum. Die USA sollten ihre Unterstützung für China einstellen, den Japanern weitere Eroberungen gestatten und sie mit dem Erdöl beliefern, das sie benötigten. Andere japanische Botschaften wurden instruiert, alle Geschäfte mit den Amerikanern einzustellen.

Die 32 Schiffe der Streitmacht verließen die Kurilen am 25. November unter strikter Funkstille. Als Hull seine Antwort an Nomura übergab und darin alle japanischen Forderungen zurückwies, tätigte Kurusu einen verschlüsselten Anruf nach Tokio, in dem er mitteilte, dass die Verhandlungen zu nichts führten. Die Amerikaner hörten das Telefonat jedoch ab und kannten den Code.

Vereinbart war, dass über die Verhandlungen als Heiratsantrag gesprochen würde. Präsident Roosevelt wurde als Miss Kimiko bezeichnet, der Außenminister als Miss Fumeko. Die Lösung der Chinafrage (Japan war 1937 einmarschiert) wurde als bevorstehende Geburt eines Kindes behandelt. Kurusu warnte, dass eine Krise unmittelbar bevorstehe, doch trotzdem wurde er angewiesen, die Verhandlungen fortzusetzen.

Es wurden weitere Codewörter in Umlauf gebracht für den Fall, dass weitere unverschlüsselte Kommunikation notwendig würde. ARIMURA bedeutete, dass verschlüsselte Kommunikation verboten war. HATTORI bedeutete, dass die Beziehungen zu einer bestimmten Nation am Rande einer Krise standen. MINAMI war der Code für die USA. Um anzuzeigen, dass diese Wörter als Code und nicht wortwörtlich zu lesen waren, sollten Telegramme mit dem englischen Wort STOP enden anstelle des japanischen OWARI.

Eine Nachricht von Botschafter Oshima in Berlin wurde abgefangen. Darin teilte er Tokio mit, dass Außenminister Joachim von Ribbentrop ihm versichert habe: „Sollte Japan in einen Krieg mit den Vereinigten Staaten verwickelt werden, wird Deutschland natürlich sofort in diesen Krieg eintreten."

Tokios Antwort lautete: „Teilen Sie streng geheim mit, dass extreme Gefahr besteht, dass plötzlich durch einen bewaffneten Zusammenstoß ein Krieg zwischen den angelsächsischen Nationen und Japan ausbricht, und fügen Sie hinzu, dass der Zeitpunkt des Kriegsausbruchs früher kommen könnte, als sich irgendjemand vorstellt."

Als Roosevelt diese Nachricht las, bat er um eine Kopie. Es war verboten, *Magic*-Nachrichten zu kopieren, doch dem Präsidenten wurde gestattet, eine abgeschriebene Version zu behalten.

Änderung aller Schlüssel

Am 1. Dezember 1941 änderte die japanische Marine unerwartet sämtliche Codes und Schlüssel. Normalerweise passierte das alle sechs Monate, doch die letzte Änderung war erst am 1. November erfolgt. Die Amerikaner vermuteten, dass etwas im Gange war, doch Rochefort musste vor seinem Chef, dem Oberbefehlshaber der Pazifikflotte Admiral Husband E. Kimmel, zugeben, dass er noch immer nicht wusste, wo sich die japanischen Flugzeugträger befanden. Man war einhellig der Ansicht, dass sie noch immer in ihren Heimatgewässern lagen.

In der Zwischenzeit wurden Rocheforts Bemühungen, Sender und Empfänger neuerlich zu identifizieren, durch eine große Menge an Funksprüchen und Telegrammen unterlaufen, die an mehrere Adressen geschickt wurden. Er erkannte jedoch schnell, dass nichts davon von den Flugzeugträgern oder den U-Booten stammte. Der Funkverkehr schien einen Angriff im Süden, auf Siam (Thailand) oder Singapur, nahezulegen.

Ebenfalls am 1. Dezember entzifferte OP-20-G eine *Purple*-Nachricht von Tokio an Washington, in der daran erinnert wurde, wie man die Codes zerstört. Bereits fünf Tage zuvor waren Instruktionen ergangen, wie die *Purple*-Geräte zu zerstören waren. Eine andere Nachricht ließ vermuten, dass die Japaner planten, britische und niederländische Besitzungen in Südostasien anzugreifen, nicht die USA. Sie bestätigte, dass die Verschlüsselungsgeräte

Ein Aufklärungsflugzeug der Kaiserlich Japanischen Marineluftstreitkräfte wird etwa im Mai 1942 auf den Truk-Inseln, Mikronesien, an Bord eines Flugzeugträgers gehievt. Während des Pazifikkrieges waren die Truk-Inseln (heute Chuuk-Inseln) von Japan besetzt.

in London, Singapur und Manila vernichtet worden waren, während das Gerät aus Batavia (Jakarta) an Japan zurückgegeben worden war.

Die nun auf See befindliche Streitmacht empfing einen allgemeinen Funkspruch an alle Schiffe, der lautete: „NIITAKA-YAMA NOBORE – Mount Niitaka besteigen." Das war der Code dafür, den Angriff fortzusetzen.

Codebücher verbrennen

In Honolulu war ein Zuständigkeitskonflikt mit dem FBI über abgehörte Telefonate ausgebrochen, weshalb die Navy ihre Überwachung des japanischen Konsulats einstellte. Vorher fing man noch die Anweisung an das Konsulat ab, alle Codebücher und geheimen Dokumente zu verbrennen. Tags darauf entzifferte der SIS in Washington, D. C., eine *Purple*-Nachricht, in der Tokio die dortige Botschaft anwies, dasselbe zu tun. Als er dieses *Magic*-Dechiffrat las, wusste Präsident Roosevelt, dass ein Krieg unvermeidlich war. Die spannende Frage war nur: Wann würde es losgehen?

133

PEARL HARBOR: HÄTTE MAN DEN ANGRIFF VERHINDERN KÖNNEN?

Es ist offensichtlich, dass SIS und OP-20-G Einsicht in die japanischen Vorbereitungen für die Offensive im Pazifik hatten und dass sie das, was in einer Kriegserklärung Japans gipfelte, bereits Stunden vor dem Überfall auf Pearl Harbor abgefangen hatten. Doch es gab keinerlei Anzeichen im japanischen Funkverkehr, dass Pearl Harbor das Ziel war. Es gab zahlreiche Nachrichten über die Bewegungen in und aus Pearl Harbor, doch ebensolche Nachrichten gab es auch über andere amerikanische Häfen und auch über Schiffe, die den Panamakanal durchfuhren.

Das Kongress-Komitee, das den Angriff auf Pearl Harbor 1945 untersuchte, legte eine minutiöse Studie über die Tätigkeit der Codeknacker an und entlastete sie; stattdessen lobten sie ihre Hingabe an die Pflicht, die „höchster Ehren würdig" sei. Das Komitee befand ferner, dass die Kryptoanalytiker in den 1350 Tagen nach dem Angriff „enorm zum Sieg über den Feind beigetragen und den Krieg erheblich verkürzt haben, womit sie Tausende Leben gerettet haben".

Die japanische Botschaft in Washington, D.C., erhielt die Anweisung, neben den Codebüchern auch alle *Purple*-Geräte bis auf eines zu vernichten. Zunächst waren die Geräte mit einem Schraubenzieher auseinanderzunehmen. Dann mussten die Teile flach gehämmert und in Säure aufgelöst werden, die der Marineattaché zur Verfügung stellte. Auch der US-Militärattaché in Tokio wurde angewiesen, Dokumente des Kriegsministeriums zu zerstören.

Am 4. Dezember fingen Horchposten einen Wetterbericht auf, der „Nordwind, bewölkt" lautete. US-Geheimdienstoffiziere waren erleichtert, dass nicht von „Ostwind, Regen" die Rede war, und schlossen daraus, dass es keine echte Warnung davor war, dass die japanisch-sowjetischen Beziehungen abgebrochen worden waren.

Nachdem Hull den letzten japanischen Verhandlungsvorschlag mit der Hull-Note beantwortet hatte, die die Japaner als Ultimatum auffassten, traf der japanische Außenminister am 5. Dezember mit Vertretern der Kaiserlichen Armee und Marine zusammen, um zu besprechen, um welche Uhrzeit man den USA eine detaillierte Note zukommen lassen sollte, die in einer Kriegserklärung gipfeln würde. Man beschloss, die Sendung um eine halbe Stunde auf 13 Uhr EST am 7. Dezember zu verschieben, eine Stunde nach Sonnenaufgang in Hawaii. Vizeadmiral Seiichi Itō bat Außenminister Shigenori Togo, die Note an die Botschaft in Washington „nicht zu früh" zu schicken.

 KRIEGSERKLÄRUNGEN

Gegen 13 Uhr am 6. Dezember traf Japans Kriegserklärung im Funkraum des japanischen Außenministeriums ein. Um das Senden zu erleichtern, teilte Kameyama die 5000 Worte lange Note in 14 Teile; diese wurden mit der *Purple* verschlüsselt. Er chiffrierte auch eine kürzere Nachricht an die Botschaft in Washington, dass eine Antwort auf Hull unterwegs sei. Diese hatte der SIS entschlüsselt, bevor Japan die ersten 13 Teile übermittelte. Wie instruiert, hielt Kameyama den entscheidenden 14. Teil zurück.

Der Horchposten auf Bainbridge Island empfing die ersten 13 Teile und leitete sie an das OP-20-G zum Entschlüsseln weiter. Auch der SIS schaltete sich ein, doch die Nachrichten waren verstümmelt und der Geheimtext musste neuerlich durch die *Purple* der Navy geschickt werden.

Zeitgleich arbeiteten Kryptoanalytiker in der japanischen Botschaft ebenfalls daran. Die Amerikaner hatten alle 13 Noten entschlüsselt, während die Japaner nach dem Entziffern der ersten sieben oder acht Teile eine Abschiedsparty im Mayflower Hotel besuchten. In der Zwischenzeit codierten Kryptologen des Außenministeriums einen persönlichen Friedensappell des US-Präsidenten an den Kaiser von Japan.

In Honolulu sorgte sich die Spionageabwehr der Armee wegen eines abgehörten Telefonats, in dem eine japanische Journalistin ihrem Verleger in Tokio mitteilte: „Hibiskus und Weihnachtsstern sind

in voller Blüte." Das war doch sicher ein Code? Gleichzeitig telegrafierte Takeo Yoshikawa Details über die Schiffe in Pearl Harbor nach Tokio.

In Washington, D.C., zirkulierten die ersten 13 Teile als *Magic*. Als Roosevelt sie las, meinte er nur: „Das bedeutet Krieg."

Bei ihm war Harry Hopkins, der Administrator des Lend-Lease-Programms, der Roosevelt den Rat gab, den ersten Schlag zu führen.

„Das können wir nicht tun", sagte Roosevelt. „Wir sind eine Demokratie und ein friedliches Volk."

Auch andere Menschen mit Zugang zu *Magic* waren in dieser Nacht überzeugt, dass die Verhandlungen am Ende waren. Wie auf glühenden Kohlen erwarteten alle den 14. Teil. Immer wieder wurden die Horchposten gecheckt, ob er vielleicht von einem empfangen, aber nicht weitergeleitet worden war. Doch in Wahrheit hatten die Japaner bis zum letztmöglichen Moment damit gewartet.

Schließlich empfing Bainbridge Island den letzten Teil, 14 Stunden nach dem vorhergehenden Funkspruch. Die Amerikaner benötigten zum Entschlüsseln eine Stunde. Wie der Rest der Note war auch diese auf Englisch. In der Zwischenzeit fing man einen Funkspruch auf Japanisch ab und schickte ihn an den SIS. Man war den Dechiffrierern in der japanischen Botschaft weit voraus, die abends nach Hause geschickt und erst um 8 Uhr morgens zum Dienst erwartet wurden.

Als das OP-20-G um 4 Uhr morgens den 14. Teil entschlüsselt hatte, wurde er eiligst an das Weiße Haus und das Außenministerium übermittelt. Um 9 Uhr war der SIS mit der japanischen Nachricht fertig. Darin wurde die japanische Botschaft angewiesen, die 14-teilige Nachricht um 13 Uhr an Außenminister Hull zu übergeben. Jedem war klar, was das bedeutete.

Die Nachricht stürzte die Kryptoanalytiker in der Botschaft in ein Chaos. Sie mussten noch die restlichen Nachrichtenteile dechiffrieren und hatten dafür nur eine *Purple* zur Verfügung.

Während die erste Welle japanischer Flugzeuge von den Flugzeugträgern im Pazifik startete, bat Botschafter Nomura Minister Hull telefonisch um ein Treffen um 13 Uhr. Ein weiterer japanischer Funkspruch war abgefangen worden, diesmal im Klartext. Er endete mit dem Codewort „STOP" und beinhaltete die Wörter „HATTORI MINAMI". Dann wurde die Zerstörung der letzten *Purple* in der japanischen Botschaft in Washington, D. C., angeordnet.

Da er den Telefonverzerrern misstraute, schickte Stabschef George C. Marshall eine verschlüsselte Warnung an die kommandierenden Generäle auf Hawaii, in der Karibik, an der Westküste und auf den Philippinen aus – die Nachricht an die Philippinen hatte Priorität.

Verständigung vom Angriff

Gegen 12.30 Uhr hatten die Japaner in der Botschaft die Entschlüsselung von Teil 14 abgeschlossen, doch die 13 Teile davor wurden noch abgetippt. Daraufhin rief die Botschaft im Außenministerium an, um das Treffen von Nomura mit Hull auf 13.45 Uhr zu verschieben.

Nur wenige Minuten nach dem Anruf griffen japanische Bomber und Torpedobomber die US-Pazifikflotte in Pearl Harbor an. Um 14.05 Uhr, als Nomura und Kurusu im Außenministerium eintrafen, erhielt Hull einen Anruf von Roosevelt,

Präsident Franklin Delano Roosevelt

Das Inferno in Pearl Harbor, 7. Dezember 1941

der mitteilte, er hätte Berichte über einen unbestätigten Angriff auf Pearl Harbor erhalten.

Um 14.20 Uhr bat Hull die Botschafter in sein Büro, bot ihnen jedoch keinen Platz an. Nomura erklärte Hull, dass seine Regierung ihn angewiesen hatte, ihm dieses Dokument um 13 Uhr zu übergeben, doch dass Schwierigkeiten bei der Decodierung zu einer Verzögerung geführt hätten.

In seinen Memoiren erinnert sich Hull: „Ich gab vor, das Papier durchzusehen. Ich kannte den Inhalt bereits, doch das durfte ich natürlich nicht zeigen … Als ich fertig war, wandte ich mich an Nomura und sah ihm direkt in die Augen.

‚Ich muss sagen‘, sagte ich, ‚dass ich in all meinen Gesprächen mit Ihnen in den letzten neun Monaten kein einziges Wort der Unwahrheit von mir gegeben habe. Das wird durch das Protokoll absolut bestätigt. In meinen 50 Jahren im öffentlichen Dienst habe ich nie ein Dokument gesehen, in dem mehr niederträchtige Unterstellungen und Verfälschungen versammelt waren – niederträchtige Unterstellungen und Verfälschungen in einem derartigen Ausmaß, von dem ich mir bis heute nie auch nur vorstellen konnte, dass eine Regierung auf diesem Planeten sie überhaupt äußern könnte.‘

Die Botschafter drehten sich wortlos um und verließen mit gesenkten Köpfen mein Büro.“

Überraschungsmoment

Kurz sah es so aus, als ob sich der Versuch Japans, das Überraschungsmoment zu nutzen, gelohnt hätte. Doch dass Japan den bewaffneten Konflikt ohne vorhergehende Kriegserklärung begonnen hatte, wurde ihm nach Kriegsende zur Last gelegt. Einige Akteure wurden als Kriegsverbrecher verurteilt und bezahlten mit dem Leben.

Marshalls Warnung traf erst nach Beginn des Angriffs auf Hawaii ein. Sie musste dechiffriert werden und erreichte den kommandierenden General, Major General Walter Short, um 15 Uhr. Nach einem kurzen Blick darauf landete sie im Papierkorb.

Horchposten hatten bereits japanische Radionachrichten über einen „todesverachtenden Überfall“ auf Pearl Harbor aufgefangen. Sie endeten mit einem Wetterbericht: „Westwind, klar.“ Innerhalb von acht Stunden griffen die Japaner auch die britische Kolonie Hongkong an.

Trotz aller Bemühungen konnten die Kryptoanalytiker vor dem Angriff auf Pearl Harbor nicht warnen. Doch ihre weiteren Anstrengungen wurden belohnt: In den Schlachten im Pazifik erwies sich die Kryptoanalyse als entscheidend. Im April 1943 identifizierte ein US-Kryptoanalytiker den Reiseplan für Admiral Isoroku Yamamotos Besuch auf den Salomoninseln; er war der Architekt des Pearl-Harbor-Angriffs. 18 P-38 wurden ausgeschickt, um sein Flugzeug über Bougainville Island abzufangen – es wurde abgeschossen und Yamamoto getötet.

DER 14. TEIL

„Offenbar ist es die Absicht der amerikanischen Regierung, mit Großbritannien und anderen Ländern zu konspirieren, um Japans Friedensbemühungen durch Bildung einer neuen Ordnung in Ostasien zu unterlaufen, und vor allem angloamerikanische Rechte und Interessen zu schützen, indem der Krieg zwischen Japan und China geschürt wird. Diese Absicht trat im Verlauf der aktuellen Verhandlungen klar zutage. Daher ist die ernsthafte Hoffnung der japanischen Regierung, die japanisch-amerikanischen Beziehungen auszugleichen und den Frieden im Pazifik zu bewahren und durch Kooperation mit der amerikanischen Regierung zu fördern, schließlich zunichte gemacht worden.

Die japanische Regierung bedauert, die amerikanische Regierung davon unterrichten zu müssen, dass sie angesichts der Haltung der amerikanischen Regierung nur zu der Einschätzung gelangen kann, dass eine Einigung durch weitere Verhandlungen unmöglich ist.“

Text der stark verspätet abgegebenen Kriegserklärung Japans an die Vereinigten Staaten

US-Sturzkampfbomber von der USS Hornet *im Anflug auf Japans brennenden schweren Kreuzer* Mikuma *im Rahmen der dritten Angriffswelle am frühen Nachmittag des 6. Juni 1942*

KAPITEL 12

DIE RACHE DER KRYPTOLOGIE

Ich kann viele Ausreden anbieten, aber wir haben versagt. Ein Geheimdienst-offizier hat einen Job, eine Aufgabe, eine Mission: seinem Kommandanten, seinem Vorgesetzten heute mitzuteilen, was die Japaner morgen tun werden.

Leutnant Commander Joseph J. Rochefort
Leiter der *Combat Intelligence Unit* auf Hawaii, Dezember 1941

Dem amerikanischen Volk wurde gesagt, dass der Überraschungsangriff auf Pearl Harbor ein „Fehler des Geheimdienstes" gewesen sei. Die Codeknacker auf Hawaii und in Washington, D. C., waren entschlossen, nicht auch noch die Schuld für eine weitere Katastrophe zu übernehmen. Sechs Monate später waren sie verantwortlich für den Sieg bei Midway, durch den sich das Blatt im Pazifikkrieg zugunsten der USA wendete.

DIE RACHE DER KRYPTOLOGIE

🔓 STATION HYPO

Die *Combat Intelligence Unit* auf Hawaii, bekannt als Station Hypo, war bereits vom zweiten Stock des Verwaltungsgebäudes in dessen Kellergeschoss übersiedelt – 18 x 30 m groß, genannt „Dungeon" („Verlies"). Der Umzug war nötig, teils um zusätzliches Personal unterzubringen (die *Combat Intelligence Unit* war auf 47 Personen angewachsen), doch vor allem, um die IBM-Geräte, die bald drei Millionen Lochkarten im Monat verarbeiten sollten, in der tropischen Hitze kühl zu halten. Schließlich installierte man eine Klimaanlage, doch die war so unberechenbar, dass der Stationsleiter, Commander Rochefort, eine Hausjacke über seiner Uniform trug, um sich warm zu halten. Außerdem trug er Filzpantoffeln, weil seine Füße von 20-Stunden-Schichten auf dem Betonboden wund waren. Sein leitender Kryptoanalytiker, Leutnant Commander Thomas H. Dyer, arbeitete mithilfe der Aufputschtabletten auf seinem Schreibtisch noch länger – bis zu 48 Stunden am Stück.

Obwohl es schwierig war, mit den häufigen Änderungen in den japanischen Codes Schritt zu halten, verstanden die Codeknacker bald die zugrunde liegenden Prinzipien. JN-25 zu knacken, erwies sich nun als eine Frage der Personalstärke. Rochefort nahm jeden, der Japanisch sprach, und stellte sogar die Band des beschädigten Schlachtschiffs *California* ein.

Schließlich war seine Mentorin Agnes Driscoll Musikerin. Die Belegschaft der Station Hypo wuchs auf 120 Personen an. Bald las Rochefort zwischen 500 und 1 000 Nachrichten am Tag.

Ein neues Codebuch

Am 1. April 1942 führten die Japaner das Marinecodebuch D ein, das die Amerikaner JN-25c nannten. Schwierigkeiten in der Verteilung führten dazu, dass es erst ab 1. Mai verwendet wurde, was Station Hypo mehr Zeit gab, JN-25b zu erforschen. Am 17. April verstand sie diesen Code gut genug, um zu wissen, dass die Japaner einen Angriff auf Port Moresby auf Neuguinea planten und Australien bedrohten. Der neue Oberbefehlshaber der US-Pazifikflotte, Admiral Chester W. Nimitz, entsandte zwei Flugzeugträger, die *Lexington* und die *Yorktown* unter Rear Admiral Frank Fletcher. Das Ergebnis war die Schlacht im Korallenmeer, die vom 4. bis zum 8. Mai dauerte. Dies war die erste Seeschlacht, die ausschließlich von Flugzeugträgern aus ausgetragen wurde und bei der die gegnerischen Schiffe

THOMAS H. DYER (1902–1985)

Nach seinem Abschluss an der Marineakademie 1924 diente Thomas H. Dyer als Funkoffizier. 1931 wurde er dem OP-20-G dienstzugeteilt, wo er unter Agnes Driscoll ausgebildet wurde. Er begann, IBM-Lochkartenmaschinen zu verwenden, um die unzähligen Lösungen für Chiffren und Codes zu durchforsten, was ihm den Beinamen „Vater der maschinellen Kryptoanalyse" einbrachte.

1936 wurde er nach Hawaii versetzt. Seine IBM-Maschinen folgten ihm und bald konnte er zeigen, dass er damit alle Codes und Chiffren schneller als von Hand knacken konnte. Sein maschinengestützter Angriff auf den JN-25-Code führte schließlich zum Sieg der USA bei Midway.

Im Februar 1946 ging er zur *Naval Security Station* (Marinegeheimdienst) in Washington, D.C. Nachdem er 1949 zur *Armed Forces Security Agency* (Geheimdienst der Streitkräfte) gewechselt hatte, wurde er Leiter der Fernostsektion der NSA in Tokio. 1954 kehrte er nach Washington zurück und wurde der erste Historiker der NSA.

Nachdem er bei der US Navy in Ruhestand gegangen war, lehrte er Mathematik an der *University of Maryland*.

Mitglieder der Bergungseinheit diskutieren die Bergung der USS California *in Pearl Harbor, etwa Februar/März 1942.
Nachdem sie wieder instand gesetzt war, war sie bei den Invasionen auf den Philippinen und auf Okinawa im Einsatz.*

außer Sichtweite voneinander waren. Auf beiden Seiten gab es herbe Verluste, doch den Japanern blieben am Ende zu wenige Flugzeuge, um die Landung auf Neuguinea zu decken, und sie mussten sich zurückziehen.

Auch wenn die *Yorktown* schwer beschädigt wurde und die *Lexington* auf Grund gesetzt werden musste, war die Schlacht ein Sieg für die Kryptoanalytiker, die weiterhin 24 Stunden am Tag arbeiteten. Wenn eine Codegruppe geknackt war, entweder durch eigene Anstrengungen oder die anderer Einheiten, die ihre Resultate via Copek übermittelten, wurden die Daten auf IBM-Lochkarten übertragen und in den Maschinen gespeichert.

JN-25 wurde mittels Additionstabellen superverschlüsselt (siehe Kasten Seite 142) – der Liste an Codezahlen wurden Zahlen hinzugerechnet, um die Nachricht weiter zu verschlüsseln. Wenn eine abgefangene Nachricht eintraf, wurde sie auf eine Lochkarte übertragen. Dann wurden Subtraktionen durchgeführt, während man nach einem gemeinsamen Rest Ausschau hielt. Dann war ein bisschen Denkarbeit nötig, um die Additionssequenz zu rekonstruieren, die dann von der verschlüsselten Nachricht abgezogen wurde.

AGNES DRISCOLL (1889–1971)

Agnes Driscoll hatte nicht nur einen Abschluss in Mathematik und Physik, sie sprach auch fließend Französisch, Deutsch, Latein und Japanisch. Sie arbeitete als Kapellmeisterin an der *Lowry Phillips Military Academy* in Amarillo, Texas, bevor sie an der *Amarillo High School* Mathematik unterrichtete.

1918 gestattete die US Navy schließlich auch Frauen in ihren Reihen und Driscoll wurde bald der Verschlüsselungs- und Funksektion des Leiters der Marinekommunikation zugeteilt.

Nach dem Krieg blieb sie als Zivilistin dabei, bis auf eine kurze Auszeit, in der sie für Edward Heberns *Electric Code Company* arbeitete, nachdem sie gezeigt hatte, wie seine Chiffre geknackt werden kann. Sie unterrichtete Rochefort in Sachen Kryptoanalyse und arbeitete mit ihm zusammen am Entschlüsseln der Codebücher *Red* und *Blue*. Entscheidende Einfälle zum Einbruch in den JN-25 stammten von ihr, sie selbst wurde jedoch zu jenem Team versetzt, das sich mit der deutschen Marine-Enigma beschäftigte.

ADDITIVE CODES UND CHIFFREN

Wenn ein Wort oder eine Phrase gemäß einem Codebuch als Zahl codiert wurde – bei JN-25 bestand eine solche aus fünf Ziffern –, kann sie weiter verschlüsselt werden, indem man eine weitere Zahl oder Ziffernfolge hinzufügt. Bei additiven Chiffren nimmt man den digitalen Wert eines Buchstaben, entsprechend dem Baudot-Fernschreibcode oder dem ASCII-Computercode, und fügt eine Zahl oder Ziffernfolge hinzu. Additive Codes und Chiffren kann man mittels Enigma, *Purple*, *Red* oder SIGABA/ ECM-Maschine weiter verschlüsseln. Zur Entschlüsselung wird der Prozess umgekehrt. Der verschlüsselte Text wird in die Maschine eingegeben und dann wird die vereinbarte Addition subtrahiert. Bei einer additiven Chiffre hat man nun den Klartext, ein additiver Code muss noch gemäß dem Codebuch zurück übertragen werden.

Eine Welle überspült Anfang Mai 1942 den Öltanker Neosko *und dessen Schlauchmannschaft, während die USS* Yorktown *betankt wird – kurz vor der Schlacht im Korallenmeer, wo sie schwer beschädigt wurde.*

Analyse des Funkverkehrs

Nicht alle Nachrichten wurden decodiert. Dazu war der japanische Funkverkehr zu umfangreich und vieles davon war Routine. Beim Prüfen, woher eine Nachricht stammte, an wen sie gerichtet und wie lang sie war, bekamen Funkanalytiker, die tagein, tagaus den japanischen Funkverkehr durchkämmten, ein Gefühl dafür, welche Nachrichten wichtig waren. Wenn sie sich nicht sicher waren, wurde die Nachricht durch teilweises Entschlüsseln getestet. Was wichtig erschien, wurde übersetzt und an Nimitz' Stabschef übermittelt, der darüber entschied, welche dem Admiral vorgelegt wurden.

Anfang Mai 1942 änderte sich der Funkverkehr. Allein der Umfang ließ vermuten, dass die Japaner etwas im Schilde führten. Zum Glück wurde die Einführung von JN-25c um einen Monat verzögert. Bis dahin hatte Station Hypo etwa ein Drittel des JN-25b-Codebuches rekonstruiert und konnte 90 Prozent der Nachrichten lesen.

Die Zahlengruppen im „Placode" (Klartext, der bereits super-entschlüsselt, aber noch nicht decodiert war) konnten dann mit den in der Maschine gespeicherten Gruppen verglichen werden. Danach wurde der Klartext – oder was davon wiederhergestellt werden konnte – ausgedruckt. Den noch nicht entschlüsselten Teilen konnte man mit Häufigkeitsanalyse oder anderen statistischen Methoden zu Leibe rücken.

 Am 7. Dez. umfasste JN-25 50 000 Codegruppen. Und bis 7. Dez. waren rund 2000 davon entschlüsselt; bei Weitem nicht genug, um Nachrichten zu lesen.

Historiker Elliot Carlson
*über die Marinekommunikation
vor Pearl Harbor*

🔓 MIDWAY

Am 14. Mai 1942 stolperte Rochefort in einer abgefangenen Nachricht über die Worte *koryaku butai* – Invasionsstreitkräfte. Darauf folgte die Ortsangabe AF. In einer anderen Nachricht wurde Flugfeldausrüstung nach Saipan bestellt, bereit für die Verwendung durch „AF-Bodenmannschaften". AF war also ein Luftwaffenstützpunkt. Rochefort schloss daraus, dass es sich um Midway handeln müsse.

Zwischen den Zeilen war zu lesen, dass Yamamoto plante, die Reste der Pazifikflotte nach einem Ablenkungsangriff auf den Aleuten nach Midway zu locken, wo er sie vernichten wollte. Nimitz erkannte, dass er das Blatt gegen die Japaner wenden konnte, wenn er als Erster in Midway eintraf. Doch er musste sicher sein; andernfalls würde er Hawaii schutzlos zurücklassen.

Das OP-20-G in Washington, D.C., behauptete, dass die Additionstabellen von Station Hypo falsch wären; es würde nicht AF, sondern AG heißen – Johnson Island. Andere hielten das Ganze für ein Ablenkungsmanöver und waren überzeugt, dass das wahre Ziel die Westküste der USA war. Die Lage wurde noch verzwickter, als man eine Nachricht von einer japanischen Wasserflugzeugeinheit abfing, in der sie das Personalbüro in Tokio informierte, dass ihre neue Adresse Midway Island sein würde. General Marshall meinte, das wäre zu dick aufgetragen, um glaubwürdig zu sein.

Doch Rochefort ersann einen Plan, um zu beweisen, dass er recht hatte. Die Garnison auf Midway sollte funken, dass die Entsalzungsanlage auf der Insel ausgefallen war. Dieser Funkspruch sollte von den Japanern abgehört werden. Zwei Tage später fing ein US-Horchposten eine JN-25-Nachricht ab, derzufolge AF knapp an Trinkwasser war – wodurch AF als Midway bestätigt war. Um die Fiktion aufrechtzuerhalten, funkte Hawaii zurück, dass eine Trinkwasserlieferung unterwegs war.

Am 27. Mai 1942 verärgerte Rochefort seine vorgesetzten Stabsoffiziere, weil er zu spät zu einem Meeting kam. Er hatte die ganze Nacht an einer entscheidenden JN-25b-Dechiffrierung gearbeitet, und zwar an einem Code, der für Datumsangaben verwendet wurde. Eine zuvor abgefangene Nachricht hatte ergeben, dass der Angriff von Westen kommen würde. Nun hatte er entdeckt, dass er am 3. Juni beginnen würde.

Auch dies war ein unheimlicher Glücksfall, denn noch am gleichen Tag wechselten die Japaner die Codebücher und verhängten Funkstille über das Einsatzkommando.

Nimitz entsandte die Flugzeugträger USS *Enterprise*, *Hornet* und die rasch instand gesetzte *Yorktown*. Am 2. Juni wurden sie 560 Kilometer nordöstlich von Midway stationiert. In der Zwischenzeit wurde ein Verband aus Kreuzern und Zerstörern nach Norden zu den Aleuten geschickt, um diese Flanke zu schützen. Die Amerikaner hatten den Vorteil, dass sie über landgestützte Flugzeuge auf Midway und auf Hawaii, das in Reichweite lag, verfügten, währen die Japaner keine landgestützte Unterstützung für ihre Flugzeugträger-Streitmacht zur Verfügung hatten.

Admiral Isoroku Yamamoto

Die Schlacht begann am 3. Juni. US-Bomber aus Midway griffen die japanischen Flugzeugträger an, als diese noch 350 Kilometer südwestlich von der amerikanischen Flotte entfernt waren. Die Gefechte hielten vier Tage lang an. Die US Navy verlor die *Yorktown*, doch der Kaiserlich Japanischen Marine erging es viel schlimmer: Sie verlor vier der großen Flugzeugträger, die den Angriff auf Pearl Harbor angeführt hatten. Der japanische Vormarsch im Pazifik war gestoppt. Nach dem Triumph der Kryptografie bei Midway blieb den Japanern nichts anderes übrig als der Rückzug.

Nach der Schlacht erklärte Rochefort seiner Belegschaft, dass er sie drei oder vier Tage lang nicht sehen wolle, und nahm an, dass die Leute nach Hause gehen würden, um zu schlafen. Stattdessen feierten sie eine alkoholreiche Party auf Diamond Head, die drei Tage andauerte. Als sie nach drei Tagen verkatert wieder zum Dienst erschienen, nahmen sie die langen Schichten wieder auf, um JN-25c zu knacken und danach den JN-25d, der im August eingeführt wurde.

Nimitz empfahl Rochefort für die *Distinguished Service Medal*, doch Rochefort sprach sich dagegen aus. Er meinte, das würde nur Schwierigkeiten geben, da das OP-20-G in Washington, D. C., versuchte, sich das Verdienst, die Nachrichten, die zum Sieg bei Midway geführt hatten, entschlüsselt zu haben, auf die eigenen Fahnen zu schreiben.

Szene an Bord der USS Yorktown *am 4. Juni 1942, kurz nachdem sie von drei japanischen Bomben getroffen worden war.*

Ein Nachbau des Entschlüsselungscomputers Colossus in Bletchley Park

KAPITEL 13

COMPUTER-KRYPTOANALYSE

Ich glaube nicht, dass irgendein Krieg seit der Antike oder überhaupt jemals ausgetragen wurde, bei dem eine Seite ständig die wichtigsten militärischen und Flottengeheimnisse der anderen mitgelesen hat. Natürlich haben die Deutschen einen Teil unserer Codes gelesen, doch das war nichts im Vergleich zu dem, wie umfassend und vollständig wir ihre gelesen haben.

Stuart Milner-Barry, *Hut 6*, Bletchley Park

Der Einbruch in die Enigma hatte zum Sieg bei der Luftschlacht um England, bei El-Alamein und im Atlantik geführt. Doch wenn man den Krieg gewinnen wollte, musste man die Schlachten in Feindesland tragen. Dazu mussten die Kryptoanalytiker in Bletchley Park die um ein Vielfaches sichereren Verschlüsselungen knacken, welche die Lorenz-Maschinen des deutschen Oberkommandos erzeugten.

❖ COMPUTER-KRYPTOANALYSE

 „TUNNY"

Bevor Turing im November 1942 in die USA auf-
brach, wechselte er von *Hut 8* in das Forschungszentrum von Bletchley Park, wo man an dem
Fernschreibverkehr arbeitete, den die neue deutsche Lorenz-Schlüsselmaschine, genannt „Tunny"
(„Thunfisch"), hervorbrachte. Während die Enigma
verschlüsselten Text produzierte, der von einem
Funker per Hand als Morsecode übermittelt wurde,
erledigte die Lorenz-Maschine alles in einem Durch-
gang. Der Bediener gab die Nachricht über eine
Tastatur oder einen Lochstreifen ein; die Maschine
erledigte die Verschlüsselung und übermittelte diese
in gewöhnlichem 5-Bit-Baudot-Code. Auf Emp-
fängerseite wurde die Nachricht von einer anderen
Lorenz-Maschine entschlüsselt und ausgedruckt.
Die Deutschen waren so überzeugt, dass das Lorenz-
System sicher war, dass sie alles im Klartext schickten,
ohne die Nachrichten vorher zu verschlüsseln.

Wenn eine Taste auf der Lorenz-Maschine gedrückt wurde, wurde der Buchstabe digital codiert.
Im Inneren der Maschine befanden sich zwölf Räder, die einen Strom scheinbar zufälliger Zahlen
produzierten, die dem Code hinzugefügt wurden.
Die Lorenz-Maschine des Empfängers wurde auf
die gleichen Einstellungen gesetzt, um einen iden-
tischen Zahlenstrom zu generieren. Diese wurden
von der verschlüsselten Nachricht abgezogen, wodurch die Originalnachricht zum Vorschein kam.

Die Lorenz-Schlüsselmaschine

In Bletchley Park entdeckte der Kryptoanalytiker Brigadier John Tiltman sofort einen Fehler
in der Lorenz-Verschlüsselung. Sie benutzte das
Vernam-System (siehe Seite 79), das in Codeknak-
ker-Kreisen bestens bekannt war. Tiltman kam zu
dem Schluss, dass man zwei Nachrichten, die mit
demselben Schlüssel für die Maschineneinstellung
verschlüsselt worden waren (der am Beginn jeder
Nachricht mitgeteilt wurde), einfach zusammen-
rechnen konnte, wodurch die zufälligen Zahlen,
die durch die Lorenz-Maschine erzeugt worden
waren, gelöscht würden und die zwei miteinander
verschmolzenen Nachrichten übrig blieben. Mittels
kluger Spekulationen, so meinte Tiltman, wäre es
möglich, Teile der Nachrichten zu enträtseln.

Ein schrecklicher Fehler

Die Funküberwachungsstelle in Knockholt in Kent
begann, einige dieser Nachrichten mit demselben
Schlüssel zu sammeln. Man nannte sie *depths*
(„Tiefen"). Dann machten die Deutschen einen
schrecklichen Fehler. Ein Sender übermittelte eine
lange Nachricht mit etwa 4000 Zeichen von Athen
nach Wien; der Empfänger antwortete, dass es
irgendein Problem gab, und bat den Sender, die
Nachricht neuerlich zu senden. Gegen alle Vor-
schriften schickte der Sender die Nachricht beim
zweiten Mal mit denselben Einstellungen. Wenn
er exakt dieselbe Nachricht geschickt hätte, dann
würde das Zusammenfügen der zwei Nachrichten
die Verschlüsselung löschen.

*Etwa um diese Zeit … hatte Max
seinen ersten Durchbruch – die Idee,
Tuttes Methode mit elektronischen
Hochgeschwindigkeitsrechnern
zu mechanisieren.*

**William, der Sohn des
Kryptoanalytikers Max Newman,**
spricht über die Arbeit seines Vaters an „Tunny"

JOHN TILTMAN (1894–1982)

John Tiltman wurde im Ersten Weltkrieg an der Somme schwer verwundet. Nach dem Krieg wurde er einer kleinen Funkaufklärungseinheit in London zugeteilt, bevor er nach Simla in Indien versetzt wurde, wo er sich acht Jahre lang mit dem Knacken von Codes befasste.

In den 1930er-Jahren leitete er ein Team, das an Comintern-Geheimtexten arbeitete, die zeigten, dass die Kommunistische Partei Großbritanniens auf Unterstützung aus Moskau angewiesen war. Als Leiter von Ausbildungskursen in Bedford wählte er Kandidaten für die Funkaufklärung aus. 1939 wurde er Leiter der militärischen Sektion in Bletchley Park, wo er Chefkryptoanalytiker wurde.

Im Februar 1941 knackte er den Code der deutschen Eisenbahn-Enigma, welche die Vorbereitungen auf die Angriffe auf Griechenland und die Sowjetunion enthüllte. Er lernte genug Japanisch, um mit den Amerikanern am Bruch des Marinecodes JN-25 zu arbeiten. Nach Kriegsende blieb er

beim GCHQ. Im Ruhestand zog er nach Washington, D.C., wo er als Berater der *National Security Agency* tätig war.

Der verschlüsselte Text wurde an Tiltman geschickt, der herausfand, dass die erste Nachricht mit „SPRUCHNUMMER" begann, was in der zweiten mit „SPRUCHNR" abgekürzt wurde. Dieser kleine Unterschied erlaubte Tiltman, den Klartext beider

Der Kontrollraum für abgefangene Nachrichten in Hut 6 *in Bletchley Park. Im Mai 1940 erkrankte John Jeffreys und Gordon Welchman übernahm die Leitung von Hut 6. Stuart Milner-Barry folgte Welchman, als dieser im Herbst 1943* Assistant Director of Mechanization *wurde.*

Nachrichten zu entschlüsseln. Nicht nur das: Indem er die Nachrichten zum verschlüsselten Text addierte, konnte er die Zusatzzahlen herausfinden, welche durch die Lorenz-Maschine generiert worden waren.

Tiltman übergab seine Erkenntnisse dem jungen Chemiker Bill Tutte (siehe Kasten Seite 150). Sofort fiel Tutte auf, dass der Indikator zwölf Zeichen lang war, also musste die Lorenz-Chiffre von zwölf Rädern erzeugt worden sein. Dann suchte er nach Wiederholungen. Die erste, die er fand, war 41; er fand weitere bei 31, 29, 26 und 23; dann entdeckte er weitere Muster bei 43, 47, 51, 53 und 59. Als er diese isolierte, erkannte er, dass der Schlüssel aus zwei addierten Zahlenströmen erzeugt wurde. Ohne jemals eine Lorenz-Maschine gesehen zu haben, hatte er genau herausgefunden, wie sie funktionierte.

Die zwölf Räder waren rundum mit schaltbaren Stiften („Nocken") besetzt. Diese wurden vom Sender entweder als aktiv oder inaktiv eingestellt; aktive Nocken ergaben eine Verbindung, einen Impuls bzw. 1. Inaktive Nocken ergaben keinen Impuls, eine Leerstelle oder 0. Die Anzahl der Nocken ergab die Länge des pseudozufälligen Musters.

Die ersten fünf Räder, von den Deutschen „Spri-Räder" (von „Spring-Caesar"), von den Briten „*Chi Wheels*" genannt, hatten 41, 31, 29, 26 und 23 Nocken. Sie bewegten sich gleichmäßig und erzeugten den „*Chi-Stream*". Die nächsten fünf Räder, deutsch „Spa-Räder" (von „Spalten-Caesar"), britisch „*Psi Wheels*", hatten 43, 47, 51, 53 und 59 Nocken. Sie bewegten sich, wenn es einen Impuls (1) gab, und standen bei fehlendem Impuls (0) still. Sie produzierten den „*Psi-Stream*".

Es gab zwei weitere Räder, die Kommandoräder, mit 61 bzw. 37 Nocken. Das längere bewegte sich gleichmäßig; das kürzere bewegte sich nur bei einem Impuls um einen Schritt, sonst stand es still. All das wurde aus den übermittelten Nachrichten geschlossen. Es gab keinen Versuch, eine Lorenz-Maschine zu stehlen, denn das hätte die Deutschen dazu veranlassen können, etwas noch Komplizierteres zu ersinnen. Niemand in Bletchley Park bekam also vor Kriegsende eine Lorenz-Maschine zu Gesicht.

Zu wissen, wie die Maschine funktioniert, und den Code zu knacken, sind zwei verschiedene Dinge. Doch Chi- und Psi-Ströme zu einem Schlüssel zu addieren und diesen zu einer Nachricht hinzuzufügen, um chiffrierten Text zu erzeugen, das waren rein mathematische Prozesse. Daher war es also theoretisch möglich, den Code mit Mitteln der Mathematik zu knacken.

🔓 DIFFERENZENBILDUNG

Im Sommer 1942 wurde Alan Turing, der in Bletchley Park bereits so etwas wie eine Legende war, dem Projekt „Tunny" zugeteilt. Mit Bleistift und Papier stellte er mittels der sogenannten Differenzenbildung Berechnungen an – dabei werden nebeneinanderstehende Variablen in XOR-Beziehung gesetzt.

XOR ist ein Operator aus der Booleschen Algebra, der folgendermaßen funktioniert:

$$1 + 0 = 1$$
$$0 + 1 = 1$$
$$1 + 1 = 0$$
$$0 + 0 = 0$$

Turing berechnete, dass die XOR-Verknüpfung für eine Psi-Variable durchschnittlich in der Hälfte der Fälle eine 0 ergab oder 00000. Wenn man das zur Chi-Variable addierte, veränderte sich diese nicht. In der Hälfte der Fälle war der Schlüssel also die Chi-Variable.

Turing erstellte Tabellen für jedes der Chi-Räder. Die möglichen Einstellungen für die Räder wurden in Spalten dargestellt. Dann stellte er in einem Iterationsverfahren verschiedene Vermutungen an. Wenn diese Widersprüche ergaben, wurden

BILL TUTTE (1917–2002)

Obwohl Bill Tutte in Cambridge Chemie studiert hatte, galt seine Leidenschaft der Mathematik. 1940 wurde er dienstverpflichtet und nach einer Einführungsschulung nach Bletchley Park geschickt, wo er an „Tunny" arbeitete. Einfach nur aus den abgefangenen Nachrichten rekonstruierte er eine virtuelle Version der extrem komplexen Lorenz-Maschine.

Nach Kriegsende kehrte Tutte als Forschungsstudent an das Trinity College, Cambridge, zurück und schrieb seine Doktorarbeit über die algebraische Graphentheorie. 1948 nahm er eine Stelle an der Universität von Toronto an, wo er immer wieder neue mathematische Ideen hervorbrachte. Das Tutte-Polynom ist nach ihm benannt. 1962 ging er an die neu gegründete *University of Waterloo* in Ontario. Obwohl er 1985 in den Ruhestand ging, beschäftigte er sich weiterhin mit Mathematik. Bei einer Vorlesung erklärte er 1999, wie seine Zeit in Bletchley Park seine spätere Arbeit geprägt hat.

sie verworfen; taten sie das nicht, wurden sie bei-
behalten. Auf diese Weise konnte er die Einstellungen der Chi-Räder reduzieren. Danach war es
möglich, an den Einstellungen der Psi-Räder und
der Kommando-Räder zu arbeiten, um den Schlüssel
herauszufinden.

Diese als „Turingery" oder „Turingismus" bekannte Methode gestattete Bletchley Park, streng
geheime und von Hitler persönlich unterzeichnete
Nachrichten zu lesen. Während der Schlacht um
Kursk („Unternehmen Zitadelle") 1943 wurden
decodierte Tunny-Nachrichten an die Russen
übermittelt, in denen die Stationierung jeder deutschen Division und Einheit beschrieben war. Die
Rote Armee gewann die entscheidende Schlacht
und stieß nahezu ungehindert bis nach Berlin vor.
Trotzdem realisierten die Russen nicht, dass die
Briten den Code geknackt hatten, und verwendeten
erbeutete Lorenz-Maschinen nach dem Krieg selbst
weiter, weil sie diese für sicher hielten.

Die *Testery*

Inzwischen herrschte weiterhin das Kriegszeiten-
Problem, dass man enorme Mengen an verschlüs-
seltem Funkverkehr zu bewältigen hatte. Das wurde
von einer Gruppe gehandhabt, die man die *Testery*
(etwa „Testerei") nannte. Sie war im Juli 1942 unter

> ❮❮ *Ich wurde mit der neuen Instruktion aus
> dem War Office begrüßt, dass ich zur
> speziellen Aufklärungsarbeit benötigt
> würde und mich einfinden sollte … bei
> einem nicht näher spezifizierten „Kurs"
> in Bedford. Ich wurde für die Kryptolo-
> gie in Bletchley Park ausgewählt … Die
> Kursteilnehmer in Bedford wirkten so,
> als seien sie völlig zufällig irgendwo auf-
> gegabelt worden.* ❯❯
>
> **Roy (später Lord) Jenkins,**
> *A Life at the Centre, 1991*

*Als die kryptografischen Anstrengungen in Bletchley Park zunahmen,
stießen immer mehr Frauen dazu, vor allem für die Büroarbeit. Doch
einige davon waren talentierte Mathematikerinnen und Kryptoanalyti-
kerinnen, die einen enormen Beitrag leisteten.*

TOMMY FLOWERS (1905–1998)

Tommy Flowers wurde im East End von London
geboren und erhielt ein Stipendium an einem
technischen College. Mit 16 begann er eine Me-
chanikerlehre am *Royal Arsenal* in Woolwich,
während er an der Abendschule seinen Abschluss in Ingenieurwesen machte. 1926 ging
er als Elektroingenieur zum britischen *Post
Office* und wurde vier Jahre später an deren
Forschungslabor in Dollis Hill versetzt. Bereits
1934 baute er experimentelle Geräte mit mehr
als 3000 Röhren.

Da sich der von ihm gebaute Prototyp
Colossus Mark I als zuverlässig erwiesen hatte,
wurde die Produktion fortgesetzt. Bei Kriegsende waren zehn Colossus-Geräte aktiv. Danach
vollbrachte Flowers Pionierleistungen für den
Selbstwählfernverkehr und half beim Bau des
speicherprogrammier-
ten Computers des
*National Physical Labo-
ratory*, ACE. Außerdem
entwarf er ERNIE, den
elektronischen Zu-
fallsgenerator, der die
Premium-Bond-Lose
auswählt.

Colossus bei der Arbeit in Bletchley Park. Die Vorgesetzten waren der Ansicht, das Ding würde nicht funktionieren, doch Post-Ingenieur Tommy Flowers baute ihn trotzdem und bewies das Gegenteil.

der Leitung von Major Ralph Tester eingerichtet worden. Max Newman, Turings Dozent in Cambridge, wurde zu Hilfe gerufen. Er meinte, dass diese Aufgabe mithilfe einer schnellen, speziell zu diesem Zweck gebauten elektronischen Maschine mit Lochstreifen und fotoelektrischen Zellen bewerkstelligt werden könne.

Man bereitete zwei lange Schleifen Fernschreiberlochstreifen vor. Einer enthielt den verschlüsselten Text, der mit einer Verschiebung von 1 mit sich selbst addiert wurde. Der andere enthielt alle möglichen Startpositionen der Chi-Räder, addiert mit sich selbst mit einer Verschiebung von 1. Die Maschine verglich beide Schleifen Zeichen für Zeichen miteinander und zählte die Übereinstimmungen. Die korrekten Einstellungen der Chi-Räder lieferten die meisten Übereinstimmungen zwischen den beiden Schleifen. Die Maschine wurde „Heath Robinson" genannt, nach einem britischen Cartoonisten, der lächerlich komplexe Maschinen zeichnete, die absurd simple Aufgaben erledigten. Das amerikanische Äquivalent wurde „Rube Goldberg" genannt, nach einem amerikanischen Cartoonisten, der ebenfalls überaus komplizierte Geräte zeichnete.

Man fand heraus, dass man die Papierstreifen mit 30 km/h durch die Maschine laufen lassen konnte. Doch die Chi-Räder-Schleife neigte dazu, sich nach mehreren Benutzungen zu dehnen und dadurch unbrauchbar zu werden. Es war aber entscheidend, dass die beiden Schleifen synchron liefen. Turing machte den Vorschlag, dass man Tommy Flowers vom Forschungszentrum der Post einschalten sollte.

Flowers, der mit Turing gemeinsam an den „Bomben" gearbeitet hatte, schlug vor, die Aufgabe mit einer elektronischen Maschine zu lösen, die mit mehr als 1000 Röhren arbeitete. Das wurde verworfen, weil die erhitzten Röhren, wie man sie in Funkgeräten fand, leicht platzten. Flowers aber war der Ansicht, dass das daran lag, dass die Geräte häufig ein- und ausgeschaltet werden, sodass die Glühfäden ständig erhitzt und abgekühlt wurden. Doch wenn die Röhren ständig unter niedriger Spannung am Laufen gehalten würden, würden die Glühfäden seltener durchbrennen.

COLOSSUS

Obwohl sein Vorschlag abgelehnt worden war, machte sich Flowers mit seinem Team in den Labors in Dollis Hill nordwestlich von London an die Arbeit. Innerhalb von zehn Monaten baute er den ersten großen digitalen Computer, den Prototypen Colossus Mark I mit 1500 Röhren. Im Januar 1944 wurden die einzelnen Komponenten aus Flowers' Forschungsanlage nach Bletchley Park geliefert und zusammengebaut. Die Maschine war so groß wie ein kleiner Raum und wog etwa eine Tonne.

Colossus benötigte keine Chi-Schleife, sondern speicherte die Radmuster elektronisch. Der Streifen mit dem Geheimtext konnte die Maschine mit bis zu 85 km/h durchlaufen, bevor er riss; er wurde auf 43,9 km/h eingestellt, sodass die Maschine 5000 Zeichen pro Sekunde verarbeitete.

Die ausgebaute Version, Colossus Mark II, hatte 2500 Röhren und war am D-Day bereit. Mit fünf Lochreihen war der Mark II fünfmal schneller als der Prototyp. Er soll den Ausschlag gegeben haben, dass sich das Blatt im Zweiten Weltkrieg zugunsten der Alliierten gewendet hat. Mit einer Verarbeitungsgeschwindigkeit von 25 000 Zeichen pro Sekunde war er mit dem ersten Intel-Mikroprozessorchip vergleichbar, der 30 Jahre später eingeführt wurde.

Nach dem Krieg behielt das GCHQ zwei dieser Maschinen. Die anderen wurden zerlegt und einige Teile ins neu geschaffene *Computer Machine Laboratory* an der Universität Manchester gebracht. Da jene, die über Colossus Bescheid wussten, durch den *Official Secrets Act* zur Geheimhaltung verpflichtet waren, wurde darüber nie gesprochen. Jahrelang galt der ENIAC *(Electronic Numerical Integrator and Computer)*, der an der University Pennsylvania gebaut worden war, als der erste große elektronische Computer.

Obwohl man Turing den Bau von Colossus zugeschrieben hat, hatte er in Wahrheit wenig damit zu tun. Flowers hatte Turings 1936 publiziertes Papier über die Theorie der „universellen Maschine" gelesen, doch er war ein Mann der Praxis und verstand nicht viel davon. Nach Kriegsende in Europa besuchten Flowers und Turing Deutschland, wo ihnen ein Ingenieur stolz eine Lorenz-Maschine zeigte und meinte, ihre Arbeit wäre „vollkommen sicher". Die zwei Männer ließen nicht erkennen, dass sie die Funktionsweise des Gerätes bereits kannten und ihren Code bereits einige Jahre zuvor geknackt hatten.

Flowers und Turing interessierten sich besonders für die kryptologischen Einrichtungen der Deutschen. Der B-Dienst (Beobachtungsdienst) des Marinenachrichtendienstes hatte einige Nachrichtencodes der Royal Navy entschlüsselt, mit denen sie ihre U-Boote über die Position der Konvois auf dem Laufenden hielten, doch sie hatten weitaus weniger Energie in die Kryptoanalyse gesteckt als die Briten in Bletchley Park. Außerdem waren einige der talentiertesten Intellektuellen bei den Briten homosexuell oder Juden; in Deutschland waren die meisten Angehörigen dieser verfolgten Minderheiten entweder geflohen oder in Todeslagern gelandet.

ULTRA UND DER D-DAY

Colossus war entscheidend für den Erfolg der Operation Overlord – der alliierten Landungen an den Stränden der Normandie am 6. Juni 1944, dem D-Day. Sir Harry Hinsley, offizieller Historiker des britischen Geheimdienstes im Zweiten Weltkrieg, erzählte: „Als immer mehr Ultra-Informationen zusammengetragen wurden, gab es auch unangenehme Erkenntnisse. Zum Beispiel wurde im Mai enthüllt, dass die Deutschen – nach ersten beunruhigenden Hinweisen darauf, dass sie die Gegend zwischen Le Havre und Cherbourg für das wahrscheinliche, wenn nicht sogar sichere Landegebiet halten würden – Verstärkung in die Normandie und auf die Halbinsel von Cherbourg schickten."

Ultra schuf einen Gemütszustand, der die Entscheidungsfindung veränderte. In einem amerikanischen Bericht heißt es: „Das Gefühl, dass du deinen Feind kennst, ist ein ungeheuer beruhigendes Gefühl ... Mit Wissen dieser Art gestaltest du deine eigene Planung weniger zögernd und qualvoll und stattdessen sicherer und mit mehr Lebendigkeit."

RAF Fylingdales ist eine Station der Royal Air Force hoch oben am Snod Hill in den North York Moors, England. Dieses Frühwarnsystem aus dem Kalten Krieg bestand aus drei „Golfbällen" bzw. geodätischen Radarkuppeln zu je 40 Meter Durchmesser, die mechanisch gesteuerte Radaranlagen enthielten.

KAPITEL 14

KRYPTOGRAFIE IM KALTEN KRIEG

Kontrollierst du den Code, dann kontrollierst du die Welt. Das ist die Zukunft.

Marc Goodman, *Future Crimes: Everything Is Connected,*
Everyone Is Vulnerable and What We Can Do About It, 2015

Der Kalte Krieg wurde hauptsächlich von Spionen geführt. Sie benötigten unsichtbare Tinte, *One-Time-Pads*, tote Briefkästen, Mikropunkte und kurze Hochgeschwindigkeitsfunksprüche. Doch immer noch gab es Codes zu knacken und Chiffren zu entschlüsseln.

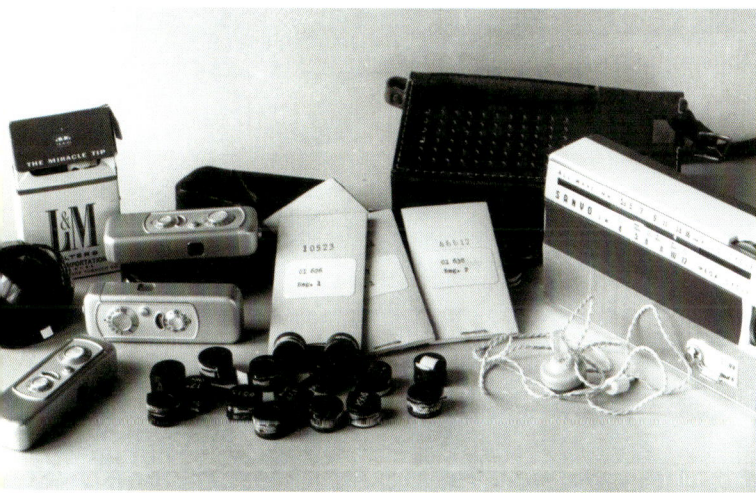

KRYPTOGRAFIE IM KALTEN KRIEG

🔓 SPIONAGERINGE

Obwohl Großbritannien und die USA Verbündete der Sowjetunion gewesen waren, wurde im Zweiten Weltkrieg durchgehend weiterspioniert. Danach blieben die USA und das Vereinigte Königreich verbündet, vor allem in geheimdienstlichen Angelegenheiten. Mit dem Beginn des Kalten Krieges wurde die UdSSR zum ernsthaften Gegner, der im Westen ausgedehnte Spionageringe unterhielt. Ihre Agenten benutzten *One-Time-Pads*, deren Schlüssel in den Safes der Botschaften lagerten, um sie unbrechbar zu machen.

Die Pads waren winzig und konnten von den Agenten leicht verborgen werden. Rudolf Iwanowitsch Abel, ein in Großbritannien geborener sowjetischer Geheimdienstoffizier, der sich in New York als Künstler ausgab, hatte eines in der Größe einer Briefmarke. Als er 1957 verhaftet wurde, fand man es in einem hohlen Stück Holz, das mit Schleifpapier umwickelt war wie ein Schleifklotz und wie zufällig in einen Mülleimer geworfen worden war.

Man konnte Nachrichten auch als Burst-Übertragung senden, wodurch sie schwer zu entdecken waren, auch wenn ständig das gesamte Funkband abgesucht wurde. Am Boden wurden Nachrichten zwischen Agenten und ihren Zulieferern in vorbereiteten toten Briefkästen übergeben. Abel traf seinen Vorgesetzten Reino Häyhänen selten und kommunizierte mittels codierter Botschaften, die er an vereinbarten Orten hinterließ, etwa einem Mauerspalt auf der Jerome Avenue in der Bronx, hinter einem Ziegelstein unter einer Brücke im Central Park oder in einem Loch in einer Stufe im Prospect Park, Brooklyn.

Mikrofilm

Nachrichten wurden oft fotografisch verkleinert, um sie besser verstecken zu können. Abel benutzte „weichen" Mikrofilm; dazu wurde die steife Grundlage aufgelöst, bis nur noch die Emulsion zurückblieb, die das Bild enthielt. Dieses konnte an kleinsten Orten verborgen werden, etwa in hohlen Bleistiften, Schrauben, Taschenlampen oder Münzen, die keinen Verdacht erregten, wenn sie gefunden wurden.

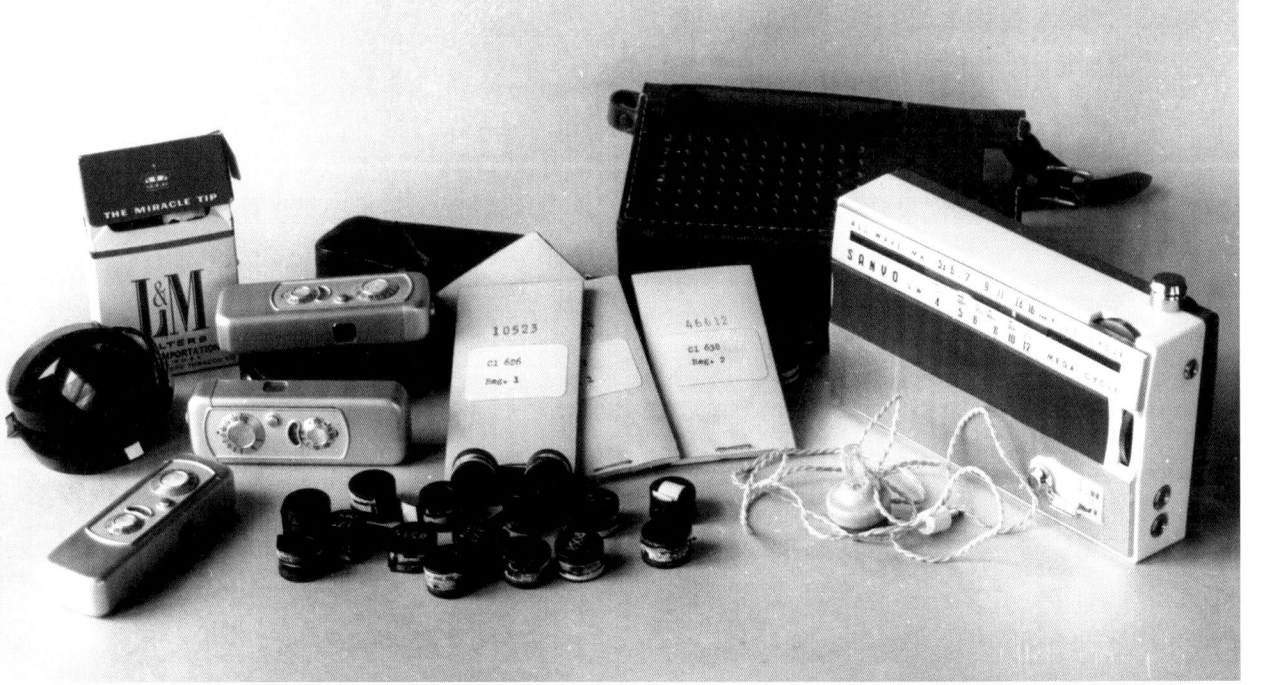

Mai 1963: ein tragbares Transistorradio von Sanyo, Minox-Kameras, Filme und Codebücher des britischen und des amerikanischen Geheimdienstes

Im Sommer 1953 ließ der Zeitungsjunge James Bozart einen Nickel (Fünf-Cent-Münze) fallen. Dabei klappte die Münze auseinander und es kam eine winzige Fotografie zum Vorschein, auf der eine Reihe von Zahlen zu sehen war. Das erzählte Bozart einer Freundin, deren Vater ein New Yorker Polizist war; durch ihn gelangte die Nachricht zum FBI, das die Abbildung vergrößerte. Sie zeigte zehn Spalten mit fünfstelligen Zahlen; die meisten Spalten enthielten 21 Zahlen. Nachdem sich das FBI vergewissert hatte, dass es sich nicht um die Trickmünze eines Showzauberers handelte, versuchte man den Code zu knacken – vergeblich. Das Einzige, was man herausfinden konnte, war, dass die Zahlen auf einer im Ausland hergestellten Schreibmaschine getippt worden waren.

Das Rätsel wurde erst vier Jahre später gelöst, als Abel es satthatte, dass Häyhänen das Geld, das er zur Leitung eines Spionagerings erhielt, für Alkohol und Prostituierte ausgab, und ihn nach Moskau zurückbeordern ließ. Aus Angst, dass er eingesperrt oder getötet werden würde, stellte sich Häyhänen selbst in der US-Botschaft in Paris.

Als das FBI das bescheidene Heim durchsuchte, das Häyhänen mit seiner Frau in Peekskill, New York, teilte, fanden sie eine 50-Finnmark-Münze, die ebenfalls hohl war. Häyhänen wurde zu dem Kryptosystem verhört, das man ihm beigebracht hatte, und so war das FBI schließlich in der Lage, die Nachricht in der Fünf-Cent-Münze zu entschlüsseln. Sie lautete:

1. Wir gratulieren Ihnen zur sicheren Ankunft. Wir bestätigen den Erhalt Ihres Briefes an die Adresse ‚V wiederhole V‘ und die Lektüre des Briefes Nummer 1.

2. Zur Organisation Ihrer Tarnung erließen wir Instruktionen, Ihnen dreitausend in lokaler (Währung) zukommen zu lassen. Konsultieren Sie uns, bevor Sie es in jegliche Art von Geschäft investieren, und geben Sie die Art des Geschäftes bekannt.

3. Ihrer Anfrage entsprechend werden wir die Formel zur Anfertigung des Softfilms und Neuigkeiten gesondert übermitteln, zusammen mit dem Brief von (Ihrer) Mutter.

Der sowjetische Spion Rudolf Abel wurde 1957 in Brooklyn, New York, verhaftet. In seinem Besitz wurden One-Time-Pads *gefunden.*

4. Es ist zu früh, Ihnen die Gammas zu senden. Verschlüsseln Sie kurze Nachrichten, aber senden Sie längere in Teilen. Sämtliche Daten über Sie selbst, Ihren Arbeitsplatz, Ihre Adresse etc. dürfen nicht in einer verschlüssel ten Nachricht gesendet werden. Übermitteln Sie die Teile einzeln.

5. Das Paket wurde persönlich an Ihre Frau übergeben. Ihrer Familie geht es gut. Wir wünschen Ihnen Erfolg. Grüße von den Genossen. Nummer 1, 3. Dezember."

Die Nachricht war aus der Sowjetunion gekommen und hätte Häyhänen kurz nach seiner Ankunft in den USA erreichen sollen. Häyhänen gab nun die Identität von Abel bekannt, der als Spion zu 30 Jahren Haft verurteilt wurde. Im Februar 1962 wurde Abel gegen Gary Powers, den Piloten eines U2-Spionageflugzeugs, das über der Sowjetunion abgeschossen worden war, ausgetauscht.

GESPREIZTE CHIFFRIERUNG ODER *STRADDLING CHECKERBOARD*

Die im 16. Jahrhundert entwickelte „gespreizte Chiffrierung" wurde von den Kommunisten im Spanischen Bürgerkrieg benutzt. Man brauchte eine Tabelle und ein Schlüsselwort – hier: **FRANCO**. Der Rest des Alphabets wurde in die unteren zwei Zeilen eingetragen.

	0	9	8	7	6	5	4	3	2	1
	F	R	A	N	C	O				
1	B	D	E	G	H	IJ	K	L	M	P
2	Q	R	S	T	U	V	W	X	Y	Z

Um „Angriff morgen" zu codieren, nimmt man die einstelligen Koordinaten der Buchstaben des Schlüsselwortes und die zweistelligen Koordinaten – zuerst Zeile, dann Spalte – der anderen Buchstaben. Das ergibt **8 7 17 9 15 0 0 12 5 9 17 18 7**. Diese Zahlen können zusammengefügt werden zu 871791500125917187, um das Rätsel für den Kryptoanalytiker schwieriger zu machen. Der Empfänger, der den Schlüssel hat, erkennt, dass 1 und 2 mit der folgenden Zahl kombiniert werden müssen, um einen Buchstaben zu ergeben, während einzelne Zahlen vom Schlüsselwort stammen.

🔓 SCHNEEFALL

Die Chiffre, die sich den FBI-Kryptoanalytikern widersetzt hatte, war sehr komplex. Zuerst wurde der Text halbiert und die erste Hälfte vor die zweite gestellt. Dadurch war der verwundbare Beginn verborgen, der im Text mit einem speziellen Indikator markiert wurde. Die Buchstaben wurden in einer „gespreizten Chiffrierung" durch Zahlen ersetzt, wobei die ersten sieben Buchstaben des Wortes *snegopad* – Schneefall – verwendet wurden.

Der dabei entstandene Text wurde horizontal in ein Rechteck geschrieben und die Spalten transponiert. Dann wurde er vertikal transkribiert und horizontal in ein zweites, verschobenes Transpositionsrechteck geschrieben. Jede Zeile begann eine Spalte weiter rechts, bis man zu einem leeren Feld kam. Die nächste Zeile begann wieder links unter der Schlüsselzahl 2 und jede weitere Zeile startete um eine Position nach rechts versetzt. Der finale Geheimtext wurde vertikal transkribiert, wobei die Leerstellen ignoriert wurden.

Der Vorteil davon war, dass man keine *One-Time-Pads* benötigte, die – wie in Abels Fall – gefunden werden konnten. Häyhänen musste sich nur das russische Wort für Schneefall merken, das Datum, an dem Russland den Krieg mit Japan beendet hatte – 3.9.1945 – und seine persönliche Schlüsselzahl, „13" (die 1956 in „20" geändert wurde). Diese Schlüssel definierten die Transpositionen und Dimensionen der Rechtecke. Obwohl das System komplex war und scheinbar unmöglich zu knacken, war es in der Anwendung relativ einfach.

Um die Chiffre noch sicherer zu machen, wurde eine beliebige fünfstellige Zahl am Beginn der Schlüsselabweichung hinzugefügt. Sie wurde an einer speziellen Position im Text platziert, wo der Empfänger sie decodierte. In Häyhänens Fall war es die fünfte Chiffrengruppe von hinten, angezeigt durch die letzte „5" im Datum 3.9.1945. Sie wurde von Nachricht zu Nachricht geändert, also musste die Lösung aus der einzelnen Nachricht stammen. Daher müsste ein Kryptoanalytiker jede Möglichkeit durchtesten, bevor er die Chiffre knacken könnte. Die Nachricht im Nickel hatte 1035 Ziffern – die Chancen, die richtige Stelle zu finden, waren also verschwindend gering. In der Theorie ist diese Chiffre nicht unbrechbar, doch in der Praxis ist sie es. Kein Wunder, dass das FBI scheiterte.

Auch wenn ich nicht die Zeit habe, alle Menschen im Außenministerium aufzuzählen, die als Mitglieder der Kommunistischen Partei oder eines Spionageringes genannt worden sind, so stehen auf der Liste in meiner Hand 205.

Senator Joseph McCarthys Rede vor Mitgliedern eines Republikanischen Frauenclubs 1950 zeigt die Angst, die Amerika im Kalten Krieg überflutete.

Trigonometrischer Code

Auch wenn der KGB ein Meister in der Geheimhaltung von Nachrichten war, so waren es die lokalen kommunistischen Spionageringe nicht. Am 16. August 1954 verhaftete die iranische Sicherheitspolizei Ali Abbasi, einen ehemaligen Hauptmann, der acht Jahre zuvor aus Protest gegen Korruption aus den Streitkräften ausgetreten war. Inzwischen war er ein prominentes Mitglied der iranischen kommunistischen Partei, der Tudeh-Partei. In dem Koffer, den er bei sich hatte, wurden detaillierte Zeitpläne der Wachmannschaften im Palast des Schahs und andere Dokumente in drei verschiedenen Codes gefunden. Zwei der Codes wurden geknackt, doch der dritte bestand scheinbar aus seitenlangen trigonometrischen Funktionen, nur dass die Gleichungen sinnlos waren.

Im Verhör sagte Abbasi, dass der Code nur von seinem Schöpfer gebrochen werden könne. In der Zwischenzeit war Oberst Jamsheed Mobasheri verhaftet worden, ein Artillerieoffizier, den seine Kollegen für ein Mathematikgenie hielten. In der Zelle zog Mobasheri einen rostigen Nagel aus der Wand und versuchte, sich damit die Adern zu öffnen. Er überlebte, doch er beharrte stur darauf, dass sein Code nicht geknackt werden könne. Doch als ihn einer der Analysten besuchte, die an dem Code arbeiteten, konnte er seinen Stolz auf sein Werk nicht verhehlen und deutete an, dass der Codeknacker auf dem richtigen Weg war.

Die Chiffre wurde geknackt und enthüllte eine Liste mit den Namen von Verschwörern im Militär und im Sicherheitsdienst. Vierhundert Personen wurden eingesperrt; 26 davon – darunter auch Mobasheri – wurden hingerichtet.

Moderne Spionage wird mittels Mikrochips und Computern
ausgetragen. Computer-Nerds haben die waffenschwingenden
James Bonds abgelöst.

KAPITEL 15

COMPUTERHERRSCHAFT

Cyberangriffe sind es nicht, was den kühlen Krieg „cool" macht. Als strategisches Mittel unterscheiden sie sich nicht grundlegend von älteren Werkzeugen der Spionage und Sabotage.

Noah Feldman, *Cool War*, 2013

Die Zeiten, in denen klassisch gebildete Schachmeister und Kreuzworträtsel-experten mit Stift und Papier Codes zu knacken versuchten, waren längst vorbei. Nun traten Computer gegeneinander an – der eine erschafft Chiffren, der andere knackt sie. Das Rennen um den unbrechbaren Code war eröffnet. Das ängstigte staatliche Geheimdienste, die Kriminelle und Terroristen ausspionieren möchten.

COMPUTERHERRSCHAFT

Andere Welten, dieselben Geheimnisse **162** ❖ Schlüsseltausch **164**

🔓 ANDERE WELTEN, DIE GLEICHEN GEHEIMNISSE

Die Entwicklung programmierbarer Computer wie Colossus und ENIAC eröffnete der Kryptologie ein völlig neues Feld. Codeknacker konnten nun alle möglichen Schlüssel ausprobieren lassen, bis der richtige gefunden war. Doch auch die Codeschreiber ließen sich von Computern unterstützen und schrieben immer komplexere Codes. Man konnte Programme schreiben, die virtuelle Walzen im und gegen den Uhrzeigersinn, schneller und langsamer, in scheinbar willkürlichen Schritten rotieren ließen. Und natürlich arbeiteten Computer viel schneller als jedes mechanische System.

Bis heute sind die Grundbausteine der Verschlüsselung Substitution und Transposition; sie können bis in die Zeichen hinein ausgedehnt werden. Für digitale Computer werden Buchstaben, Zahlen, Satzzeichen und andere Symbole nach verschiedenen Protokollen als Zahlen codiert. Das bekannteste davon ist ASCII, wo 128 grundlegende Zeichen als 7-Bit-Set binärer Codes dargestellt werden. Eine erweiterte 8-Bit-Form von ASCII benutzt 256 Zeichen, darunter sind auch weniger verbreitete Symbole, Akzente usw.

```
              . . .
    .COMMIINMMMMMWMWBEHEGC,.
   .JBWMMJIHWMNMWMMNMNWWBEBKC;.
  .CWWWWGHYLEWMMMMMMNMWMNWMBWHRL.
  .JMMWYC/...VTSQRHBWMMMMMMMWMWERZ\
 .AMXJIL;;---;;+;/JCOHMWWWMMMMWMWNKO;
 ,ABF*=:.........,,,.;YFEMMWORBMWNMHBPE&
 ;ZWGJ:,...........,,.VTHBWMYOSHBWMBEBP,
 /JWBV;,............,,;+JVFHEBWMW8FZWMBEH:
 JIGMD:,..............,,;;+JLTPZMMMWRTPMWBED.
 J*WMC;;,............,,:=IIJYITHMWMMBFZDWER.
 I>HMW;;,,,............,,,,;;;=JTHWMMMWBCBWNH;
 L+KMMI;\;,;-,,,./=+>/;;;;IJLTBWMMMWBELWEI
 I/RMWSYPFTTFYL..-TFTY**YZREH&CTOWMWMMMWBJLWI
 YKWMIIF.IMBLI..JG/:.WMYLKYLIIJTBMNMWMMWB&L7
 /ZNWMWI.TFYHKLI,.JSY*IJVTY/=*IIJYBWMMMWMMWML\
 JOZHNWM;,..,:>7;.JCYI;;::::;>+/IIJSEWMMMMNBMWEA\
.COZBWNM«,...:>I,.JVLI=;;::::;»=**JSEBWMNWMNBWHKI.
.VTDKWBMA:,.,;/*.ICLI=;:,:;>+*JCSEBWMNMNWBENKOL,
 CTFRWWMBI.-/IJI,.JVCLI....:+*JOHEMMWNMNWMNGZFII.
.VFAKBWMBZ*\;:.TLAKWNEL;.=+*JZGKEWWNMMMNWMMBHEOIL.
.«ZXEWBNMLII*.,,;ITTCCO&;:;*IYCENWMMNNMWBHHKAFLJ.
;OXHBWWMB&**JZALAAXSQEKT;:*IJDGWBWMMWBNHAEGF&6L,
:IJCZHBMMS&**-,-/=+CLL+..+*IJSENEMMWNWEHGRK&FVJL.
:IVTYEBNMWS&**;*OPFLII**/»IJYENMMNMWNMWBAERA&CLII
/IDZPRENMMWAP&*«..:+IJL*IOZDBWNMWMNMBEB8RDKHYHIJI
JTOFSEWNMMWBKZL=+*JF&KRHEBEWNMMWMHWHKRAKSHKXKI»I
:/JPZGHNNMMMMMWEADSZHKRHBWEWNMNMWNBEBRHKXPATHABI/.
.JLV&HBWBNWMWMMMMNWMNWMNNBEBHRXSTSDRKPHBABFSGR/.
.JVPREBWWNMMNMNWI;\JDRHBEBDSDAGIVBHWEWHRHEDAHI
.\FVKBWMNWNMWMMNSL;;YCTFPF&FPOTY«YBBHNEKHZHTYH.
 IJOZDHBMWWNMNMMWHI,\IJIILIJJIL/IISHNBEBXEPBWKBL.
 :ICHBMMNMWMNVI«/;;**I**I*+*+*I*IJYKARHJRIWHAWNL
/CGHBHWMNWBHTYI«/;;;**+*+**+I+*+*IRXTEJHIHBXEWBL.
.JKEBEWBEAFI=JI«=«<«*=«*+=«*+*I*JITZPIKIJKEABBWERA,.
/«CT6XRHKTI=«+;:+;;;;+*+**«*«:;;*IS;YFGISIVYHDEHEHRWKO\
.IZSKAOPFI;;:::::::+:::+:;;:::::::;;IVIY.S*Z+LTVTFOTFZHEHZ
.TDKRLJTI::,:,,,:,,,:,,:;:,:,,,;IVIJIJ.P/CZJOZPDSKTCGH
..AY.J/:,.,,,,,,,,,,,,,,,,,,,,,:Y.....FZFJTLIF;,,:;IJ
.Y;  ,  ..  ...........  ..........,VI...IY....
                           ;.;/,...
```

Die Mona Lisa als ASCII-Kunstwerk

Um das Wort HALLO zu verschlüsseln, muss es der Computer zuerst in die Binärform übertragen. In ASCII ergibt das:

> 1001000 1000001 1001100 1001100 1001111

Eine einfache Verschlüsselung wäre, die Ziffern jeweils paarweise zu vertauschen.

Klartext:
1001000 1000001 1001100 1001100 1001111

Geheimtext:
0110001 0000010 0110011 0001100 0110111

Um dies zu entschlüsseln, müsste man nur die Paare zurücktauschen.

Man könnte aber auch mithilfe eines Schlüsselwortes verschlüsseln, zum Beispiel mit dem englischen Namen DAVID:

Klartext (ohne Zwischenräume):
1001000100000110011001001100001111

Schlüssel (DAVID):
1000100100000110101101001001000100

Geheimtext:
0001100000000001101000001010001011

Auch hier ist die Decodierung einfach. Man subtrahiert DAVID in binärer Form vom Geheimtext und erhält den Klartext. Für jeden, der die Nachricht abfängt und entschlüsseln möchte, ist es schwieriger. Es gibt keine Zwischenräume, der Geheimtext ist nur eine Folge von Einsen und Nullen und auch nicht in praktische Codegruppen unterteilt. Der Kryptoanalytiker wüsste nicht einmal, ob der Klartext oder der Schlüssel in ASCII codiert ist.

Lucifer

Mit der kommerziellen Verbreitung der Computer in den 1960er-Jahren wurde bald klar, dass man im Geschäftsleben sichere Kommunikation benötigte. Daher suchte man nach einem standardisierten Verschlüsselungssystem. Das erste war „Lucifer", das geistige Produkt von Horst Feistel, der mit Don Coppersmith bei IBM arbeitete. Sie waren Pioniere der „Blockchiffren": Dabei wird ein Klartext als lange Folge von Binärzahlen dargestellt, die in Blöcke zu je 64 Zeichen aufgespalten wird, von denen jeder einzeln verschlüsselt wird.

Jeder Block wurde noch einmal halbiert. Eine Hälfte wurde mittels eines Verwürflers einer komplexen Substitution unterworfen und dann zur anderen Hälfte addiert. Dann wurde der Block wieder zusammengefügt und der Prozess wiederholt. Das wurde vor der Übermittlung unzählige Male wiederholt. Bei der Entschlüsselung wurde der Vorgang umgekehrt. Es gab einige Verwürflerfunktionen, über die sich Sender und Empfänger einig sein mussten. Doch wenn das erledigt war, musste der Sender nur noch einen Schlüssel und die Nachricht eingeben.

Als IBM Lucifer dem *National Bureau of Standards* vorlegte, schaltete sich die NSA ein. Sie bestand darauf, die Verschlüsselung nicht stärker zu machen, sondern schwächer. Schließlich wollte sie nicht, dass ein Verschlüsselungssystem, das sie selbst nicht knacken konnte, kommerziell verfügbar wurde. Der Schlüssel wurde auf 56 Bits (rund 100 000 000 000 000 Zeichen im Dezimalsystem) beschränkt. Damals verfügte keine normale Firma über die Rechnerleistung, jeden möglichen Schlüssel durchzurechnen; diese Ressourcen hatte nur die NSA. 1976 wurde Lucifer als *Data Encryption Standard* (DES; Datenverschlüsselungsstandard) eingeführt.

HORST FEISTEL (1915–1990)

Der in Berlin geborene Horst Feistel emigrierte 1934 in die USA. Als Deutschland 1941 den USA den Krieg erklärte, wurde Feistel unter Hausarrest gestellt. 1944 wurde ihm jedoch die amerikanische Staatsbürgerschaft verliehen, sodass er am *Air Force Cambridge Research Center* arbeiten konnte. Danach ging er zum *Lincoln Laboratory* des *MIT* und später zur *MITRE Corporation*, doch seine Arbeit an Chiffren wurde von der neu gegründeten NSA unter Geheimhaltung gestellt.

Er entwickelte Lucifer im *Thomas J. Watson Research Center* von IBM in der Nähe von New York. Mit von der NSA vorgenommenen Änderungen wurde Lucifer schließlich als *Data Encryption Standard* (DES) vom *National Bureau of Standards* angenommen.

Das Thomas J. Watson Research Center *der IBM*

🔓 SCHLÜSSELTAUSCH

DES hatte ein weiteres Problem – eines, das Code-schreiber schon seit Jahrhunderten quälte: der Austausch des Schlüssels (jener Vorgang, bei dem der Empfänger einer verschlüsselten Nachrichten den Schlüssel zu deren Decodierung erhält). Zwei Konzerne, die mit der DES-Software arbeiteten, konnten nur dann sicher kommunizieren, wenn beide denselben Schlüssel hatten, doch diesen elektronisch zu übermitteln, war zu unsicher. DES war sinnlos, wenn der Schlüssel abgefangen werden konnte; daher war DES nur so sicher wie die Verschlüsselung des Schlüssels.

Die einzige Möglichkeit, den Schlüssel sicher zu überbringen, war ein Kurier. Boten flogen rund um die Welt mit DES-Schlüsseln in Aktenkoffern, die an ihr Handgelenk gekettet waren. Besonders für das US-Militär wurde das zu einem gewaltigen Problem. Schiffsladungen an Schlüsseln mussten ausgetauscht werden.

Diesem Problem widmeten sich Whitfield Diffie, Martin Hellman und Ralph Merkle. Sie entwickelten eine Methode, mit der ein geheimer Schlüssel über einen unsicheren Kanal geteilt werden konnte. Mit dem Wachsen des Internets wurde das zur essenziellen Frage.

MARTIN HELLMAN (*1945)

Martin Hellman absolvierte die *Bronx High School of Science*, erwarb einen Titel als Elektroingenieur an der *New York University* und wurde in Stanford promoviert. 1968 arbeitete er am *Thomas J. Watson Research Center* von IBM, wo er Horst Feistel kennenlernte. Dann ging er ans MIT, bevor er an die Elektrotechnische Fakultät in Stanford zurückkehrte, wo er sich mit Whitfield Diffie zusammentat. 1976 publizierten sie *New Directions in Cryptography*, worin sie den Diffie-Hellman-Schlüsseltausch skizzierten – wobei Hellman meinte, dass auch Ralph Merkle Erwähnung finden sollte.

Hellman und Diffie wurden 2000 mit einem Marconi-Stipendium ausgezeichnet und erhielten 2015 den *Turing Award*. Merkles Beitrag wurde 1996 durch eine Auszeichnung der *Association of Computer Machinery* anerkannt.

Martin Hellman und Whitfield Diffie

Das Problem des sicheren Schlüsseltausches mittels Kurieren wurde von Mathematikern gelöst.

Schlüsseltausch wird im Allgemeinen mithilfe von drei fiktiven Personen erklärt: Alice und Bob, die Nachrichten austauschen wollen, sowie Eve, eine Lauscherin. Um ihre Nachricht an Bob sicher zu übermitteln, muss Alice jedes Mal einen neuen Schlüssel verwenden. Ihr Problem ist, wie sie die Schlüssel an Bob übermitteln kann, ohne dass Eve dies mitbekommt, da sie die Leitung abhört. Alice und Bob könnten sich treffen, doch das ist sehr aufwendig. Sie könnten einen Kurier einsetzen, was teuer ist und andere Risiken birgt. Boten können bestochen, erpresst oder beraubt werden.

Doppelter Schlüssel

Doch man kann all das umgehen. Die Schlüssel könnten mittels Paketpost übermittelt werden, selbst dann, wenn das Postsystem so korrumpiert sein sollte, dass alle unverschlüsselten Nachrichten

gelesen werden. Alice legt die Schlüssel in eine Metallkiste, verschließt sie mit einem Vorhängeschloss und schickt die Kiste an Bob, der sie nicht öffnen kann, weil er den Schlüssel zum Schloss nicht hat. Also verschließt er sie mit seinem eigenen Vorhängeschloss und schickt sie mit beiden Schlössern zurück an Alice. Nun entfernt Alice ihr eigenes Schloss mit ihrem eigenen Schlüssel und schickt die Kiste zurück an Bob. Die Kiste ist nach wie vor sicher verschlossen, weil daran Bobs Schloss hängt. Wenn sie bei Bob ankommt, kann er seinen eigenen Schlüssel verwenden, um sie zu öffnen und die Geheimtextschlüssel zu entnehmen.

Diese Analogie wäre wie folgt in die Kryptologie zu übersetzen: Alice verschlüsselt eine Nachricht mit ihrem Schlüssel und schickt sie über das Internet an Bob. Es spielt keine Rolle, ob Eve sie abfängt, solange die Verschlüsselung stark genug ist. Bob hat den Dechiffrierschlüssel nicht, daher verschlüsselt er sie mit seinem eigenen Schlüssel noch einmal und schickt sie zurück an Alice. Sie dechiffriert ihre Verschlüsselung und schickt das Resultat an Bob, der daraufhin die Nachricht mit seinem eigenen Schlüssel dechiffriert und liest.

Natürlich funktioniert das normalerweise nicht: Um die Originalnachricht zu rekonstruieren, müsste man zuerst Bobs Schlüssel anwenden, nicht den von Alice. Wenn die Reihenfolge nicht stimmt, kommt für gewöhnlich nur Unsinn heraus.

Einwegfunktion

Diffie, Hellman und Merkle waren offenbar in eine Sackgasse geraten. Doch sie ließen sich nicht beirren; sie waren Mathematiker und wussten, dass es einen Weg aus dem Dilemma geben musste. Er tat sich auf in Form der Einwegfunktion.

Die meisten mathematischen Funktionen sind umkehrbar. Wenn man 2 und 2 zusammenzählt, erhält man 4. Wenn man 2 von 4 abzieht, erhält man wieder 2. Wenn man 3 verdoppelt, erhält man 6; wenn man 6 halbiert, erhält man wieder 3. Eine leicht verständliche Analogie ist ein Lichtschalter:

Wenn man ihn umlegt, geht das Licht an; wenn man ihn zurückkippt, geht das Licht wieder aus; es kehrt in seinen Urzustand zurück.

Einwegfunktionen sind solche, die nicht umkehrbar sind. Eine Analogie wäre das Mischen von Farben. Zwei Farben zusammenzumischen ist einfach; die Mischung wieder in die zwei ursprünglichen Farben zu zerlegen, ist so gut wie unmöglich. Das Gleiche gilt für ein Ei: Wenn es zerbrochen ist, kann es nicht mehr heil gemacht werden. In der Mathematik nennt man solche Einwegfunktionen manchmal auch „Humpty-Dumpty"-Funktionen.

In der modularen Arithmetik finden sich sehr viele Einwegfunktionen. Sie wird auch als „Uhren-Arithmetik" bezeichnet. Stellen Sie sich das Zifferblatt einer gewöhnlichen Uhr vor. Wenn es zehn Uhr ist und Sie drei Stunden hinzufügen, kommen Sie zu ein Uhr. Arithmetisch wird das wie folgt geschrieben: $10 + 3 = 1 \pmod{12}$.

Das Gleiche gilt für Winkel. Wenn Sie 180 zu 270 hinzufügen, dann vollenden Sie zuerst die 360 Grad und schreiten dann weiter zu 90: $270 + 180 = 90 \pmod{360}$. Man kann übrigens jeden Modulus verwenden: $6 + 3 = 2 \pmod 7$.

Modulare Arithmetik ist am einfachsten anzuwenden, wenn man zuerst die Antwort in der Standard-Arithmetik berechnet und diese dann durch den Modulus dividiert; was als Rest übrig bleibt, ist die Antwort in modularer Arithmetik.

Nehmen wir die Funktion 5^x (x gibt an, wie oft 5 mit sich selbst multipliziert wird). Wenn x = 2, dann gilt: 5^2 (oder 5 x 5) = 25. Die Funktion verwandelt also 5 in 25. Dies ist eine umkehrbare Funktion. Wenn man die Antwort hat, kann man rückwärts arbeiten und so ableiten, dass die ursprüngliche Zahl 2 war. Die richtige Antwort lässt sich sogar durch Raten herausfinden. Nehmen wir an, die Antwort ist 125 und Sie raten (falsch), dass die ursprüngliche Zahl 4 war. Wenn Sie dies nachrechnen (5^4 oder 5 x 5 x 5 x 5 = 625), erkennen Sie, dass Ihre Annahme zu hoch war. Sie haben 2 bereits als zu klein ausgeschieden, also versuchen Sie es mit 3: 5^3 (5 x 5 x 5) = 125 – das ist korrekt.

Das funktioniert bei der modularen Arithmetik jedoch nicht. Nehmen wir die Funktion $5^x \pmod 7$:

x	2	3	4	5	6	7	8	9
5^x (mod 7)	4	6	2	3	1	5	4	6

Es ist nicht möglich, die Ausgangszahl „rückwärts" zu berechnen, ohne sie alle einzeln auszuprobieren. Doch nehmen wir an, die Funktion wäre $297^x \pmod{4283}$ und die Antwort wäre 402? Wenn ich den Wert von x kenne, dauert die Berechnung nur wenige Sekunden, doch wenn man „rückwärts" rechnen müsste, würde es Stunden an mühsamen Berechnungen benötigen, um zu entdecken, dass x den Wert 546 hatte. Und natürlich können Computer mit weitaus größeren Zahlen rechnen.

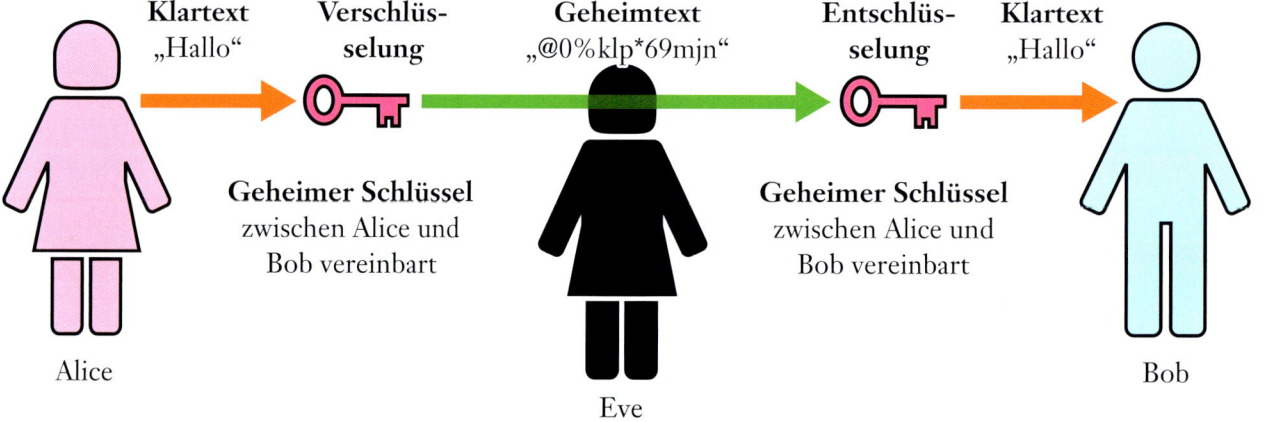

Symmetrische Verschlüsselung: Alice schickt eine Nachricht an Bob, für die sie einen vereinbarten Schlüssel benutzt. Eve kann den Geheimtext sehen, aber nicht den Klartext, weil sie den Schlüssel nicht hat. Bob entschlüsselt die Nachricht mit dem vereinbarten Schlüssel.

Nehmen wir an, Alice und Bob einigen sich per Telefon darauf, dass y = 5 und z = 7 in der Funktion y^x (mod z). Es spielt keine Rolle, ob Eve mitgehört hat, denn bei dieser Einwegfunktion wird sie nicht in der Lage sein, den Wert von x zu bestimmen, und x ist der Geheimtextschlüssel.

Dann wählt Alice eine geheime Zahl aus, sagen wir 2. Sie berechnet 5^2 (mod 7) ist 4 und schickt das Ergebnis an Bob. Auch er wählt eine geheime Zahl – sagen wir 9. Er berechnet 5^9 (mod 7) ist 6 und schickt das Ergebnis an Alice. Es spielt keine Rolle, dass Eve mithört, da 2 und 6 keine Schlüssel sind.

Um den Schlüssel zu berechnen, nimmt Alice Bobs Zahl und potenziert sie mit ihrer eigenen Geheimzahl: 6^2 (mod 7) = 1. In der Zwischenzeit nimmt Bob Alices Zahl und potenziert sie mit seiner Geheimzahl: 4^9 (mod 7) = 1. Sowohl Alice als auch Bob kommen zum gleichen Ergebnis, also lautet der Schlüssel 1. Sie haben einen Geheimtextschlüssel vereinbart, ohne einander zu treffen oder diesen über eine unsichere Leitung zu übermitteln. Eve ist nicht in der Lage, den Schlüssel zu berechnen, da sie die Geheimzahlen von Alice und Bob nicht kennt. Alice kennt Bobs Zahl nicht und Bob kennt Alices Zahl nicht, weil sie sie nicht ausgetauscht haben.

Natürlich könnte Eve alle Möglichkeiten durchrechnen lassen, um die richtige Zahl zu finden. Doch da DES mit weitaus größeren Zahlen agiert, würde das extrem viel Zeit beanspruchen.

Die asymmetrische Chiffre

Dann hatte Diffie eine neue Idee: die asymmetrische Chiffre. Bis zu diesem Zeitpunkt waren alle Chiffren symmetrisch; zum Verschlüsseln und zum Entschlüsseln wurde derselbe Schlüssel verwendet. Entschlüsseln war bloß die Umkehrung des Verschlüsselns, daher war die Chiffre symmetrisch. Diffie hatte die Idee, für das Entschlüsseln einen anderen Schlüssel zu verwenden als zum Verschlüsseln. Der Verschlüsselungsschlüssel konnte veröffentlicht werden, sodass jeder eine Nachricht damit verschlüsseln konnte. Doch nur jemand, der über den Entschlüsselungsschlüssel verfügte, konnte die Nachricht dechiffrieren. Sie würde geheim bleiben.

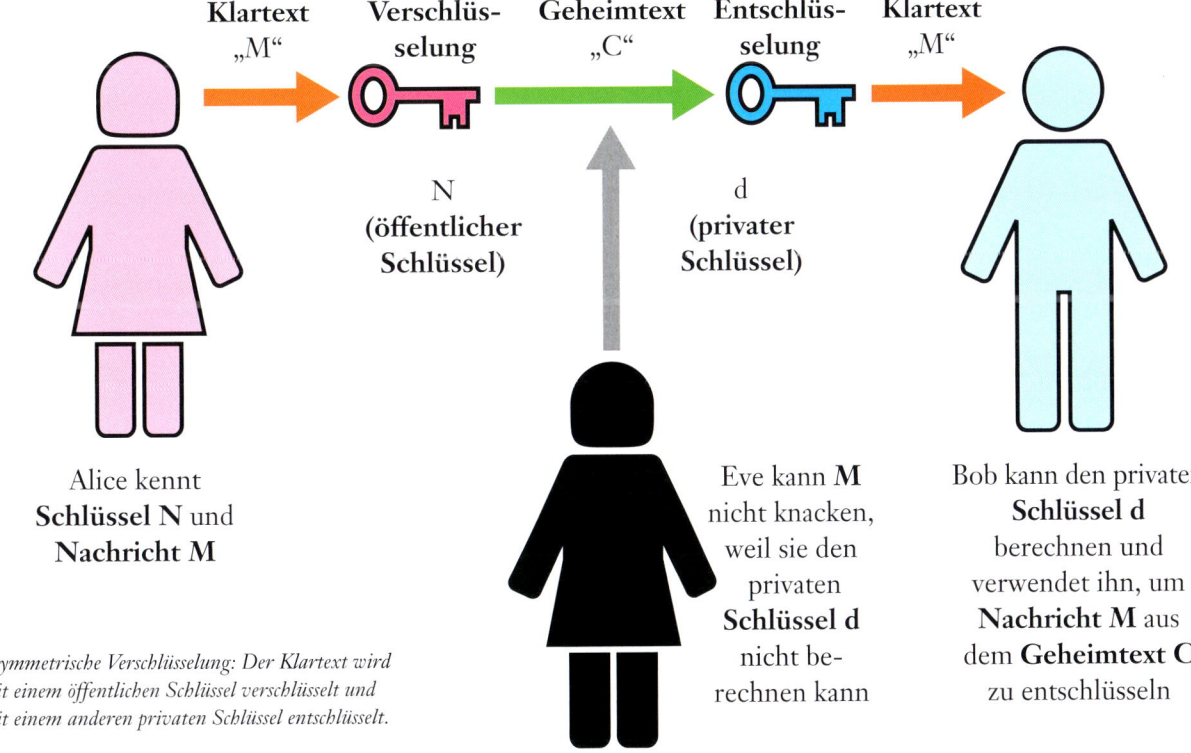

Asymmetrische Verschlüsselung: Der Klartext wird mit einem öffentlichen Schlüssel verschlüsselt und mit einem anderen privaten Schlüssel entschlüsselt.

Banksys „Spionage-Telefonzelle" an einer Hausmauer in Cheltenham, weniger als fünf Kilometer vom GCHQ entfernt. Obwohl die Wand unter Denkmalschutz stand, wurde sie 2016 entfernt. Das GCHQ benutzte das Bild trotzdem auf seiner Website.

WHITFIELD DIFFIE (*1944)

Schon als Kind interessierte sich Whitfield Diffie für Codes und Chiffren. Er schloss am MIT mit einem Bachelor in Mathematik ab und begann dort, Computer zu programmieren. Obwohl er Pazifist war, arbeitete Diffie danach für MITRE, einen Rüstungslieferanten, um nicht zum Vietnamkrieg eingezogen zu werden. Dann ging er an das *Stanford Artificial Intelligence Laboratory*, kündigte jedoch, um seine kryptografischen Interessen zu verfolgen.

Bei einem Besuch im *Thomas J. Watson Research Center* von IBM wurde ihm geraten, sich mit Martin Hellman, einem Professor am MIT, in Verbindung zu setzen, da dieser ein kryptografisches Forschungsprogramm unterhalte. Zusammen mit Ralph Merkle entwickelte er die Idee des doppelten Schlüssels bzw. der Public-Key-Verschlüsselung, die als Diffie-Hellman-Merkle-Schlüsseltausch bekannt wurde.

 In der Verfassung ist kein Recht auf vertrauliche Konversation festgehalten. Ich glaube, dass niemand je daran gedacht hat, dass es notwendig wäre.

Whitfield Diffie

Um wieder den Vergleich mit dem Vorhängeschloss zu strapazieren: Jeder kann ein Vorhängeschloss verschließen, indem er es zuschnappen lässt. Doch nur jemand, der den Schlüssel besitzt, kann es wieder öffnen. Jeder kann eines von Alices Vorhängeschlössern haben und damit eine Nachricht in einer Kiste einschließen, doch nur Alice hat den Schlüssel, um die Schlösser zu öffnen. Die Suche nach einer mathematischen Funktion, die genau so funktionierte, war eröffnet.

Im *Laboratory for Computer Science* am MIT fanden die Computerwissenschaftler Ron Rivest und Adi Shamir sowie der Mathematiker Leonard Adleman die Antwort: das RSA-Kryptosystem. Auch hier wird, wie zuvor, eine Einwegfunktion benutzt, doch Alice kreiert ihren Schlüssel, indem sie zwei große Primzahlen, p und q, miteinander multipliziert: p x q = N. Diese zwei Zahlen sind ihre persönliche Geheimzahl und sie behält sie für sich. Das Produkt daraus, N, ist Teil des öffentlichen Schlüssels, den sie an Gott und die Welt zusammen mit einer Zahl, die wir „e" nennen, übermittelt.

In einem Computersystem wird Text für gewöhnlich in ASCII codiert oder in einer anderen Form von binärem Code. Daher ist er im Grunde genommen bereits eine Zahl. Wir verwenden im Folgenden für den Klartext die Zahl M und für den Geheimtext die Zahl C. Die Einwegfunktion lautet wie folgt:

$$C = M^e \pmod N$$

Bob wählt für p die Primzahl 17 und für q die 11; er hält beide geheim. Doch er veröffentlicht den öffentlichen Schlüssel N: 17 x 11 = 187, zusammen mit e = 7, zum Beispiel. Nehmen wir an, dass Alices Nachricht an Bob einfach aus ihrer Initiale besteht, dem Großbuchstaben A, der in ASCII den Wert 65 hat. Dann verschlüsselt sie ihre Nachricht:

$$C = 65^7 \pmod{187} = 142$$

Um die Nachricht zu entschlüsseln, muss Bob seinen Dechiffrierschlüssel d berechnen, und zwar mit folgender Formel:

$$d = 1 \pmod{(p-1) \times (q-1)}/e$$

Bob setzt also wie folgt ein:

$$d = 1 \pmod{16 \times 10}/7 = 1 \pmod{160}/7 = 23$$

Blick in den rumd um die Uhr besetzten Operations Room im Inneren des GCHQ in Cheltenham, England, im November 2015

Um Alices einfache Nachricht zu dechiffrieren, benutzt Bob die Formel:

$m = c^d$ (mod 187)
$m = 142^{23}$ (mod 187)
$m = 65$, also A in ASCII

In der Welt der Computerverschlüsselung sind die Werte für p und q riesig. Doch man kann sie einfach miteinander multiplizieren, um den öffentlichen Schlüssel zu produzieren. Aus diesem Produkt jedoch die einzelnen Faktoren zu erschließen, ist enorm schwierig. Man muss dazu jede einzelne Primzahl nehmen und ausprobieren, ob der öffentliche Schlüssel dadurch ohne Rest teilbar ist.

RSA-768

Es gibt regelmäßige Wettbewerbe, lange RSA-Schlüssel in Primzahlen zu zerlegen. Kürzlich erst wurde RSA-768 geknackt, der 232 Dezimalstellen oder 768 Bits hatte. Er lautete:

12301866845301177551304949583849627207728535695953347921973224521517264005072636575187
45202199786469389956474942774063845925192557326303453731548268507917026122142913461670
429214311602221240479274737794080665351419597459856902143413

Der französische Computermathematiker Paul Zimmermann arbeitete gemeinsam mit zwölf Kollegen daran und fand die Faktoren:

p = 33478071698956898786044169848212690817704794983713768568912431388982883793878002287614
7116525317430877378144467999489
q = 36746043666799590428244633799627952632279158164343087642676032283815739666511279233373
4171433968102700927987363308917

Wenn das der Fall ist, ist diese Zahl p und der Quotient q. Auch wenn der öffentliche Schlüssel zumindest in der Theorie nicht unbrechbar ist, so ist er es zumindest in der Praxis, bis jemand einen kürzeren Weg der Faktorenzerlegung findet.

Wegbereiter

Obwohl die Lorbeeren für die Public-Key-Methode Diffie, Hellman und Merkle sowie Rivest, Shamir und Adleman zukamen, fand man später heraus, dass sie bereits in den 1960er-Jahren von James Ellis am GCHQ entdeckt worden war. Doch dieser Umstand wurde unter dem *Official Secrets Act* geheim gehalten.

Obwohl Ellis die Idee einer Public-Key-Verschlüsselung hatte, war er kein Mathematiker, und andere im GCHQ wurden beauftragt, eine realistische Lösung zu finden. Drei Jahre lang beschäftigten sich die hellsten Köpfe mit der Frage und scheiterten.

Dann traf ein junger Cambridge-Absolvent namens Clifford Cocks am GCHQ ein. Er war sich der Bedeutung des Problems nicht bewusst und hatte gerade nichts anderes zu tun, daher widmete er sich diesem Thema. Später erinnerte er sich: „Vom Beginn bis zum Schluss brauchte ich nicht mehr als eine halbe Stunde. Ich war ziemlich zufrieden mit mir. Ich dachte: ‚Oh, das ist nett. Die haben mir ein Problem gegeben und ich habe es gelöst.'

Er hatte gefunden, was später als RSA bekannt werden sollte. Auf den Korridoren gratulierten ihm Menschen, die er nicht kannte. Ein Kollege am GCHQ, der Kryptoanalytiker Malcolm Williamson, war entschlossen, zu beweisen, dass Cocks falsch lag, und nahm gegen alle Regeln das Problem mit nach Hause. Er verbrachte fünf Stunden damit, konnte jedoch keinen Fehler finden. Stattdessen fand er eine andere Lösung für die Schlüsselverteilung, die im Wesentlichen der von Diffie, Hellman und Merkle entsprach.

In den USA wurden der Diffie-Hellman-Merkle-Schlüsseltausch und RSA enorm erfolgreiche kommerzielle Produkte. Die britischen Erfinder waren

jedoch zur Geheimhaltung verpflichtet, da das GCHQ kein Interesse daran hatte, ihre Erfindung in die Welt hinauszuposaunen. Es wollte die britischen Geheimnisse schützen, obwohl sie die Information im Geist der transatlantischen Zusammenarbeit mit der NSA teilten.

Obwohl Ellis zu Lebzeiten keinerlei Anerkennung erhielt, war er optimistisch. „Kryptografie ist eine höchst ungewöhnliche Wissenschaft", schrieb er. „Die meisten professionellen Wissenschaftler wollen ihre Arbeit als Erste publizieren, denn durch die Veröffentlichung erhält die Arbeit einen Wert. Im Gegensatz dazu ist der Wert der Kryptografie am höchsten, wenn man die Informationen minimiert, die potenziellen Gegnern zugänglich sind. Die Enthüllung von Geheimnissen wird normalerweise nur im Interesse der historischen Genauigkeit gestattet, nachdem gezeigt worden ist, dass aus einer fortgesetzten Geheimhaltung kein Vorteil mehr zu ziehen ist."

In der modernen Welt sorgt die Public-Key-Verschlüsselung für die Sicherheit von Banktransaktionen. Geschätzt die Hälfte des weltweiten Bruttoinlandsprodukts läuft über die *Society of Worldwide International Financial Telecommunications* (SWIFT), die die sichere Kommunikation zwischen Banken gewährleistet.

FIVE EYES

Nach dem BRUSA-Abkommen aus Kriegszeiten über den Austausch von Informationen unterzeichneten Großbritannien und
die USA 1946 das UKUSA-Abkommen. Ihm
zufolge teilen die NSA in Fort Meade und das
GCHQ in Cheltenham ihre Funkspionage-
informationen, die sie durch Abhören von
Telefonaten und Funksprüchen erhalten.
1948 trat Kanada dem UKUSA-Abkommen
bei, 1956 folgten Australien und Neuseeland –
was „Fünf Augen" („Five Eyes") ergab.
Andere Nationen wurden in einem Abhör-
netzwerk namens Echelon integriert. Norwegen trat 1952 bei, Dänemark 1954 und
Deutschland 1955. Auch Italien, die Türkei,
die Philippinen und Irland waren Mitglieder.

Rund 6000 Menschen arbeiten im „Doughnut"-Gebäude, dem Hauptquartier des GCHQ in Cheltenham, Gloucestershire.
Gemeinsam mit Fort Meade, Maryland, ist es eine der zentralen Drehscheiben im „Five-Eyes"-Spionagenetz.

Handys haben den Job der Leute einfacher gemacht, die unsere Spuren verfolgen, denn die meisten Menschen tragen sie bei sich und Kamera, Mikrofon und GPS-Funktion können ferngesteuert aktiviert werden.

KAPITEL 16

DAS ENDE DER KRYPTOANALYSE?

Es wird eine Zeit kommen, in der es nicht mehr heißt: „Sie spionieren mich durch mein Handy aus." Es wird heißen: „Mein Handy spioniert mich aus."

Philip K. Dick, Science-Fiction-Autor

Über Websites, E-Mails, Smartphones und Hacker ist der Krieg nun online gegangen. Und im Internet ist alles codiert und muss decodiert werden. Die NSA und das GCHQ durchkämmen nun enorme Mengen an harmlosen Telefonaten auf der Suche nach Beweisen für Verbrechen. Gleichzeitig erforschen Wissenschaftler Quanteneffekte, um Kommunikation völlig sicher zu machen.

DAS ENDE DER KRYPTOANALYSE?

 DIE DIGITALE REVOLUTION

Codes zu knacken gehört heute zur Aufgabe von GCHQ, NSA und anderen Organisationen, die uns ihre Absichten sicherlich nicht mitteilen. Sie sind gegen starke Verschlüsselungen, da die Gefahr besteht, dass sie von Kriminellen und Terroristen für ihre Aktivitäten benutzt werden. Ohne starke Verschlüsselung können Geheimdienste allerdings all unsere E-Mails und andere private Transaktionen online mitlesen. Einige Kryptologen sind der Ansicht, dass wir unsere Privatsphäre höher schätzen und darauf vorbereitet sein sollten, darum zu kämpfen. Einer davon ist Philip Zimmermann.

In den 1980er-Jahren sprach sich Zimmermann gegen Nuklearwaffen aus, später warnte er vor den Gefahren der digitalen Revolution und trat für eine starke Verschlüsselung ein. „Kryptografie war früher eine undurchsichtige Wissenschaft ohne Bedeutung für den Alltag", sagte er. „Historisch spielte sie in der militärischen und diplomatischen Kommunikation stets eine Rolle. Doch im Informationszeitalter geht es bei Kryptografie um politische Macht, vor allem um das Machtverhältnis zwischen Regierung und Volk. Es geht um Privatsphäre, politische Vereinigungsfreiheit, Pressefreiheit, Schutz vor unangemessener Verfolgung und Beschlagnahmung sowie die Freiheit, in Ruhe gelassen zu werden."

Er meinte, dass sich die Regierung früher, wenn sie in die Privatsphäre von Bürgern eindringen wollte, die Mühe machen musste, Briefe abzufangen und über Dampf zu öffnen oder Telefonleitungen abzuhören. Das war arbeitsintensiv und konnte nicht in großem Maßstab durchgeführt werden. Doch E-Mails sind leicht abzufangen und die Suche nach Passwörtern kann in industriellem Maßstab erfolgen. Zimmermann zufolge machte das einen „quantitativen und qualitativen Orwell'schen Unterschied für die Gesundheit der Demokratie".

Nun läge es an den Kryptologen, das Individuum vor einer Regierung zu beschützen, die jede Bewegung der politischen Opposition, jede Finanztransaktion, jede Kommunikation, jede E-Mail und jedes Telefongespräch mittels Stimmerkennung und Transkriptionssoftware überwachen kann.

Ziemlich gute Privatsphäre

Für Zimmermann war RSA ein guter Schritt, da Personen selbst öffentliche und private Schlüssel erschaffen können. Doch für asymmetrische Verschlüsselung benötigt man eine beträchtliche Rechnerkapazität, daher wird sie eher von Regierungen und Konzernen eingesetzt. Zimmermann wollte aber, dass jeder das Recht auf Privatsphäre hat.

Er fand eine Möglichkeit, RSA auf einem PC zu beschleunigen. Die Nachricht selbst sollte mit der symmetrischen Blockchiffre IDEA (*International Data Encryption Algorithm*) verschlüsselt werden. Nur der IDEA-Schlüssel wurde mit RSA codiert. So konnte er sicher übermittelt werden. Dazu entwickelte er das Programm PGP – *Pretty Good Privacy* (sinngemäß „ziemlich sichere Privatsphäre").

Allerdings gab es noch das Problem, dass man einen Schlüssel kreieren musste. Alice (siehe Seite 165) müsste sich jedes Mal, wenn sie eine Nachricht schicken möchte, zwei große Primzahlen einfallen lassen und diese miteinander multiplizieren. Dafür fand Zimmermann eine einfache Lösung, die er in PGP integrierte. Alice musste nur noch mit der Maus wackeln. Durch die zufällige Bewegung wurde ein zufälliger Satz privater und öffentlicher Schlüssel erzeugt.

Der Film „Das Leben der anderen" zeigte 2006 die Überwachung der Einwohner Ostberlins durch die Geheimpolizei (Stasi) im Kalten Krieg.

Elektronische Signatur

Ein weiteres Merkmal, das Zimmermann hinzufügte, war die elektronische Signatur. Wenn eine Nachricht mit einem öffentlichen Schlüssel übermittelt wird, könnte sie von jedermann stammen. Betrügern wären Tür und Tor geöffnet. Wenn eine Bank die Anweisung erhielte, Geld von einem Konto zu überweisen, könnte sie nicht sicher sein, dass die Nachricht vom Kontoinhaber stammt.

Diffie und Hellman hatten erkannt, dass man, wenn man den öffentlichen und den geheimen Schlüssel trennt, auch den geheimen Schlüssel zur Verschlüsselung und den öffentlichen zum Entschlüsseln verwenden konnte. Der Prozess funktioniert in beide Richtungen, doch es gab keinen Grund, den zweiten Weg weiter zu verfolgen, weil er keine Sicherheit bot. Welchen Sinn hätte es, eine Nachricht zu codieren, wenn der Schlüssel zur Decodierung öffentlich verfügbar war, sodass jeder die Nachricht lesen konnte?

Zimmermann erkannte jedoch, dass die Nachricht, wenn sie mit dem geheimen Schlüssel verschlüsselt ist, unweigerlich von der richtigen Person stammen musste, denn nur diese hat Zugang dazu. Zimmermann integrierte eine zweistufige Verschlüsselung in PGP. Zunächst wurde die Nachricht mit dem geheimen Schlüssel des Senders verschlüsselt; das Ergebnis wurde mit dem öffentlichen Schlüssel des Empfängers verschlüsselt. Auf diese Weise konnte sie nur vom Empfänger mit dessen geheimem Schlüssel entschlüsselt werden. Danach wurde das Ergebnis mit dem öffentlichen Schlüssel des Senders entschlüsselt. So war sichergestellt, dass die Nachricht wirklich von ihm stammte.

PHILIP ZIMMERMANN (*1954)

Nach seinem Abschluss in Computerwissenschaften an der *Florida Atlantic University* arbeitete Philip Zimmermann als Softwareingenieur und Militärtaktikanalytiker für die *Nuclear Weapons Freeze Campaign*. 1991 schrieb er das Verschlüsselungsprogramm *Pretty Good Privacy* (PGP), das er nach dem Tante-Emma-Laden „Ralph's Pretty Good Grocery" in Garrison Keillors Roman *Lake Wobegon* benannte.

1993 gab es gegen ihn eine *Grand-Jury*-Anklage wegen Rüstungsexports. PGP wurde in Europa weiterentwickelt, wo das RSA-Patent nicht galt. Nach drei Jahren wurden die Vorwürfe gegen Zimmermann fallen gelassen und er erhielt eine Lizenz von der RSA Data Security Inc. Er setzte seine Arbeit in Sachen Verschlüsselung fort und erhielt unzählige Auszeichnungen.

Doch Zimmermann ist mit dem Schutz der Privatsphäre nicht zufrieden. In Anlehnung an *Moore's Law* erfand er *Zimmermann's Law*, das folgendermaßen lautet: „Die natürliche Entwicklung der Technologie tendiert dazu, Überwachung einfacher zu machen, und die Fähigkeit von Computern, uns zu tracken, verdoppelt sich alle achtzehn Monate."

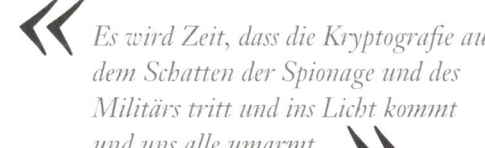

Es wird Zeit, dass die Kryptografie aus dem Schatten der Spionage und des Militärs tritt und ins Licht kommt und uns alle umarmt.

Philip Zimmermann

Das Datenzentrum der National Security Agency (NSA) *in Utah während der Errichtung in Bluffdale, Utah, am 4. Juli 2013*

PGP und das Gesetz

Die US-Regierung war nicht froh darüber, dass ein sicheres System, das die NSA nicht knacken konnte, eingeführt werden sollte. Daher beschloss der Senat 1991 ein Verbrechensbekämpfungsgesetz, das folgende Klausel enthielt: „Der Kongress ist der Ansicht, dass Provider von elektronischen Kommunikationsdiensten und Hersteller elektronischer Kommunikationsgeräte sicherstellen müssen, dass die Kommunikationssysteme der Regierung Zugriff auf Klartextinhalte von Stimmen, Daten und anderen Übertragungen erhalten, wenn sie vom Gesetz entsprechend befugt wurden."

Diese Bestimmung hätte die Hersteller sicherer Kommunikationsgeräte gezwungen, eine „Hintertür" in ihre Produkte einzubauen; eine „Hintertür" ist eine Umgehung der Sicherheitssysteme des Computers, was bedeutet, dass die Regierung jede verschlüsselte Nachricht lesen kann. Um dem Kongress zuvorzukommen, publizierte Zimmermann PGP als freie Software. Schließlich wurde die Klausel unter Protest fallengelassen.

Während Zimmermann von Menschenrechtsgruppen gefeiert wurde, kam er seitens der RSA Data Security Inc. unter Beschuss, da er deren Copyright verletzt hätte. Dazu warfen ihm die Behörden Waffenhandel vor. US-Gesetze klassifizieren Verschlüsselungssoftware als Rüstungsgut; er hatte dieses exportiert, indem er es online gestellt hatte.

Die auf das Abhören von Kommunikation spezialisierten Geheimdienste sind selbst Ziel von Hackerangriffen.

Die Untersuchungen in Sachen Zimmermann und PGP lösten eine Debatte aus. Während Polizei und Geheimdienste behaupteten, das Lesen persönlicher Kommunikation sei notwendig, um Verbrechen und Terrorismus zu verhindern, bestanden Bürgerrechtler auf dem Recht auf Privatsphäre. Sie verwiesen auf illegale Abhöraktionen der Regierung und meinten, private Bürger müssten vor schnüffelnden Behörden geschützt werden.

Auch die Wirtschaft hat großes Interesse an starker Verschlüsselung. Sie sichert nicht nur Transaktionen im Internet, sondern bietet auch gewissen Schutz vor Hackern. Das Rennen zwischen Codeschreibern und Codeknackern ist noch im Gange.

Schlüsselhinterlegung

Als Kompromiss wurde ein Treuhandsystem vorgeschlagen. Geheime Schlüssel sollten bei einer vertrauenswürdigen dritten Instanz verwahrt und von den Behörden nur mit Ermächtigung eingesehen werden. Die NSA erfand dazu einen Algorithmus namens „Skipjack" auf einem „Clipper"-Chip als Träger. Die beiden Bestandteile des privaten Schlüssels wurden bei zwei Bundesbehörden verwahrt: einer beim *National Institute of Standards and Technology* (NIST) und der andere bei der *Automated Systems Division* des US-Finanzministeriums.

Die US-Regierung nutzte Clipper für ihre Kommunikation und verpflichtete Firmen, die Regierungsaufträge erhielten, den US *Escrowed Encryption Standard* zu verwenden. Außerhalb der Regierung gab es wenig Begeisterung dafür, denn man befürchtete, dass die hinterlegten Schlüssel in die Hände nicht autorisierter Personen gerieten oder von übereifrigen Behörden missbraucht würden.

Außerdem war Skipjack von der NSA im Geheimen entwickelt und nicht durch Fachleute geprüft worden. Kurz nach der Einführung 1994 begannen Kryptologen, das System zu hinterfragen, sodass es 1996 wieder stillgelegt wurde.

🔓 ANDERE MITTEL DES ANGRIFFS

Ende des vorigen Jahrhunderts gab es weltweit rund 260 Millionen PCs. Die NSA beklagte sich, dass die Entschlüsselung einer mit PGP verschlüsselten Nachricht zwölfmal so lange dauern würde, wie das Universum existiert, selbst wenn man alle PCs zusammenschalten würde. Doch die Geschichte ist übersät mit scheinbar unbrechbaren Codes.

Auch wenn der Text einer PGP-Chiffre nicht leicht geknackt werden kann, so kann man aus der Traffic-Analyse doch viel herauslesen: Wer wem eine Nachricht schickt, kann Bände sprechen. Es gibt den sogenannten Tempest-Angriff: Alle elektrischen Geräte – auch eine Tastatur – senden elektromagnetische Strahlung aus. Ein vor dem Haus geparkter Lieferwagen mit speziellen Detektoren kann eine Nachricht abfangen, während diese eingetippt und noch bevor sie verschlüsselt wird. Über den Bewegungssensor in einem Smartphone kann ein Überwacher die Wischbewegungen des Benutzers verfolgen. Es ist sogar möglich, die PGP-Software selbst mit einem Virus zu infizieren, der die geheimen Schlüssel des Users ausliest und sie via Internet an den Cyberschnüffler schickt. Oder der PC könnte mit einem Trojaner gehackt werden, der einem Cyberkriminellen Zugang ermöglicht.

Als Whistleblower Edward Snowden 2013 eine große Menge an streng geheimen Dokumenten an die Öffentlichkeit brachte, zeigte sich, dass NSA, GCHQ und andere Geheimdienste weltweit an elektronischer Überwachung beteiligt waren.

Der Whistleblower Edward Snowden enthüllte, wie NSA und GCHQ unsere Telefonate, SMS und E-Mails überwachen und alle unsere Bewegungen im Internet verfolgen.

Quantencomputer

Kryptoanalytiker arbeiten noch immer daran, die RSA-Chiffre zu knacken (siehe Seite 170). Diese arbeitet mit Faktorenzerlegung. Diesen Vorgang haben Mathematiker jahrhundertelang studiert, doch bislang hat niemand einen Weg gefunden, ihn zu vereinfachen; und wenn, hat er es für sich behalten.

Ein Schritt in die Zukunft sind Quantencomputer. Sie nutzen Effekte der Quantenmechanik und erledigen unzählige Berechnungen gleichzeitig, nicht nacheinander wie herkömmliche Rechner. Der Oxford-Physiker David Deutsch hatte die Idee dazu 1985. 1994 entwickelte Peter Shor in den *Bell Laboratories* der AT&T in New Jersey einen Algorithmus für ganzzahlige Faktorisierung, die den für RSA verwendeten öffentlichen Schlüssel in einem Wimpernschlag knacken würde. Das Problem war nur, dass Shors Algorithmus auf einem Quantencomputer laufen musste.

2013 kaufte ein Konsortium, dem auch Google und die NASA angehörten, einen Quantencomputer, der von der kanadischen Firma D-Wave gebaut worden war. Im August 2016 bauten Forscher an der University of Maryland den ersten reprogrammierbaren Quantencomputer. Sein Prozessor enthält bloß fünf geladene Atome, die durch ein Magnetfeld in einer Linie gehalten werden. Während traditionelle Computer nur mit Bits arbeiten können – die entweder den Wert 0 oder 1 annehmen –, arbeitet ein Quantenprozessor mit Quantenbits, oder Qubits, die entweder 0 oder 1 oder, durch ein

PETER SHOR (*1959)

Nach seinem Abschluss in Mathematik am Caltech 1981 wurde Peter Shor 1985 in angewandter Mathematik am MIT promoviert. Nach einem Jahr an der *University of California* in Berkeley ging er zu den *Bell Laboratories*, wo er den Shor-Algorithmus für Ganzzahl-Faktorisierung entwickelte. Dieser wurde erstmals 2001 bei IBM demonstriert, wobei ein Quantencomputer mit sieben Qubits verwendet wurde. Zwei Jahre später ging Shor zum MIT zurück, wo er eine Professur für angewandte Mathematik annahm.

DAVID DEUTSCH (*1953)

Der in Israel geborene David Deutsch wurde in England ausgebildet, wo er seine Dissertation über die Quantenfeldtheorie in gekrümmter Raumzeit schrieb. 1985 veröffentlichte er eine bahnbrechende Arbeit über Quantenalgorithmen, in der er die Idee des Quantencomputers einführte. In seinem 1997 erschienenen Buch *The Fabric of Reality* erläuterte er seine Universaltheorie für die Allgemeinheit. 2008 wurde er Mitglied der *Royal Society* und 2011 publizierte er *The Beginning of Infinity: Explanations that Transform the World.*

Superposition genanntes Phänomen, beides gleichzeitig sein können. Es wurde bereits gezeigt, dass damit drei Algorithmen in einem einzigen Schritt gelöst werden können, wozu bei einem normalen Computer mehrere Operationen erforderlich wären. Wenn Quantencomputer einmal im Vollausbau laufen, ist keine konventionelle Chiffre sicher.

Wenn quantenmechanische Effekte genutzt werden können, um Codes zu knacken, kann man damit auch welche erzeugen. In einem Gedankenexperiment erklärte der Physiker Stephen Wiesner, wie man eine fälschungssichere Banknote herstellt. Ihm zufolge sollten in der Banknote Lichtfallen eingebaut werden, die Photonen enthalten, deren Polarisierung der Seriennummer der Banknote entspricht. Um es einfacher zu machen, nehmen wir an, die Polarisierung wäre bei 0, 45, 90 und 135 Grad und man könnte sie mit vertikalen oder 45-Grad-Polarisationsfiltern lesen.

Die Bank hätte eine Tabelle mit den Seriennummern sowie der Polarisierung der Photonen und könnte sie einfach ablesen, um die Echtheit einer Note zu prüfen. Eine gefälschte mit zufälligen Photonen würde sofort erkannt. Um eine Banknote zu fälschen, müsste der Fälscher die Polarisierung testen. Wenn er einen vertikalen Filter benutzen würde, würden Photonen mit 0 und 90 Grad entweder durchkommen oder blockiert, was 1 oder 0 ergäbe. Der Quanteneffekt bedeutet, dass auch die Hälfte der Photonen mit 45 und 135 Grad durchgelassen wird, doch bei dem Prozess würde sich ihre Orientierung zu vertikal verändern. Der Fälscher hätte keine Möglichkeit zu erkennen, ob das Photon ursprünglich vertikal oder diagonal polarisiert war und dann durch den Filter geändert wurde.

Natürlich existierte die Technologie zur Herstellung von Wiesners Quantengeld nicht und kein Magazin würde über so eine abstruse Idee schreiben. Doch sein Freund Charles Bennett sprach darüber mit Gilles Brassard, Computerwissenschaftler an der University of Montreal; sie erkannten, dass es eine Anwendung in der Kryptografie gab.

Stellen Sie sich zwei Computer vor, die durch Glasfaserkabel verbunden sind. Über das Kabel könnte eine Serie polarisierter Photonen geschickt werden; sie repräsentieren Nullen und Einsen,

STEPHEN WIESNER (*1942)

Als Absolvent der Columbia hatte Stephen Wiesner mehrere wichtige Ideen zur Quanteninformationstheorie. Obwohl sein fantasievolles Konzept des Quantengeldes mehr als ein Jahrzehnt unveröffentlicht blieb, war es das wichtigste Element zur Entwicklung des Quantenschlüsseltausches.

Glasfaserkabel an einer Schalttafel

CHARLES BENNETT (*1943)

Charles Bennett studierte Chemie an der Brandeis University und machte seinen Doktor in Harvard über die Computersimulation molekularer Bewegungen. 1972 ging er zu IBM. In Zusammenarbeit mit Gilles Brassard (*1955) von der Université de Montréal entwickelte er ein System der Quantenkryptografie, das auf der Unschärferelation beruhte. Das als „BB84" bekannte Protokoll erlaubt die sichere Kommunikation zwischen Parteien, die ursprünglich keine geheimen Informationen teilen. Mit der Hilfe des Forschungsstudenten John Smolin (*1967) baute er 1989 die erste funktionierende Demoversion der Quantenkryptografie. Bennett und Brassard entdeckten 1993 auch die Quantenteleportation.

je nach Orientierung. Einige wären vertikal, andere horizontal und einige diagonal. Während der Übermittlung der Nachricht wechselt der Sender den Polarisationsfilter zwischen vertikal und diagonal.

Auch der Empfänger wechselt den Polarisationsfilter und notiert die Ergebnisse. Dann teilt der Sender dem Empfänger mit, welche Orientierung der Filter für eine zufällige Abfolge von Zeichen gehabt hat. Der Empfänger kann nun jene markieren, die korrekt waren. Der Rest wird entsorgt.

Der Sender hat es durch diesen Prozess geschafft, einen sicheren Schlüssel zu übermitteln, der unterwegs nicht gelesen werden kann. Wenn das Telefon angezapft wird, hört der Lauscher bloß die Orientierung des Filters, nicht den Wert des Zeichens. Und wenn das Glasfaserkabel angezapft wird, kann der Empfänger das leicht erkennen.

Wenn die dritte Partei die Polarisierung der Photonen nicht kennt, kann sie bezüglich der Orientierung des Filters nur raten. Das heißt, wenn ein diagonal polarisiertes Photon auf den vertikalen oder horizontalen Filter trifft, wird seine Orientierung in der Hälfte der Fälle geändert. Das Gleiche gilt für vertikal oder horizontal polarisierte Photonen, die auf einen diagonalen Filter treffen. In diesem Fall würden Sender und Empfänger die Verkabelung überprüfen und von vorne beginnen.

Wenn sie es schaffen, den Schlüssel zu übermitteln, ohne dass ihn jemand abfängt, können sie ihn mit einem *One-Time-Pad* benutzen, das wirklich unbrechbar ist.

Bennett und Brassard (siehe Kasten) konnten mit diesem System eine Nachricht durch ihr Labor schicken. Die weltweit erste Banktransaktion unter Verwendung des Quantenschlüsseltauschs fand 2004 in Wien statt; dort wurde 2010 ein 200 Kilometer langes Glasfaserkabelnetz errichtet. Es gibt andere Quantennetzwerke in Genf, Tokio, Massachusetts und um das Los Alamos National Laboratory in New Mexico. Obwohl sie als sicher gelten, können wir nur abwarten, ob eine neue Generation von Codeknackern einen Weg hinein findet. Die Geschichte der Kryptoanalyse lässt vermuten, dass einer gefunden wird.

In der modernen Physik scheint es keine Grenzen für die Leistungsfähigkeit von Computern zu geben.

GLOSSAR

Es gibt nichts Gefährlicheres als die Geheimhaltung.
Francis Walsingham, 1532–1590

ASCII: *American Standard Code for Information Interchange*; Digitalcodes, die Buchstaben, Zahlen und andere Symbole repräsentieren und zur Manipulation von Text in Computern verwendet werden.

Asymmetrische Verschlüsselung: Eine Chiffre, bei der zum Ver- und Entschlüsseln verschiedene Schlüssel erforderlich sind.

Bigramm: Ein Buchstabenpaar, das als Einheit codiert werden kann.

Caesar-Verschiebung (Substitutionschiffre): Ursprünglich eine Chiffre, bei der ein Buchstabe durch einen drei Plätze weiter rechts im Alphabet ersetzt wird (A durch D, B durch E usw.). Allgemein eine Chiffre, bei der ein Buchstabe durch einen um eine gewisse Zahl versetzten Buchstaben ersetzt wird.

Chiffre: Eine Klartext-Nachricht wird Buchstabe für Buchstabe codiert (verschlüsselt).

Chiffrieren: Das Verwandeln eines Klartextes durch Ersetzen der Buchstaben durch andere Buchstaben, Nummern oder Symbole; meistens aber allgemein als Synonym für „verschlüsseln" verwendet.

Codieren: Das Verwandeln eines Klartextes in einen Geheimtext durch Ersetzen der Wörter durch Wörter aus einem Codebuch; meistens aber allgemein als Synonym für „verschlüsseln" verwendet.

Code: Ein Wort oder Ausdruck im Klartext wird durch ein Codewort oder eine Codezahl ersetzt.

Codebuch: Eine Liste an Ersatzwörtern für Wörter oder Ausdrücke.

Codeknacken: Brechen einer Chiffre oder eines Codes.

Dechiffrieren: Entziffern einer chiffrierten Nachricht und Übertragung in Klartext.

Decodieren: Entziffern einer codierten Nachricht und Übertragung in Klartext.

DES: *Data Encryption Standard.*

Diffie-Hellman-Merkle-Schlüsseltausch: Eine Methode, einen geheimen Schlüssel auszutauschen, ohne dass er abgefangen werden kann.

Digitale Signatur: Eine Methode, um die Quelle eines elektronischen Dokuments zu bestätigen.

Digraph: Anderes Wort für Bigramm. Ein Buchstabenpaar, das als Einheit codiert werden kann.

Entschlüsseln: Decodieren oder Dechiffrieren.

GC&CS: *Government Code and Cypher School* („Code- und Chiffrenakademie der Regierung").

GCHQ: *Government Communications Headquarters* („Hauptquartier der Regierungskommunikation").

Geheimtext: Eine Nachricht, nachdem sie verschlüsselt wurde.

Geheimtextalphabet (Chiffrenalphabet): Eine Liste an Buchstaben oder Zeichen, die andere ersetzen.

Homophone: Eine Zahl unterschiedlicher Buchstaben, Nummern oder Symbole, die für einen Klartextbuchstaben eingesetzt werden können.

Klartext: Die Nachricht vor der Verschlüsselung.

Kommerzieller Code: Ein im Geschäftsleben benutzter Code, der ursprünglich dazu gedacht war, die Kosten von Telegrammen niedrig zu halten, da diese pro Wort verrechnet wurden.

Kryptoanalyse: Der Akt des Dechiffrierens oder Decodierens einer Nachricht durch eine nicht autorisierte Person, welche die ursprüngliche Verschlüsselungsmethode nicht kennt.

Kryptografie: Die Kunst und Wissenschaft des Chiffrierens und Codierens.

Kryptogramm: Eine verschlüsselte Nachricht, die zur Übermittlung bereit ist.

Kryptologie: Die Wissenschaft der Kryptografie und der Kryptoanalyse.

Monoalphabetische Substitution: Jeder Klartextbuchstabe wird durch genau einen anderen ersetzt.

Nomenklator: Eine Liste von Begriffen, die durch einen anderen Begriff ersetzt werden können.

Nullen: Buchstaben, Zahlen oder Symbole, die keine Bedeutung haben und hinzugefügt werden, um jene zu verwirren, die die Nachricht abfangen oder unbefugt entschlüsseln wollen.

Öffentlicher Schlüssel: Frei zugänglicher Schlüssel zum Verschlüsseln einer Nachricht bei der Public-Key-Kryptografie.

One-Time-Pad: Verschlüsselung, bei der ein zufälliger Schlüssel in der Länge des Klartextes verwendet wird, sodass jedes Chiffrenalphabet nur einmal verwendet wird. Die einzige bekannte unbrechbare Verschlüsselung, theoretisch und praktisch.

Polyalphabetische Substitution: Wenn zwei oder mehr Chiffrenalphabete in vereinbarter Weise zum Verschlüsseln einer Nachricht verwendet werden.

Polygramm: Eine Gruppe von mehr als zwei Buchstaben, die als Einheit verschlüsselt werden können.

Pretty Good Privacy **(PGP):** Sicheres Computerprogramm zum Ver- und Entschlüsseln von Daten, das die Authentifikation der Quelle mitliefert.

Privater (oder geheimer) Schlüssel: Schlüssel, der nur dem Empfänger bekannt ist und der beim Entschlüsseln einer Nachricht bei der Public-Key-Kryptografie verwendet wird.

Public-Key-Kryptografie: Asymmetrische Chiffre zum Verschlüsseln mittels frei zugänglichem öffentlichem Schlüssel und Entschlüsseln mittels privatem Schlüssel, der nur dem Empfänger bekannt ist.

Quantencomputer: Computer, der mit Effekten der Quantenmechanik arbeitet und multiple Aktionen gleichzeitig durchführen kann.

Quantenkryptografie: Form der Kryptografie, die Quanteneffekte nutzt, um den Schlüssel für ein *One-Time-Pad* zu übermitteln, das unbrechbar ist.

Schlüssel: Eine Anordnung von Buchstaben zur Einstellung eines Geheimalphabets oder einer Chiffriermaschine; oft in Form eines Schlüsselwortes, einer -phrase oder einer -zahl, damit er leichter zu merken ist. Oder jenes Element, das einen allgemeinen Verschlüsselungsalgorithmus zu einer spezifischen Verschlüsselungsmethode macht.

Schlüsselhinterlegung: Eine Methode, bei der geheime Schlüssel einer dritten Partei anvertraut werden, damit Behörden, wenn nötig, darauf zugreifen können.

Schlüsseltausch: Der Vorgang, bei dem der Empfänger einer verschlüsselten Nachricht den Schlüssel erhält, um diese zu entschlüsseln.

Schriftzeichen oder Ideogramm: Ein schriftliches Symbol für einen Gegenstand oder ein Konzept, wie arabische Zahlen oder chinesische Schriftzeichen.

Steganografie: Verbergen der Existenz einer Nachricht, etwa durch unsichtbare Tinte, Mikropunkte oder andere Methoden.

Substitutions-Chiffre: Das Ersetzen von Buchstaben durch andere Buchstaben, Zahlen oder Symbole.

Superverschlüsselung: Das (ein- oder mehrfache) Verschlüsseln einer bereits verschlüsselten Nachricht mittels Codierung oder Chiffrierung.

Symmetrische Verschlüsselung: Verwendung des gleichen Schlüssels zum Ver- und Entschlüsseln.

Transpositions-Chiffre: Das systematische Vertauschen der Reihenfolge von Buchstaben in einem Klartext.

Verschlüsseln: Codieren oder chiffrieren.

Vigenère-Chiffre: Eine polyalphabetische Chiffre, die 26 Chiffrenalphabete nutzt, welche sich durch eine unterschiedliche Zahl von Caesar-Verschiebungen unterscheiden.

REGISTER

*Obwohl ich nicht weiß, welche, habe ich entdeckt, dass
die Vereinigten Staaten einige unserer Codes mitlesen.*

Botschafter Kichisaburo Nomura, 1940

Register